Marketingplanning

Marketing-planning

Kees Benschop

Meer informatie over deze en andere uitgaven kunt u verkrijgen bij:
BIM Media B.V.
Postbus 16262,
2500 BG Den Haag
tel.: (070) 304 67 77
www.bimmedia.nl

Academic Service is een imprint van BIM Media B.V.

Omslag en binnenwerk: Studio Bassa, Culemborg

ISBN 978 90 395 2814 3
NUR 164

Inhoud

Inleiding en verantwoording

Dit leerboek bereidt voor op de examenstof zoals omschreven in de SPL/ECABO toetsmatrijs Marketingbeleid en -planning. De opdrachten staan gewoon in het boek. Op www.PracticX.nl staat extra oefening per hoofdstuk, plus oefentoetsen voor het tentamen; op alle antwoorden verschijnt feedback. Om de stof beter tot leven te kunnen brengen is er een voorbeeldcase van een marketingplan beschikbaar (op www.practicX.nl), met bijbehorende verwerkingsopdrachten. Deze case is verweven met het boek, maar is naar keuze toe te passen. Daarnaast zijn er nog enkele oefencases.

Het boek gaat om twee redenen verder dan de toetsmatrijs. Ten eerste om goed op de beroepspraktijk aan te kunnen sluiten. De matrijs veronderstelt alleen de theorie; ons doel is dat de leerling inzicht heeft in de planningscyclus rond het marketingplan. Ook enige kennis van de verkoopplanning is voor een marketingmedewerker geen overbodige luxe. Ten tweede omdat deze methode niet alleen mikt op het mbo-diploma niveau 4, maar ook op een stevige basis om door te kunnen stomen naar het NIMA-A diploma. Daarom is ook met een schuin oog naar de vereisten voor dat diploma gekeken.

De indeling van de serie	Toetsmatrijs
Basisboek marketing	Economie en Recht +
Marketing: de harde cijfers	Financiën, begroten en budgetteren
Marketingplanning	Marketingbeleid en -planning
Communicatie	Communicatie beleid en -instrumenten, Geïntegreerde communicatie
Uitstromen	
Marktonderzoek	Marktonderzoek
Evenementen organiseren	Evenementeninstrumentarium en veiligheidsvoorschriften
Extra Pitch voor NIMA-A	-

Het laatste deel, Extra Pitch voor NIMA-A, sluit aan op de voorgaande delen. Daardoor is voor de voorbereiding op dat examen dan geen dik boek meer nodig. De kandidaat kan gewoon deze methode gebruiken die hij toch al had aangeschaft.

Over de inhoud van dit boek zelf: bij het schrijven en vormgeven stonden 'overzichtelijk' en 'begrijpelijk' voorop. De vormgeving is no-nonsense, met een rustige bladspiegel en niet te lange alinea's. De tekst is duidelijk gestructureerd met margewoorden, en is geschreven in correcte maar vlotte taal. De enige 'moeilijke' woorden zijn de begrippen waar de beroepsbeoefenaar mee moet werken en die de leerling dus moet kennen. De opbouw is helder en rustig, gebruik van subparagrafen is vermeden. Waar van toepassing helpen onthoudblokjes met het recapituleren van de kernstof. Een samenvatting per hoofdstuk kan helpen om het geheugen even op te frissen. De begrippenlijsten zijn handig als naslag en als voorbereiding op een toets.

Door dit alles is de methode zeer geschikt voor zelfstandig werken, of tussenvormen van zelfstandig en klassikaal. En voor puur klassikaal werken vormt duidelijkheid ook geen belemmering.

De auteur bedankt Jan Beeldman (docent economie Regio College Zaandam), Esther Eikmans (docent/trajectbegeleider sector Economie – commerciële opleidingen ROC Gilde Opleidingen Venlo) en Jorrit de Leur (docent marketing Grafisch Lyceum Utrecht) voor hun inhoudelijke opmerkingen bij het manuscript.

We wensen cursisten en docenten plezier en succes met Pitch. Voor opmerkingen of suggesties houden we ons van harte aanbevolen.

Auteur en uitgever, voorjaar 2014

1 Start van de planningscyclus

1.1 Planning

Plannen maken we allemaal. Je plant een maaltijd, je plant om uit te gaan met vrienden, je plant voor een diploma. Zonder planning geen eten op tafel, geen plezier en geen resultaten. Met planning brengen mensen en organisaties structuur aan in hun bezigheden. We maken onze bezigheden *doelgericht*. Daarmee vergroten we de kans dat onze moeite tot het gewenste resultaat leidt.

Veel succesvolle bedrijven doen aan planning. Plannen hebben drie hoofdelementen:

doelstelling

- *Wat* wil je bereiken? Een plan maak je om één of meerdere doelen te bereiken.

aanpak

- *Hoe* wil je dat bereiken? Je hebt een plan van *aanpak* nodig.

planningshorizon

- *Wanneer* wil je dat bereiken? Elk plan heeft een planning*horizon*. Bij het plannen voor een maaltijd kan dat een paar uur zijn, bij de ondernemingsplanning kan die horizon meerdere jaren in de toekomst liggen.

Bij het *wat* heb je goede doelstellingen nodig. Een *doelstelling* is een resultaat dat de organisatie wil bereiken. Goede doelstellingen zijn:

- voor alle betrokkenen duidelijk (wat moet er precies gebeuren en wanneer);
- te evalueren (je moet dus precies aangeven in welk geval de doelstelling wel of niet gehaald is);
- haalbaar.

SMART

Er is een ezelsbruggetje dat je helpt onthouden hoe je goede doelstellingen opstelt. Goede doelstellingen stel je *SMART* op.

Onthoud

SMART doelstellingen:

S Specifiek
Iedereen moet precies begrijpen wat de doelstelling is en wat ze moeten doen om dat doel te halen. Vage doelstellingen leiden nergens toe.

M Meetbaar
De resultaten moeten meetbaar zijn, zodat je ze kunt evalueren.

A Acceptabel
Alle betrokkenen moeten het ermee eens zijn, er moet draagvlak zijn voor de doelstelling.

R Realistisch
Het moet mogelijk zijn om het doel te bereiken, de doelstelling moet haalbaar zijn.

T Tijdbepaald
Er moet een duidelijk tijdpad zijn, met een tijdstip waarop de doelstelling gehaald moet zijn.

Bij Acceptabel hoort ook dat doelstellingen aantrekkelijk en inspirerend moeten zijn. Er moet een uitdaging in de doelstelling zitten, medewerkers moeten er zin in hebben. Aantrekkelijke doelstellingen kun je voor een groot deel bereiken door input van de werkvloer te gebruiken bij het opstellen van doelstellingen. Daarna kan het management de doelstellingen nog bespreken met de afdelingsmedewerkers, om te leren van hun ervaringen. Doelstellingen die door de medewerkers gedragen worden, zijn beter haalbaar (dus de A van acceptabel straalt door naar de R van realistisch).

Doelstellingen kun je splitsen in:

- *kwalitatieve* doelstellingen, zoals het zekerstellen van de continuïteit van de onderneming, het nemen van sociale verantwoordelijkheid of een goede werksfeer;
- *kwantitatieve* doelstellingen, meetbaar in cijfers. Daarbij zijn de hoofdpunten:
  - de winst (marge, omzet, kosten);
  - de positie ten opzichte van de concurrentie (marktaandeel, marktpenetratie, vergelijking budgetten).

Kwalitatieve doelstellingen kun je in veel gevallen wel meetbaar maken.

Hebben we bijvoorbeeld onze sociale verantwoordelijkheid genomen? Om dat te weten te komen kun je mensen uit de sociale omgeving enquêteren en naar hun mening daarover vragen (opinieonderzoek).

strategie

Kijk je naar het *wanneer*, dan heb je plannen voor de lange termijn (meerdere jaren), jaarplannen en plannen voor de korte termijn (bijvoorbeeld een maand of een kwartaal). Het *hoe*, de aanpak, heeft veel te maken met het wanneer. Een plan voor de lange termijn is een strategisch plan. De *strategie* is de manier waarop een organisatie haar doelstellingen voor de lange termijn wil bereiken. Strategische planning is plannen voor de lange termijn.

De weg naar een strategische doelstelling loopt lang niet altijd kaarsrecht. Er kan in de tussentijd van alles gebeuren binnen de onderneming en in haar omgeving, waardoor aanpassing op de korte termijn nodig is.

Voorbeeld

QualiTel is met haar marktaandeel nummer twee op de markt voor dataverkeer. De hoofdpunten van de marketingstrategie zijn: superieure service toegesneden op afzonderlijke marktsegmenten, daarmee marktleider worden en zo een wat hogere prijs kunnen vragen. Maar doordat een nieuwe onderneming wil toetreden op deze markt, besluit QualiTel om tijdelijk het prijsniveau te laten zakken. Dat is een tactische zet om de toetreder het leven zó zuur te maken dat die afdruipt (stay-out pricing).

tactiek

Net als op het sportveld heb je in het bedrijfsleven te maken met *tactiek*. Die bestaat uit aanpassende acties, gericht op het halen van doelstellingen voor de korte termijn. Daarbij houd je rekening met de omstandigheden en met de eigen capaciteiten. Een goede tactiek draagt uiteindelijk bij tot het halen van de strategische doelstellingen.

Een voetballer kan de bal even terugspelen omdat die anders bij het andere team komt: hij ziet dat de capaciteit van het eigen team op dat moment onvoldoende is om in de aanval te gaan. Toch blijft zijn strategische doelstelling die bal strak in dat net aan de overkant te krijgen.

plan:
- strategisch
- tactisch

In het *strategische* plan staan de doelstellingen en de globale aanpak voor de lange termijn. In een *tactisch* plan, bijvoorbeeld een kwartaalplan of een halfjaarplan, geef je voor een kortere termijn doelstellingen aan die helpen om de strategische doelstelling te bereiken. In een tactisch plan ligt veel meer nadruk op het *organiseren* van het werk: Welke afdelingen en medewerkers zetten we in om de tactische doelstellingen te bereiken? Hoeveel mag dat gaan kosten?

operationeel

draaiboek

Na het bepalen van tactische doelstellingen kom je toe aan het *operationaliseren* van taken: *wie* doet *wat* op welke *datum*. Het operationele plan is gericht op de uitvoering op korte termijn van de geplande activiteiten. Bij een operationeel plan hoort een *draaiboek* waarin je aangeeft welke deelactiviteiten op welke datum door wie verricht moeten worden (tijdsplanning en taakverdeling). In het operationele plan hoort ook een begroting. De tactische en operationele uitwerkingen van een marketingplan vind je vooral in de deelplannen, zoals het verkoopplan of het reclameplan.

Onthoud

Plannen	wat	doelstelling(en)
	hoe	aanpak
	wanneer	planningshorizon
	strategisch	lange termijn
	tactisch	kortere termijn, organisatie
	operationeel	korte termijn, uitvoerend (wie doet wat op welke datum)

planningscyclus

Planning is een *cyclisch* proces, dat wil zeggen dat je een aantal fasen doorloopt die steeds weer terugkeren. Tijdens de uitvoering van het werk is het nodig om te *controleren* of het proces volgens planning verloopt. Een goede planning kent een aantal fasen die samen een cyclus vormen. Dit planningsproces (ofwel *planningscyclus*) geldt voor het ondernemingsplan, maar ook voor alle deelplannen.

Al tijdens de uitvoering houd je steeds in de gaten of het operationele plan op schema ligt en of deeldoelstellingen worden gehaald. Na de uitvoering evalueer je of de doelstellingen gehaald zijn en of de taken goed en op tijd zijn uitgevoerd.

Bij alle onderdelen waar wat aan hapert ga je na waar het aan ligt: Klopt de informatie? Is de strategie wel realistisch? Is het werk goed georganiseerd? Zijn de tactische doelstellingen haalbaar? Is het operationele plan in orde?

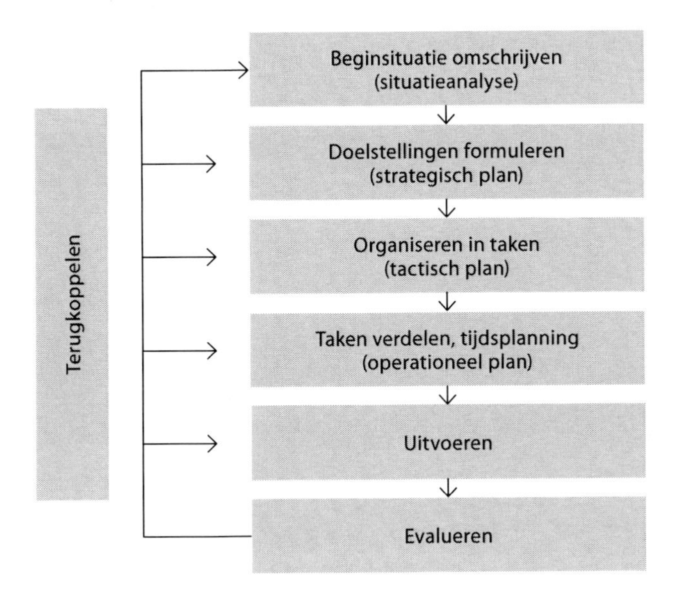

Figuur 1.1 De planningscyclus

Of hapert er iets aan de uitvoering? De bedoeling van deze terugkoppeling is dat je op tijd bij kunt sturen als er iets verkeerd gaat. De bedoeling van de evaluatie achteraf is om de kwaliteit in de volgende ronde te verbeteren. Van elke cyclus kan een bedrijf wat leren.

Opdrachten

1. Geef van de doelstellingen aan wat er mis mee is. Gebruik de SMART-formule.
   a. BurgerFlip heeft in zes jaar twaalf succesvolle vestigingen opgebouwd en wil dit jaar twintig nieuwe vestigingen openen.
   b. Garage Nedam wil dat de werkomgeving schoon is.
   c. Kapsalon Kapsones wil meer met de mode meegaan dan tot nu toe.
   d. Het management had gisteravond een geweldig idee! We gaan aan functieroulatie doen, zodat iedereen meer ervaring opdoet. Vandaag wordt dit in het personeelsblad bekend gemaakt.

2. Hoe kun je een doelstelling als 'prettige werksfeer' meetbaar maken?

3. a. Noteer twee verschillen tussen een strategisch marketingplan en een tactisch reclameplan dat bij dat marketingplan hoort.
   b. Waarom kan de tactiek soms tijdelijk afwijken van de strategische lijn?

4. a. Wat is het verschil tussen tactische en operationele planning?
   b. Waarom moeten operationele plannen passen in het strategische ondernemingsplan?

5. a. Leg uit dat een onderneming die de uitvoering van plannen niet evalueert, niet systematisch aan planning doet.
   b. Waarom is planning een cyclisch proces?

1.2 Ondernemingsplanning

Systematische ondernemingsplanning heeft duidelijke voordelen.

- Het dwingt het management en medewerkers om regelmatig kritisch te kijken naar het eigen functioneren en naar de omgeving van het bedrijf. Daardoor wordt duidelijk welke informatie nodig is en welke informatie nog ontbreekt. Doordat er zo betere informatie beschikbaar komt, kunnen mensen betere beslissingen nemen.
- Het zorgt voor discussie tussen verantwoordelijke functionarissen, waardoor de verschillende standpunten boven tafel komen. De kans om de neuzen dezelfde kant op te krijgen, wordt er groter door. Zo kan een onderneming komen tot een strategie die door alle afdelingen wordt begrepen en gedragen.
- Het leidt tot ondernemingsdoelstellingen die gebaseerd zijn op feiten en op een samenhangende strategie. Door regelmatig te controleren of de uitvoering in de praktijk klopt met de doelstellingen, kan men de werkwijze op tijd bijstellen als er iets niet verloopt volgens plan. Daardoor verbetert de kwaliteit van het werk.
- Door het bijsturen van plannen leert een organisatie van fouten en onvoorziene omstandigheden.
- Afdelingen weten beter van elkaar wat ze aan het doen zijn. Dat is goed voor de samenwerking.
- In een planningscultuur raken mensen meer gewend aan vooruitdenken. Dat kan goede ideeën opleveren.

ondernemingsplan

De planning voor een onderneming als geheel vind je in het *ondernemingsplan*. Daarin staan de doelstellingen voor de lange termijn plus de strategie, de manier waarop de organisatie die doelstellingen wil bereiken. Bij een ondernemingsstrategie horen allerlei beslissingen over het aanbod, de doelgroepen, de marketingmix, de investeringen en de financiering, de logistiek, de concurrentie en eventueel de samenwerking met andere bedrijven.

Dat het een plan voor de lange termijn is, wil nog niet zeggen dat het elk jaar hetzelfde blijft. Het is nodig om zo'n plan regelmatig bij te stellen, bijvoorbeeld jaarlijks, om het aan te passen aan nieuwe informatie en ontwikkelingen.

Het ondernemingsplan bestaat uit een aantal onderdelen.

- Missie en visie: Wat wil deze onderneming?
- SWOT-analyse van het eigen bedrijf (sterke en zwakke punten) en van de omgeving (kansen en bedreigingen).
- Marketingplan met marketingdoelstelling, marketingstrategie en de invulling van de marketingmix.
- Productieplan: Hoe en wat produceren we, hoe organiseren we dat, hoe regelen we de goederenstromen (de logistiek)?
- Financieringsplan: Welke bedrijfsmiddelen zijn er nodig (investeren) en hoe komen we aan het geld (financieren)? Daarbij hoort een exploitatiebegroting: Wat gaan al die activiteiten kosten en opleveren? Ook is een liquiditeitsbegroting nodig: Komen we niet in de betalingsproblemen?
- Managementplan: Wat is de organisatiestructuur, wat is het personeelsbeleid, hoe zijn de juridische zaken geregeld, hoe ziet het automatiseringsplan eruit?

In een ondernemingsplan vind je dus een aantal verschillende deelplannen. Per deelplan is een afdeling verantwoordelijk voor de uitwerking. Het ondernemingsplan geeft richting aan die deelplannen. Tegelijk geven de verschillende afdelingen met hun planning input voor het ondernemingsplan. Bij een goede planning is er dus een wisselwerking tussen de werkvloer en het management, waarbij het de bedoeling is om tot een helder en samenhangend plan te komen.

ondernemingsdoelstelling

Ook de doelstellingen kun je splitsen in overkoepelende *ondernemings*doelstellingen en bijvoorbeeld doelstellingen voor de marketing. Voorbeelden van ondernemingsdoelstellingen die je veel tegenkomt zijn:

- continuïteit: de onderneming wil blijven bestaan;
- groei;
- vergroten van de opbrengsten;
- kostenbeheersing.

marketing-doelstelling

Marketingdoelstellingen zijn ondergeschikt aan de overkoepelende ondernemingsdoelstellingen. De marketing moet meehelpen om die overkoepelende doelstellingen te halen, vooral aan de opbrengstenkant. In de praktijk zijn *marketingdoelstellingen* vaak gericht op de gewenste omzet, bijvoorbeeld:

- een omzet van € 10 miljoen voor product A;
- een omzetgroei van 3%;
- een markaandeel van 10%;
- groei van het aantal klanten met 5%.

Ook voor een eenmanszaak is het verstandig om een ondernemingsplan te maken. Voor veel startende ondernemers is het zelfs de eerste klus. Het verschil is dat zij voor de verschillende functies geen aparte afdelingen hebben.

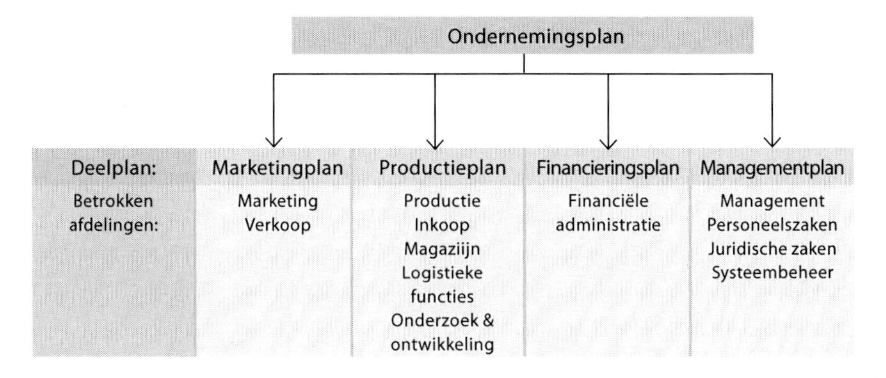

Figuur 1.2 Deelplannen van het ondernemingsplan

Elk deelplan kan op zijn beurt weer uit deelplannen bestaan. Het managementplan kan bijvoorbeeld bestaan uit een organisatieplan, een personeelsplan en een automatiseringsplan. Bij het productieplan kan een inkoopplan horen. De precieze invulling en benaming van deelplannen kunnen per bedrijf verschillen.

Als medewerker marketing heb je vooral te maken met het marketingplan. Ook daar horen deelplannen bij, zoals het communicatieplan, het prijsplan, het distributieplan en het productplan. Andere afdelingen hebben net zo goed met het marketingplan te maken, alleen is de afdeling marketing ervoor verantwoordelijk. Hetzelfde geldt voor de andere plannen. Zo hebben alle afdelingen ook te maken met het investerings- en financieringsplan, want daar komt hun budget vandaan. Toch blijft de financiële administratie of de controller verantwoordelijk voor die kant van de planning.

Opdrachten

6. a. Noteer drie voordelen van het werken met een ondernemingsplan voor een startende ondernemer.
   b. Welke voordelen komen daar nog bij voor een grotere, bestaande onderneming?

7. a. Waarom is een ondernemingsplan niet compleet zonder marketingplan?
   b. Op welke manier leveren medewerkers van de afdeling onderzoek en ontwikkeling een bijdrage aan de ondernemingsplanning?

8. Leg uit welke wisselwerking er bestaat tussen het ondernemingsplan en de deelplannen.

9. Waarom is planning onmogelijk zonder informatie?

1.3 De beginsituatie

Wil je een marketingplan opstellen, dan moet je goede doelstellingen bedenken en een goede strategie. Zonder de juiste informatie over de situatie van het bedrijf op dit moment kun je geen goede doelstellingen opstellen. Daarom is de eerste klus bij het planningsproces om de begin*situatie* goed in kaart te brengen. De informatie die je nodig hebt, bestaat uit *interne* informatie over de eigen organisatie en *externe* informatie.

Intern	S W	Strengths and Weaknesses (sterkten en zwakten)
Extern	O T	Opportunities and Threats (kansen en bedreigingen)

SWOT-analyse

Op basis van deze beginletters heet dit de *SWOT*-analyse. Analyseren wil zeggen: bestuderen en verklaren. Je zoekt de juiste informatie en daar trek je conclusies uit. Zo'n SWOT-analyse kun je splitsen in twee fasen.

situatieanalyse

- In de *situatie*analyse presenteer je de gevonden informatie. De situatieanalyse bestaat uit een interne analyse en een externe analyse. Je beschrijft de beginsituatie van het planningsproces, vandaar de naam situatieanalyse.
- In de SWOT-*matrix* (ofwel confrontatiematrix) zet je de interne en externe punten tegenover elkaar. Daaruit probeer je succesfactoren voor je onderneming af te leiden.

De SWOT-analyse is een belangrijke bijdrage aan het ondernemingsplan. Deze analyse vormt ook de basis voor het vaststellen van de marketingdoelstellingen en de marketingstrategie. Zo'n analyse kan een onderneming ook uit laten voeren door anderen, zoals een marketingadviesbureau. In dat geval is het een *marketing audit*. Af en toe zo'n audit uit laten voeren heeft als voordeel dat buitenstaanders met een frisse blik naar de marketing kijken, wat nieuwe ideeën op kan leveren.

informatie

Informatie bestaat uit gegevens waarmee je antwoord geeft op een bepaalde vraag; in dit geval op vragen over sterke en zwakke punten, kansen en bedreigingen. De eerste stap is dus een lijst met vragen die voor jouw onderneming van belang zijn. De volgende stap is het verzamelen van de antwoorden op die vragen. Dan ben je bezig met marktonderzoek.

diagnose

prognose

De situatieanalyse is het startpunt van het proces van planning voor de marketing. De beschrijving van de situatie waarin de onderneming zich bevindt, bestaat uit een interne en een externe analyse. Deze analyse noemt men ook wel *strategische* analyse of *diagnose*. Je houdt namelijk de marketingstrategie tot nu toe tegen het licht en je probeert na te gaan wat eraan hapert. De situatieanalyse sluit je af met een *prognose*: wat zullen de gevolgen zijn als we doorgaan met de huidige strategie?

Welke analyse voer je eerst uit, de interne of de externe? Eigenlijk kun je ze best allebei tegelijk uitvoeren. Het is een heel karwei en meestal is het teamwerk, zodat je taken kunt verdelen. In dit boek ga je eerst in op de interne analyse, maar dat hoeft in de praktijk zeker niet de werkvolgorde te zijn.

Opdrachten

10. a. Geef twee andere namen voor de situatieanalyse.
    b. Waar sluit je een situatieanalyse mee af?

11. a. Leg uit wat voor bijdrage je aan de ondernemingsplanning levert als je bezig bent met situatieanalyse.
    b. Wat is het verschil tussen de situatieanalyse in het ondernemingsplan en die in het marketingplan?

12. a. Wat is het verschil tussen een situatieanalyse en een marketing audit?
    b. Waarom kan het nuttig zijn om een audit te laten verrichten.

1.4 Interne analyse

interne analyse

micro-omgeving

Met de *interne analyse* licht je je eigen onderneming door op alle punten die beheersbaar of beïnvloedbaar zijn door het eigen bedrijf (anders hoort het punt bij de externe analyse). Deze interne omgeving vormt de *micro*-omgeving van de organisatie. Het doel van de interne analyse is om te laten zien wat haalbaar is voor het eigen bedrijf, en wat niet.

sterk punt

Daarbij vormt een goede prestatie alleen maar een *sterk* punt als jouw bedrijf daarop beter presteert dan concurrerende bedrijven.

Voorbeeld

De GasWacht is er trots op dat zij alle klachten nog dezelfde dag behandelt. Maar omdat de monteur van bureau TotalPart na elke klacht binnen twee uur voor de deur staat, is dit voor de GasWacht geen sterk punt; voor TotalPart wel.

Een sterk punt is ook alleen maar sterk als de klanten dat punt belangrijk vinden.

Voorbeeld

De marketingmedewerker van TotalPart voert de representatieve bedrijfskleding van de monteurs op als sterk punt. Uit tevredenheidsonderzoek blijkt dat de klanten de monteurs van de GasWacht vriendelijker vinden. De bedrijfskleding is dus geen sterk punt van TotalPart. De klantvriendelijkheid van de monteurs is wel een sterk punt voor de GasWacht.

Bij de interne analyse licht je door op twee hoofdpunten:

- mogelijkheden en beperkingen, zoals:
  - de bestaande organisatiestructuur en -cultuur;
  - al bestaand en uitgevoerd beleid (track record);
  - beschikbare middelen (personeel, financiën, enzovoort).
- prestaties.

Bij de *prestatieanalyse* horen:

- resultatenanalyse: afzet en omzet, winst en winstmarges;
- portfolioanalyse: de kwaliteit van het aanbod (de productportfolio);
- personeelsanalyse: de kwaliteit van het personeel;
- productieanalyse: de kwaliteit van de productie;
- distributieanalyse : de kwaliteit van de distributie.

Opdrachten

13. a. In welk geval hoort een onderwerp bij de interne analyse?
    b. Aan welke twee voorwaarden moet een eigenschap van je onderneming voldoen, wil het een sterk punt zijn?
    c. Geef de definitie van een zwak punt.

14. a. Uit welke vijf onderdelen bestaat een prestatieanalyse?
    b. Leg uit waarom je geen goed marketingplan kunt opzetten zonder prestatieanalyse.

15. Wat is het verschil tussen prestaties en mogelijkheden (of beperkingen)?

1.5 Samenvatting

Plannen hebben drie hoofdelementen: het wat (de doelstelling), het hoe (de aanpak) en het wanneer (de planningshorizon). Een goede doelstelling is SMART (specifiek, meetbaar, acceptabel, realistisch en tijdbepaald). Ingedeeld naar aanpak en tijdshorizon is er een verschil tussen strategische plannen voor de lange termijn, tactische plannen die de organisatie voor een kortere termijn aangeven en operationele plannen met het draaiboek (wie doet wat op welke datum) voor de korte termijn.

Ingedeeld naar het aantal doelstellingen tegelijk heb je een overkoepelend plan (het ondernemingsplan) en afdelingsplannen, zoals het marketingplan. Ook die plannen kunnen weer deelplannen hebben. Verschillende afdelingen leveren informatie en deelplannen aan voor het ondernemingsplan. Door dit planningsproces wordt de informatiebehoefte helder. Met betere informatie verbetert het beslissingsproces en de strategie. Het is ook goed voor de samenwerking tussen afdelingen.

Planning is een cyclisch proces, dat begint met informatie. Op basis daarvan formuleert men strategische doelen, die leiden tot een tactiek, die weer vertaald wordt in operationele actieplannen. Tijdens en na de uitvoering koppel je steeds terug naar informatie en planning, zodat de organisatie kan bijsturen en van het proces kan leren.

Met een *situatie*analyse breng je de benodigde informatie over de beginsituatie in kaart. Het is een strategische analyse ofwel *diagnose*. Alle punten uit de micro-omgeving, die door een bedrijf beheersbaar of beïnvloedbaar zijn, zijn onderwerp van de *interne* analyse. Daarbij hoort een *prestatie*analyse van de financiële resultaten, van de kwaliteit van het aanbod, het personeel, de productie en de distributie. Daarnaast worden de mogelijkheden of beperkingen bekeken, voor wat betreft de organisatie en de organisatiecultuur, de beschikbare middelen en het track record.

Uit de interne analyse volgen de sterke en zwakke punten van de eigen organisatie. Een intern punt is *sterk* als de klanten dat punt belangrijk vinden en het bedrijf daarop beter presteert dan concurrenten; andersom heb je te maken met een *zwak* punt.

1.6 Begrippen

Doelstelling Een resultaat dat iemand of een organisatie wil bereiken.
SMART ~ De doelstelling is specifiek, meetbaar, acceptabel, realistisch en tijdbepaald.

Externe analyse Het in kaart brengen van kansen en bedreigingen, die door het bedrijf zelf niet beheersbaar zijn en maar beperkt beïnvloedbaar.

Interne analyse Doorlichting van factoren die beheersbaar of beïnvloedbaar zijn door het eigen bedrijf.

Ondernemingsplan Strategisch, overkoepelend plan met ondernemingsdoelstellingen voor de lange termijn.

Operationeel plan Plan voor uitvoering op korte termijn. Bevat een draaiboek (wie doet wat op welke datum).

Planningscyclus Bestaat uit de fasen situatieanalyse, strategisch plan, tactisch plan, operationeel plan, uitvoeren en evalueren.

Situatieanalyse (diagnose, strategische analyse) Bestaat uit een interne en externe analyse en beschrijft de situatie van een onderneming en haar marketing aan het begin van de planningscyclus.

Sterk punt Interne factor die de klanten van belang vinden en waarop het bedrijf beter presteert dan concurrenten.

Strategie De manier waarop een organisatie haar doelstellingen voor de lange termijn wil bereiken.

SWOT-analyse	Manier van doorlichten van een organisatie, intern op sterke en zwakke punten en extern op kansen en bedreigingen.
Tactiek	Bestaat uit aanpassende acties, gericht op het halen van doelen voor de kortere termijn.
Zwak punt	Interne factor die de klanten van belang vinden en waarop het bedrijf slechter presteert dan concurrenten.

2 Interne analyse: de eigen organisatie

2.1 Organisatiestructuur

Om doelgericht bezig te kunnen zijn, moet je eerst de startsituatie goed kennen. Je kunt niet goed van A naar B komen als je niet precies weet waar A ligt. Wil je de startsituatie van je eigen onderneming goed in kaart brengen, dan moet je allereerst weten wat jouw onderneming precies is: hoe zit die in elkaar, hoe denken de mensen, wat willen ze? Eerst ga je na hoe je organisatie in elkaar zit.

organiseren

organisatie

Het woord organisatie kan twee dingen betekenen. 'Zij doet de organisatie', dat wil zeggen dat zij bezig is met *organiseren*. Ze verdeelt taken, zorgt voor de noodzakelijke middelen en maakt een planning. In de tweede betekenis is een *organisatie* een samenwerkingsverband van mensen, zoals een instelling of een bedrijf. De leden van de organisatie voeren samen activiteiten uit om bepaalde doelstellingen te halen.

organisatiestructuur

Elke organisatie heeft een *structuur*, die aangeeft hoe de organisatie in elkaar zit: Hoe is dit samenwerkingsverband georganiseerd in verschillende functies? Welke relatie hebben die tot elkaar? Wie kan orders geven? Hoe overleggen medewerkers met elkaar? De organisatiestructuur kan per bedrijf sterk verschillen. De precieze structuur heeft te maken met de omvang, maar ook met het soort werk. Een communicatieadviesbureau kiest meestal een andere organisatiestructuur dan een koekjesfabriek.

lijnrelatie

lijnfunctie

In een fabriek werkt meer laaggeschoold personeel dan bij een adviesbureau. In een fabriek vind je daarom meer *lijnrelaties*. Dat is een relatie tussen één meerdere en een ondergeschikte, bijvoorbeeld tussen een chef en een medewerker. De medewerker heeft dan een *lijnfunctie*. Hij moet de instructies van de chef opvolgen, zolang die kloppen met de functieomschrijving. De medewerker krijgt instructies van maar één meerdere.

organogram

Een *organogram* is een grafische weergave van de organisatiestructuur. Je kunt het ook organigram noemen. In een organogram teken je een lijnrelatie verticaal.

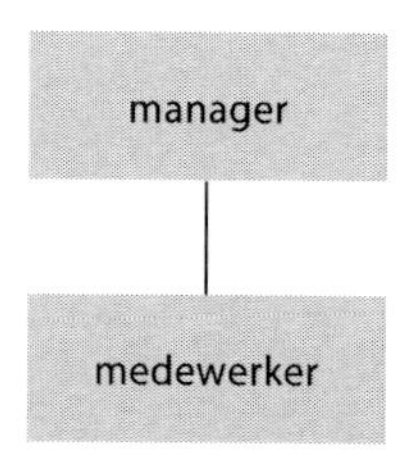

Figuur 2.1 Lijnrelatie

Figuur 2.1 is een klein organogram van een eenmanszaak met één medewerker. De verticale lijn geeft aan dat er een lijnrelatie is tussen de manager en de medewerker. Een organisatie waarin alleen maar lijnrelaties bestaan tussen de functies, is een *lijnorganisatie*.

lijnorganisatie

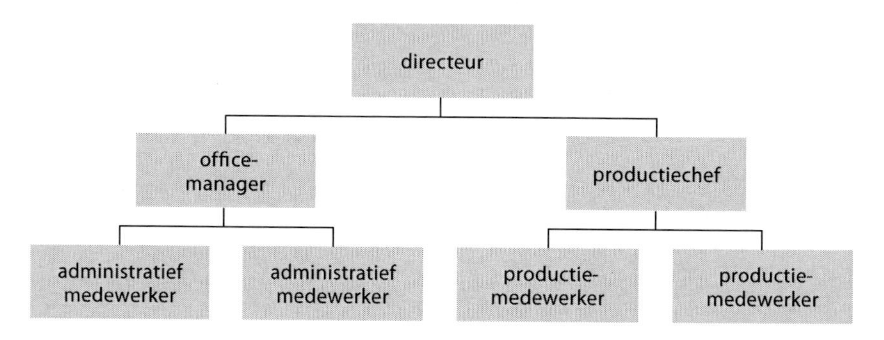

Figuur 2.2 Voorbeeld van een lijnorganisatie

In een lijnorganisatie heeft elke medewerker een gezagsverhouding met één meerdere. Die meerdere is zijn lijnmanager. In het voorbeeld heeft de productiechef niets te zeggen over de administratief medewerkers. Die volgen alleen maar instructies op van de officemanager, want dat is hun lijnmanager; daar hebben zij een lijnrelatie mee. Elke functie in deze onderneming is dus een lijnfunctie.

In een bedrijf met een pure lijnorganisatie weet elke medewerker wie zijn leidinggevende is. Dat maakt een lijnorganisatie overzichtelijk. Ook een chef weet precies aan wie hij wel of niet instructies kan geven. De verantwoordelijkheden van elke medewerker zijn duidelijk. Tegelijk zijn ze ook begrensd: als je ziet dat je werk verkeerd loopt door een fout op een andere afdeling, dan kun je daar maar weinig aan doen.

Er kunnen vooral problemen ontstaan als een lijnorganisatie veel lagen boven elkaar krijgt. Niet elke manager heeft overal verstand van. Hoe groter het bedrijf, hoe moeilijker het voor de directie is om alle activiteiten goed op elkaar af te stemmen (coördineren). Als er veel lijnfuncties boven elkaar staan, krijgen mensen vaak de neiging om problemen maar naar boven door te schuiven. Ze hebben tenslotte maar een begrensde verantwoordelijkheid.

In een grotere lijnorganisatie moet het management van allerlei dingen verstand hebben: niet alleen van leidinggeven, maar ook van marketing, bedrijfseconomie, productietechniek en juridische zaken. De organisatie kan zulke expertise inhuren, maar als dit vaak voorkomt, is het goedkoper om specialisten in dienst te nemen. Zulke specialisten hebben geen lijnfunctie. Ze geven geen opdrachten aan ondergeschikten. Ze zijn stafmedewerkers; ze hebben een *staf*functie.

staffunctie

stafrelatie

lijn-staforganisatie

Een stafmedewerker doet ondersteunend werk voor een manager. De stafmedewerker heeft een *staf*relatie met de manager die hij ondersteunt. De manager geeft de stafmedewerker opdrachten, maar de stafmedewerker kan zelf niemand opdrachten geven. Als men één of meer stafmedewerkers toevoegt aan een lijnorganisatie, ontstaat een *lijn-staf*organisatie. In een organogram teken je relaties met staffuncties horizontaal, haaks op de verticale lijn.

In plaats van met één stafmedewerker kun je ook te maken hebben met een stafafdeling, bijvoorbeeld de stafafdeling automatisering. Binnen die afdeling kunnen lijnrelaties bestaan. Maar het hoofd van de stafafdeling kan geen orders geven aan andere afdelingen, dat kan alleen zijn manager.

Tot nu toe keek je naar de *verticale* indeling van de organisatie, de relaties tussen meerdere en ondergeschikte. Ook *horizontaal* zijn er verschillende manieren van organiseren. Het gaat dan over de manier waarop de verschillende werkzaamheden zijn verdeeld over de afdelingen.

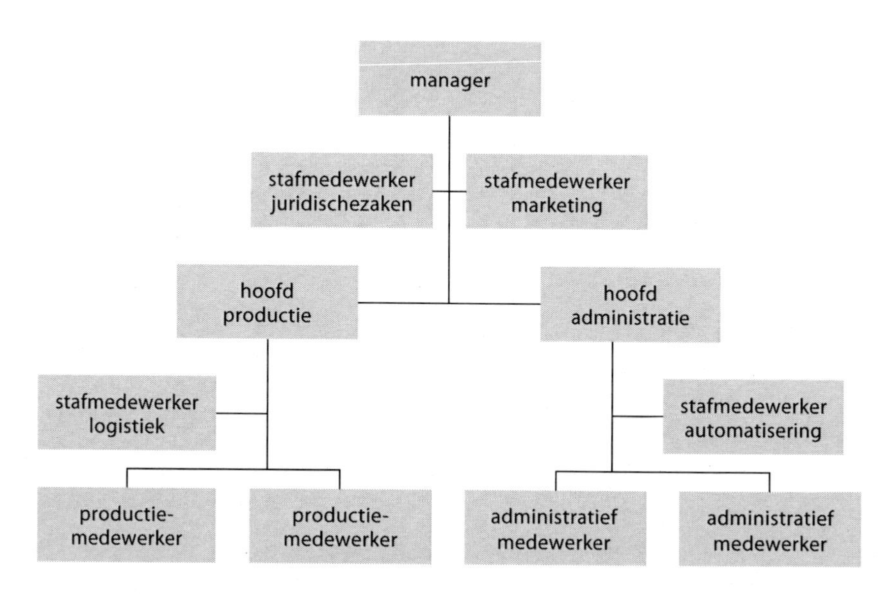

Figuur 2.3 Voorbeeld van een lijn-staforganisatie

Bij een horizontale taakverdeling zijn er twee hoofdvormen mogelijk:

1 interne differentiatie;
2 interne specialisatie.

Bij interne differentiatie vormen alle mensen met een gelijksoortige functie samen één afdeling. Dit is de functionele indeling (F-indeling). Bij interne specialisatie worden afdelingen gevormd op basis van:

- het product dat ze maken of waarvoor ze werkzaam zijn (P-indeling);
- de klantengroep (of het marktsegment) waarvoor ze werken (M-indeling, naar Markt, ook wel A-indeling genoemd, naar Afnemers);
- het gebied dat ze bedienen (G-indeling).

F-indeling

Bij een functionele indeling (*F-indeling*) heeft elke afdeling haar eigen takenpakket, er is vrijwel geen overlap met taken van andere afdelingen.

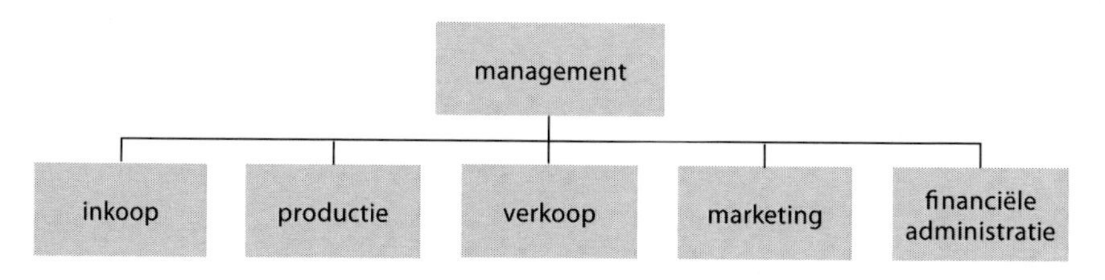

Figuur 2.4 Voorbeeld van een F-indeling

Al het werk is ingedeeld naar soort: elke afdeling houdt zich bezig met een bepaald soort werk, dat niet door een andere afdeling wordt gedaan.

P-indeling

Grotere ondernemingen die producten (of diensten) produceren die flink van elkaar verschillen, kunnen ook kiezen voor een *P-indeling*. Daarbij worden werkzaamheden gegroepeerd naar het soort product. Vergelijkbare functies kun je bij verschillende afdelingen in de organisatie tegenkomen.

Figuur 2.5 Voorbeeld van een marketingafdeling met een P-indeling

In figuur 2.5 zie je drie verschillende afdelingen marketing van een elektronicaconcern. Het management vindt dat de productgroepen zo van elkaar verschillen, dat ze elk een compleet andere aanpak van de marketing nodig hebben. Je komt dus marketingmedewerkers tegen op drie verschillende afdelingen.

M-indeling

Een bedrijf dat voor verschillende groepen klanten werkt, kan kiezen voor een *M-indeling*. Daarbij doen verschillende afdelingen hetzelfde soort werk, maar voor verschillende marktsegmenten.

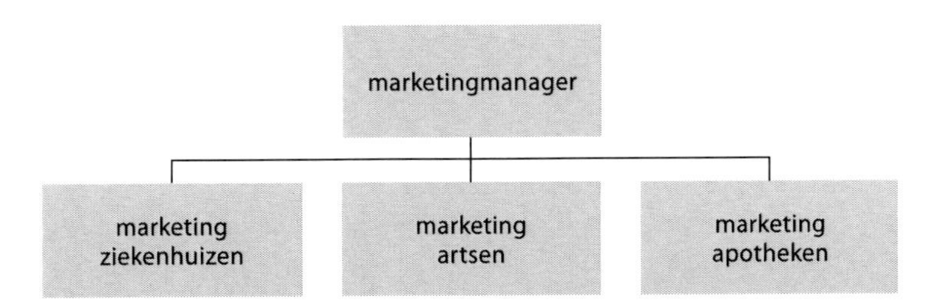

Figuur 2.6 Voorbeeld van een marketingafdeling met een M-indeling

De verschillende afdelingen marketing bij het farmaceutische concern van figuur 2.6 maken elk hun eigen marketingplan en voeren dat uit.

G-indeling

Afdelingen met vergelijkbare functies kunnen zich ook specialiseren naar gebied: de *G-indeling*.

Figuur 2.7 Voorbeeld van een marketingafdeling met een G-indeling

De directie van de onderneming uit figuur 2.7 vindt dat de verschillende landengroepen een verschillende aanpak van de marketing nodig hebben. De verschillende marketingafdelingen hebben zich gespecialiseerd naar de geografische regio die ze bedienen.

Binnen één en hetzelfde bedrijf kun je verschillende manieren van horizontaal indelen tegelijk tegenkomen. De productie kan bijvoorbeeld een P-indeling hebben, terwijl Verkoop en Marketing een M-indeling krijgen.

matrixorganisatie

Tot slot is er nog een organisatiestructuur mogelijk die tegelijk verticaal en horizontaal is. Dat is de *matrix*organisatie. Daarbij heeft elk team minstens twee managers.

In de matrixorganisatie van figuur 2.8 stelt elk rondje een team voor. Elk team wordt aangestuurd door een manager die verantwoordelijk is voor een bepaalde productgroep, én door een functionele manager die verantwoordelijk is voor de goede uitvoering van een functie op zijn vakgebied (zoals marketing). In het organogram van figuur 2.8 is een F-indeling gekruist met een P-indeling, waardoor een matrix ontstaat. Een voorwaarde voor een succesvolle matrixorganisatie is goed overleg tussen de verschillende managers.

Bij ondernemingen die vooral werken aan verschillende opdrachten van klanten, vormt elke opdracht een project. Dat gebeurt bijvoorbeeld bij een bouwbedrijf, waar elk gebouw een project is, of bij een communicatieadviesbureau, waar elke reclamecampagne een project is. Voor elk project wordt dan een projectgroep samengesteld, waarin verschillende

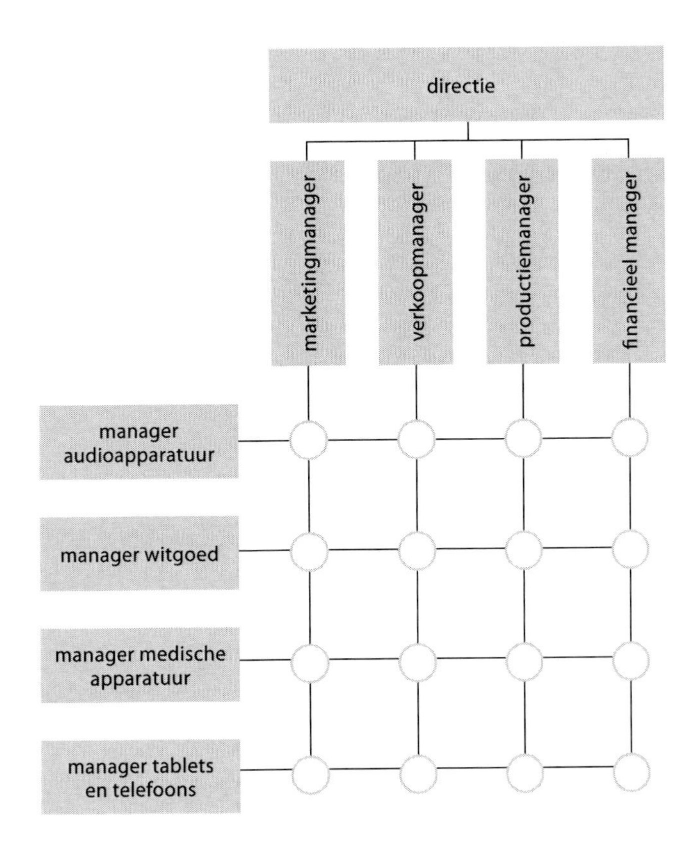

Figuur 2.8 Voorbeeld van een matrixorganisatie

functies vertegenwoordigd zijn. Elk lid van de projectgroep komt uit een afdeling en heeft zijn eigen chef. Daarnaast heeft de projectgroep een projectleider. Een *project*organisatie is een matrixorganisatie, waarbij de projectgroepen tijdelijk zijn: nadat een project afgerond is, wordt weer een nieuwe projectgroep samengesteld.

projectorganisatie

Een bedrijf kan een matrixorganisatie gebruiken als pure projectorganisatie, of als projectorganisatie binnen een lijn- of een lijn-staforganisatie. Het kan ook nuttig zijn dat één afdeling met een matrixorganisatie werkt, terwijl de rest van het bedrijf een lijn- of een lijn-stafstructuur heeft.

Onthoud

Verticale indeling organisaties
- Lijnorganisatie
- Lijn-staforganisatie

Horizontale indeling organisaties
- Interne differentiatie
  - F-indeling: gelijksoortige functies per afdeling
- Interne specialisatie, verschillende functies op één afdeling
  - P-indeling: afdelingen gegroepeerd naar aanbod (product)
  - M-indeling: naar marktsegment
  - G-indeling: naar geografisch gebied

Matrixorganisatie: afdelingen ontstaan door het kruisen van verticale en horizontale indeling.

Opdrachten

1. Dit is het organogram in hoofdlijnen van Choco-K, fabrikant van chocoladeartikelen.

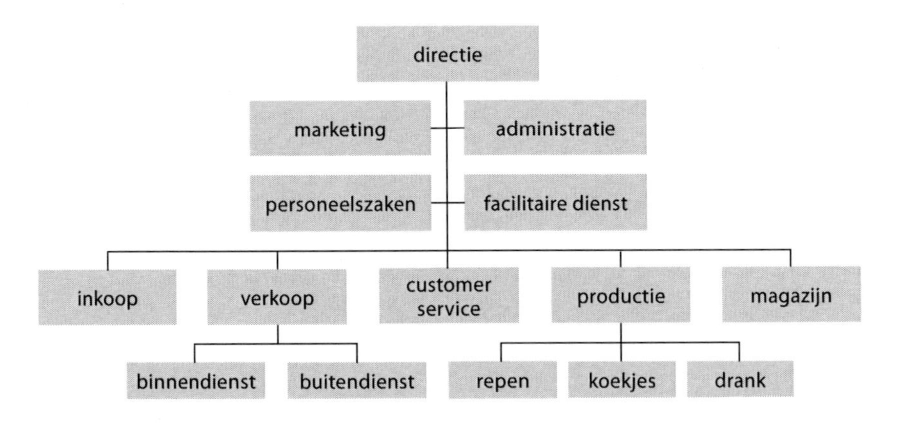

Figuur 2.9 Organogram van Choco-K

a. Welke organisatiestructuur heeft Choco-K?
b. Verklaar waarom marketing een stafafdeling is en verkoop een lijn-afdeling.
c. Wat voor indeling heeft de afdeling productie?

2. a. Super 1-Uit-1000 heeft bijna 500 filialen in Nederland, met elk een eigen manager en inkoop- en verkoopfuncties. Voor welke indeling heeft deze onderneming deels gekozen?
   b. Welke verschillen in beleid zouden er kunnen ontstaan tussen een filiaalmanager in Amsterdam en zijn collega in Vierhouten op de Veluwe?

3. a. Waarom kom je pure lijnorganisaties vooral bij kleinere bedrijven tegen en minder bij grote?
   b. Wat kunnen de nadelen van een pure lijnorganisatie zijn?
   c. Wat is het grote voordeel van dit organisatiestelsel?

4. a. Wat is het verschil tussen een lijnfunctie en een staffunctie?
   b. Waarom zijn er maar weinig kleine bedrijven met een lijn-staf-organisatie?

5. a. Hoeveel chefs heeft een medewerker in een matrixorganisatie?
   b. Wat kan het voordeel kan zijn van een matrixorganisatie?
   c. Zoek nog een voorbeeld van een onderneming waarvoor een matrix-organisatie geschikt kan zijn.

2.2 Organisatiecultuur

formele organisatie

De organisatiestructuur van een onderneming hoort bij de *formele* organisatie. Die bestaat uit alle functies, taken en bevoegdheden, plus de relaties en de communicatie tussen die functies, die formeel zijn vastgelegd.

Een organogram laat de relatie tussen de afdelingen en de functies zien, maar niet alle taken, bevoegdheden en verantwoordelijkheden die bij die functies horen (functieomschrijving). Om een organisatie nauwkeuriger te omschrijven, heb je een organisatiehandleiding nodig. Daarin zijn alle taken en functies omschreven, plus de regels en de procedures. Ook de verplichte overlegstructuren vind je daarin terug.

informele organisatie

Ook zijn er veel relaties binnen een onderneming die niet formeel zijn vastgelegd. Denk aan vriendschappen tussen collega's, of juist vervelende gevoelens tussen sommige mensen. Mensen nemen niet alleen hun hoofd en handen mee naar hun werk, maar ook hun hart en hun emoties. De *informele* organisatie bestaat uit alle relaties en communicatie die niet formeel zijn vastgelegd.

Een deel van de informele organisatie is gericht op het halen van de bedrijfsdoelstellingen. Informeel overleg in de 'wandelgangen' of in de kantine hoort daarbij. Een ander deel is neutraal: gewoon bijpraten met collega's over van alles en nog wat. Nog een ander deel kan soms tegen de bedrijfsdoelstellingen ingaan, denk bijvoorbeeld aan het voorbereiden van een wilde staking (dat is een staking die niet door de vakbond wordt gesteund).

organisatiecultuur

Waar mensen zijn, is ook een cultuur. Die bestaat uit aangeleerd gedrag, gewoonten, waarden en normen. De organisatie*cultuur* bestaat uit collectief, aangeleerd gedrag van de leden van die organisatie. Collectief betekent gezamenlijk. Dit gedrag kun je niet op papier terugvinden. Nieuwe medewerkers maken nog geen deel uit van die cultuur, maar mensen passen zich makkelijk aan.

De organisatiecultuur komt tot uiting in een bepaalde manier van werken: hoe geeft men leiding, hoe gaan collega's met elkaar om, hoe wordt er gecommuniceerd? De organisatiestructuur heeft veel invloed op de organisatiecultuur. Het maakt verschil of een lijnorganisatie 'plat' is (weinig lagen boven elkaar) of 'steil' (veel bestuurslagen). In een platte lijnorganisatie zijn er wel duidelijke gezagsverhoudingen, maar de communicatielijnen zijn kort. Daardoor is er toch ruimte voor overleg, formeel en informeel. Hoeveel precies, dat hangt sterk van de persoonlijkheden af.

top-down

bottom-up

Met een autoritaire directie krijg je in een lijnorganisatie snel een *top-down* cultuur: er wordt gecommuniceerd van boven naar beneden, medewerkers hebben te doen wat de baas zegt. Een manager met goede oren kan meer ruimte laten voor een *bottom-up* cultuur, waarin medewerkers fouten en ideeën kunnen bespreken met hun chef. Voor de flexibiliteit is dat laatste heel belangrijk.

Hoe meer bestuurslagen er zijn in de organisatie, hoe sterker de neiging om alles te formaliseren. Even informeel overleggen met een meerdere wordt er moeilijker door. Medewerkers krijgen sneller de neiging om zich 'in te dekken'. Hoe steiler de organisatie, hoe groter de kans op een top-down cultuur.

De organisatiecultuur bepaalt hoe een onderneming omgaat met het planningsproces. In het ene uiterste kan het management de doelstellingen puur top-down vaststellen: het management bepaalt de afdelingsdoelstellingen, de afdelingen moeten die uitvoeren. Het andere uiterste is een complete bottom-up benadering. Daarbij vraagt het management al input van de verschillende afdelingen voordat de doelstellingen worden geformuleerd. Vervolgens bespreekt het de vertaling van die doelstellingen naar afdelingsdoelstellingen ook weer eerst met de medewerkers.

Een top-down benadering werkt sneller en is overzichtelijk voor de leidinggevenden. Die missen daarmee wel twee belangrijke kansen:

- De mensen op de afdelingen weten precies welke problemen er spelen. Ook hebben zij contact met de klanten. Zij kunnen daardoor aangeven welke doelstellingen haalbaar zijn en welke niet (de R van SMART).
- Door doelstellingen in overleg op te stellen, betrek je de medewerkers bij het bedrijfsgebeuren. Dat geeft veel meer kans dat zij zich gemotiveerd voelen en hard werken om die doelen ook echt te halen (de A van SMART).

De praktijk in het bedrijfsleven ligt meestal ergens tussen deze twee uitersten.

Top-down of bottom-up gaat over verticale communicatie. Maar ook horizontale communicatie tussen afdelingen en medewerkers op hetzelfde niveau is belangrijk. Bijvoorbeeld tussen de chefs van de afdeling inkoop en de afdeling productie. Of tussen de marketingmanager van product A en de marketingmanager van product B. Het uitwisselen van informatie is nodig voor de coördinatie, voor het op elkaar afstemmen van plannen. Het is ook nodig voor consistente marketing.

In ondernemingen met een matrixorganisatie is er bijna vanzelf veel horizontale communicatie, want er zijn veel specialisten die met elkaar moeten overleggen. Voor ondernemingen met een andere organisatiestructuur is het nodig om steeds na te gaan of er voldoende horizontale communicatie is. Dit kan bijvoorbeeld door formeel overleg voor te schrijven.

De organisatiecultuur heeft ook invloed op de communicatie naar buiten toe. In een informele 'bottom-up' organisatiecultuur luisteren managers en medewerkers naar elkaar. Zo'n organisatie is veel beter in staat om ook met doelgroepen buiten de organisatie goed te communiceren. Dit soort cultuur vind je eerder in een 'platte' organisatie met weinig bestuurslagen.

De bestaande organisatiecultuur kan het moeilijk maken om van koers te veranderen. Neem een grote onderneming met een top-down lijnorganisatie. Er ontstaat al snel een logge organisatie, waarin mensen hun werk doen en meer ook niet. Zo'n organisatie is star en meestal niet erg klantvriendelijk. Op een veranderende markt, waar kennis en reactie belangrijk zijn, heeft zo'n onderneming minder kans om te overleven. Dat kan het nodig maken om zo'n organisatie flink door elkaar te schudden.

De organisatiestructuur en -cultuur kunnen een sterk punt zijn in de interne analyse, als die bijdragen aan goede samenwerking en het halen van de ondernemingsdoelstellingen.

Opdrachten

6. a. Wat is een 'steile' organisatie?
   b. Wat is het probleem van een 'steile' organisatie?
   c. Wat zou dan een 'platte' organisatie zijn?

7. a. Welke voordelen heeft een bottom-up benadering bij het opstellen van ondernemings- en afdelingsdoelstellingen?
   b. Wat zijn de nadelen van deze benadering?
   c. Wat heeft een bottom-up cultuur te maken met het SMART maken van doelstellingen?

8. a. Wat is het verschil tussen formele en informele organisatie?
   b. Hoort de organisatiecultuur bij de formele organisatie of bij de informele?
   c. Leg uit waarom de informele organisatie net zo belangrijk kan zijn als de formele.

9. In welk geval kunnen organisatiestructuur en -cultuur een sterk punt vormen in de interne analyse?

10. a. Welk voordeel hebben kleine ondernemingen boven grote, als je let op een beperking als organisatiecultuur?
    b. Waarom kan bestaand beleid een beperking vormen?

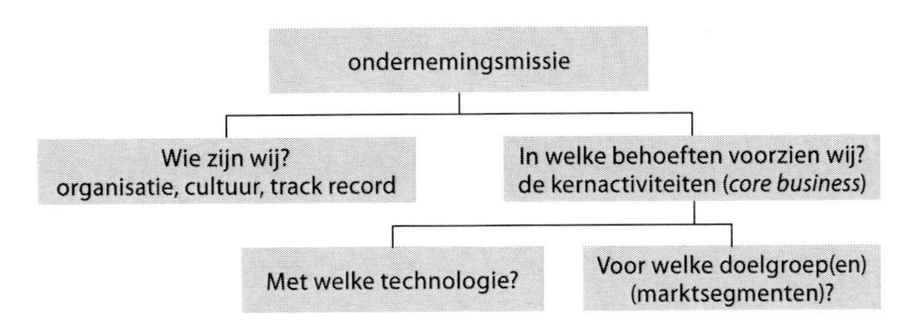

Figuur 2.10 Een schema van de ondernemingsmissie

2.3 Missie en visie

missie

Waar een organisatie voor staat kun je afleiden uit de missie. De ondernemings*missie* geeft aan wat de onderneming precies is, waarom deze onderneming bestaat: wie zijn wij, wat willen wij, in welke behoefte(n) voorzien wij?

De kenmerken van een organisatie zijn:

- de organisatie*structuur*: hoe zit die organisatie in elkaar?
- de organisatie*cultuur*: hoe gaan de mensen in die organisatie met elkaar om?
- het *track record*: wat heeft deze organisatie tot nu toe gepresteerd?

identiteit

Met deze drie elementen kun je beschrijven wat een organisatie precies is. Dit vormt de *identiteit* van de organisatie, het antwoord op de vraag 'Wie zijn wij?'.

imago

reputatie

Die identiteit moet de onderneming zien te vertalen in een goed *imago*: het beeld dat de samenleving heeft van die onderneming. Daar is communicatie voor nodig. Het beeld dat de onderneming graag van zichzelf wil creëren, is het *beoogde* imago. Het beeld dat verschillende groepen in de samenleving echt van de onderneming hebben, noem je de *reputatie*.

track record

De reputatie hangt af van het *track record*. Daarbij gaat het om de ondernemingsdoelstellingen tot nu toe en de mate waarin die gehaald zijn. Wat zijn de successen van deze onderneming? Wat waren de fouten of blunders? Het beleid van voorgaande jaren kan een sterk punt zijn, of juist een beperking voor nieuwe plannen. Een onderneming kan niet elk jaar het roer radicaal omgooien. Het track record van alles wat het bedrijf in het verleden heeft gedaan kan een sterk punt zijn, als de buitenwereld daar een goed beeld van heeft. Het bedrijf heeft dan een goede reputatie.

businessdefinitie

De missie vertelt waar de onderneming voor staat en wat zij doet. De businessdefinitie is daar een onderdeel van. Die geeft precies aan wat het werkterrein is, wat de kernactiviteiten zijn. De *businessdefinitie* geeft antwoord op de vragen:

- *Wie* vormen onze doelgroep(en)?
- *Wat* wil die doelgroep, in welke behoefte voorzien wij?
- *Hoe* voorzien wij in die behoefte, met welke technologie?

Abell model

Deze drie vragen vormen het model van *Abell*. Dat is een manier om de markt van een bedrijf af te bakenen. Je kunt deze drie vragen in drie dimensies tekenen.

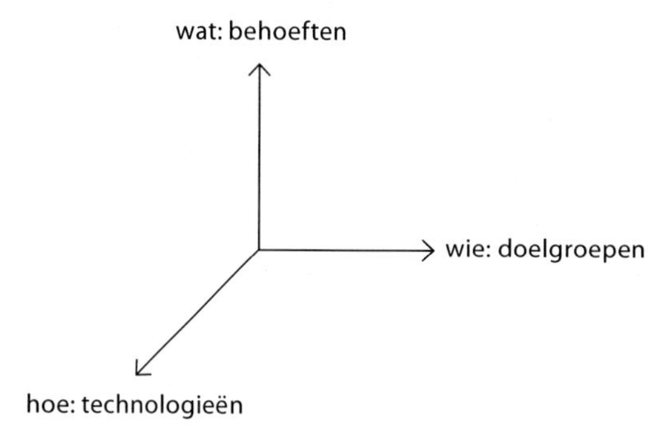

Figuur 2.11 Model van Abell

Voorbeeld

CannyFruit, aanbieder van gezond sap in eigenwijze blikjes, kan dit model zo invullen:
'Wij voorzien in de behoefte aan gezonde en lekkere dorstlessers bij Nederlanders van 15 tot 45 jaar. Het productieproces is zeer hygiënisch en de blikjes zijn volgens de laatste energiebesparende technieken vervaardigd.'

Het voordeel van werken met het Abell model is dat je het werkterrein secuur afbakent. De businessdefinitie heet ook wel marktdefinitie.

De missie geeft dus aan wie wij zijn en wat wij doen. Daarnaast kan een missie nog meer elementen bevatten:

- de betekenis voor de belanghebbenden (stakeholders, zoals werknemers, beleggers, klanten, leveranciers): wat heeft deze organisatie hen te bieden?
- de normen, waarden en overtuigingen: wat drijft deze organisatie? De

kernwaarden

belangrijkste waarden voor een organisatie worden vaak *kernwaarden* genoemd.
- de intenties en ambities: wat wil deze organisatie bereiken, wat is haar ideaal?

De missie van een onderneming vind je in het 'mission statement'. Dat is het visitekaartje van de onderneming. Tegenwoordig stellen veel grote ondernemingen een mission statement op. Dat kan heel nuttig zijn, want alle leden worden erdoor gedwongen heel goed na te denken over de eigen organisatie en daar een helder beeld van te hebben. Kleine bedrijven stellen niet vaak een mission statement op. Toch is het voor hen ook belangrijk om een helder beeld van zichzelf te hebben.

Voorbeeld

ATAG verwarming Nederland

- Business definitie
  ATAG Verwarming Nederland B.V. is fabrikant en leverancier van hoogwaardige CV-toestellen en zonne-energiesystemen. ATAG bedient hiermee zowel de consumenten- als de zakelijke markt. Naast Nederland worden de toestellen inmiddels in vele Europese landen verkocht. Het hoofdkantoor is gevestigd in het Gelderse Lichtenvoorde waar ruim 200 medewerkers zich inzetten voor de ontwikkeling, fabricage, service en verkoop van de producten.

- Mission statement
  ATAG heeft voortdurend de ambitie om dé vernieuwer te zijn in techniek, prestaties en design. ATAG maakt het haar klanten, leveranciers en medewerkers zo aangenaam mogelijk door de innovatieve specialist te blijven in de 'core' business van ATAG: Hoog Rendementstechniek. Daarmee heeft ATAG grote voorsprong ten opzichte van de concurrent op het gebied van het ontwikkelen, produceren en vermarkten van hoogwaardige verwarmingsproducten en diensten. Kortom, ATAG is 'the best you can buy'.

Een ziener kan in de toekomst kijken. Die heeft 'visie'. Een goede ondernemer kan ook 'visionair' zijn. Zo had Bill Gates (van Microsoft) in 1980 een simpele visie: 'op elk bureau staat over een tijdje een pc'. In die tijd hadden alleen grotere bedrijven een mainframe computer, ter grootte van een kastenwand. De visie van Gates leek dan ook wat buitenissig. Maar hij kreeg gelijk. En doordat hij er snel op insprong, draaiden de meeste van die pc's op MS-DOS (later Windows). Zo werd Gates een van de rijkste mensen op aarde.

visie

De *visie* geeft aan hoe een organisatie de toekomst ziet. Een visie is niet hetzelfde als het ideaal, de ambitie uit de missie. De visie van Gates was dat op elk bureau een kleine computer zou staan. Zijn ambitie was om die allemaal met zijn software te laten draaien. In de praktijk worden missie en visie vaak door elkaar gehaald. Ook op een mission statement moet je de SMART-formule toepassen.

Voorbeeld

Philips

- Missie
  Het leven van mensen verbeteren met zinvolle innovaties.
- Visie
  Philips streeft ernaar middels innovaties de wereld om ons heen gezonder en duurzamer te maken. Ons doel is om in 2025 de levens van drie miljard mensen te hebben verbeterd. Wij bieden de beste werkomgeving voor mensen die onze passie delen en samen bieden we onze klanten en aandeelhouders ongekende meerwaarde.

Philips heeft een duidelijk doel, maar geeft geen beeld van de wereld van elektronica in 2025. Wat zij als visie presenteert, is eigenlijk onderdeel van de missie. En een kreet als 'ongekende meerwaarde' is te vaag.

Een missie en visie is vaak heel wat, het gaat om de lange termijn. Voor het bereiken van de ambities kan een heel lange adem nodig zijn. Daarom is het des te belangrijker om daar een helder beeld van te hebben. De ondernemingsstrategie moet passen binnen de missie en de visie van het bedrijf.

Opdrachten

11. Op welke vragen geeft een ondernemingsmissie antwoord?

12. a. Hieronder zie je de missie van Dirk van Den Broek. Beoordeel deze missie op duidelijkheid en volledigheid.

De missie van Dirk van den Broek en Dekamarkt

Dirk van den Broek en Dekamarkt maken onderdeel uit van de Detailresult Groep.

Missie:

'Wij willen (steeds) vernieuwende winkelformules exploiteren die in staat zijn de markt te verslaan. Door meerdere familiebedrijven samen te brengen in een gemeenschappelijk bedrijf willen wij landelijke dekking bereiken en synergievoordelen realiseren in de kosten. Tevens zullen wij onze productiebedrijven optimaliseren en hiermee onze supermarkten extra toegevoegde waarde leveren op het gebied van versproducten. Met onze onderneming streven wij ernaar een professionele, betrokken, kostenbewuste maar ook een integere organisatie te creëren die midden in de maatschappij staat en waarin de wensen van onze klanten centraal staan.'

b. Beoordeel ook de missie van ING op duidelijkheid en volledigheid.

Missie van ING

'ING wil financiële producten en diensten leveren zoals de klant het wil: met uitstekende service, gebruiksgemak en tegen concurrerende tarieven. Dit klinkt door in onze missie: onze klanten goede ondersteuning bieden bij het maken van hun financiële keuzes voor de toekomst.'

c. Beoordeel ook de missie van ATAG Verwarming Nederland (zie het voorbeeld in deze paragraaf) op duidelijkheid en volledigheid.

d. Zoek op het internet wat de missie van de HEMA is.

13. a. Wat is het verschil tussen identiteit, imago en reputatie?
    b. Wat zijn kernwaarden?

14. In de praktijk bestaat de visie van veel ondernemingen uit hun ambities. Wat is het verschil tussen ambitie en visie?

2.4 Prestaties

Hoe presteert het bedrijf waar je werkt? In het vorige marketingplan stonden ongetwijfeld doelstellingen voor de afzet, de omzet en de winstmarges. Die horen bij de financiële resultaten. In de jaarrekening vind je de afzet en omzet op jaarbasis. In veel bedrijven levert de administratie ook maandcijfers voor intern gebruik. In de interne analyse vergelijk je de resultaten met de doelstellingen.

De winst (of het verlies) vind je op de verlies-en-winstrekening. Winst kun je vanuit allerlei invalshoeken bekijken:

- als totaalbedrag;
- als percentage van de omzet (totale winstmarge);
- als percentage van het geld dat in de onderneming is gestoken (rendement);
- als winstmarge per artikel (percentage winst van de verkoopprijs).

De opbrengsten hangen af van het prijsbeleid en van het succes van de verkoop. Winst is het verschil tussen omzet en kosten. Kosten zijn dus net zo belangrijk voor het resultaat als de opbrengsten. Lagere kosten dan de concurrenten vormen duidelijk een sterk punt. Een onderneming die dat voor elkaar krijgt, is *kostenleider* op haar markt. Die interne factor geeft een belangrijk concurrentievoordeel: het bedrijf kan de concurrentie aan op prijs. Bij een vergelijkbaar prijsniveau krijgt de kostenleider meer geld in het laatje voor investeringen en vernieuwingen.

Plannen maken is mooi, maar er moet wel geld zijn om ze uit te voeren. Het vermogen van het bedrijf om geld aan te trekken is dus een belangrijk punt. Elke onderneming is gefinancierd met eigen vermogen en met vreemd vermogen (geld geleend van 'vreemden'). De verhouding tussen eigen en vreemd vermogen heet *solvabiliteit*. Hoe beter de solvabiliteit, dus hoe meer eigen vermogen in verhouding tot vreemd vermogen, hoe makkelijker de onderneming geld kan aantrekken. Een onderneming met een goede solvabiliteit kan ook beter tegen tijdelijke tegenslag.

Over het eigen personeel zijn twee vragen belangrijk: Is het klantvriendelijk? Presteert het goed? De klantvriendelijkheid is af te lezen aan de resultaten van tevredenheidsonderzoek. Voor de prestaties kun je allerlei indicatoren gebruiken, bijvoorbeeld de prestaties per uur ofwel de arbeidsproductiviteit.

Ook bij de productie is efficiency belangrijk, want dat kan tot een kostenvoordeel leiden. Verder gaat het om de kwaliteit en om het vermogen om snel en op tijd af te leveren. Flexibiliteit kan belangrijk zijn als grote klanten afwijkende wensen hebben. Ook de logistiek is belangrijk voor de productie: komen benodigde grondstoffen en halffabricaten op tijd binnen (inkoopfunctie)? Gebruiken we niet te veel kostbare magazijnruimte?

Opdrachten

15. a. Wat is een kostenleider?
    b. Op welke manieren kan een kostenleider concurrentievoordeel hebben van dit sterke punt?

16. a. Waarom kan het nodig zijn om de winstmarge per artikel uit het assortiment in kaart te brengen?
    b. Op welke twee manieren kun je winst nog meer in kaart brengen en vergelijken met concurrenten?

17. a. Noteer drie punten die belangrijk kunnen zijn bij de analyse van het eigen personeel.
    b. Geef per punt aan waar die informatie te vinden is.

18. a. Wat is het verband tussen productie en logistiek?
    b. Waarom is distributie zo belangrijk?

2.5 Samenvatting

In een *lijn*organisatie bestaan alleen maar lijnrelaties: elke medewerker krijgt opdrachten van één meerdere, waaraan hij verantwoording schuldig is. Alle functies zijn lijnfuncties. Zodra er een stafmedewerker of stafafdeling bij komt, wordt dit een *lijn-staf*organisatie. Een *staffunctie* heeft ondersteunende of adviserende taken.

Horizontaal hebben veel ondernemingen een *F-indeling*: mensen met vergelijkbare functies vormen samen een afdeling. Ondernemingen die afdelingen vormen met verschillende functies erin, doen aan interne specialisatie. Die afdelingen kunnen gespecialiseerd zijn in het bedienen van een bepaald marktsegment (*M-indeling*), een bepaald gebied (*G-indeling*) of ze kunnen werken voor een bepaald product of dienst (*P-indeling*).

Binnen een *matrix*organisatie is een horizontale indeling gekruist met een verticale, waardoor afdelingen ontstaan met twee chefs. Een *project*organisatie is een vorm van matrixorganisatie, waarin tijdelijke projectgroepen gevormd worden.

De *formele* organisatie bestaat uit de organisatiestructuur, de functieomschrijvingen en de regels en procedures. De *informele* organisatie bestaat uit alle relaties en communicatie die niet formeel zijn vastgelegd. Ook de organisatie-*cultuur* is niet vastgelegd; die bestaat uit collectief, aangeleerd gedrag van de leden van die organisatie.

Bij een organisatie met een sterke *top-down* cultuur hebben medewerkers orders aan te horen. Daardoor wordt het wel moeilijker om doelstellingen acceptabel en realistisch te maken. Bij een *bottom-up* cultuur is er veel meer ruimte voor overleg tussen werkvloer en meerderen. Medewerkers die goed naar elkaar kunnen luisteren, zijn ook beter in staat om met de buitenwereld te communiceren.

De ondernemings*missie* kan bestaan uit

- een omschrijving van de *identiteit* (organisatiestructuur, -cultuur en track record). Het beeld dat de onderneming graag van zichzelf wil overbrengen is het *beoogd imago*. Het beeld dat het publiek werkelijk van de organisatie heeft, is de *reputatie;*
- de *businessdefinitie*. Deze kun je opstellen aan de hand van het model van Abell: voor *wie* (doelgroep), *wat* (voor welke behoeften) en *hoe* (technologie);
- de betekenis voor de belanghebbenden;
- normen en waarden;
- ambities.

De *visie* is de manier waarop de onderneming de toekomst op haar werkterrein ziet.

In de interne analyse onderzoek je ook de prestaties van je bedrijf: financiële resultaten, productieresultaten en de resultaten van het personeel.

2.6 Begrippen

Abell model	Driedimensionaal model om de markt af te bakenen. De drie dimensies zijn 'wie' (doelgroepen), 'wat' (behoeften)' en 'hoe' (technologieën).
Businessdefinitie	Onderdeel van de missie. Geeft aan wie de doelgroepen zijn, in welke behoeften de organisatie voorziet (wat) en hoe zij in die behoeften voorziet (met welke technologie).
F-indeling	Bij de functionele indeling bestaat elke afdeling uit medewerkers met een inhoudelijk vergelijkbare functie.
G-indeling	Bij de geografische indeling worden afdelingen gevormd met verschillende functies om een bepaald gebied te bedienen.
Imago:	Het beeld dat de samenleving heeft van die onderneming.
Beoogd ~	Het beeld dat een organisatie graag van zichzelf wil creëren.
Lijnfunctie	Een medewerker met een lijnfunctie volgt instructies op van maar één meerdere.
Lijnorganisatie	Organisatiestelsel waarin elke medewerker een lijnrelatie met één meerdere heeft.
Lijn-staforganisatie	Lijnorganisatie waaraan één of meer staffuncties of stafafdelingen zijn toegevoegd.
Matrixorganisatie	Organisatiestructuur waarbij teams aan bepaalde taken werken en aangestuurd worden door verschillende managers.
M-indeling	Bij de marktsegment-indeling bestaan afdelingen uit verschillende functies, die samen een bepaalde groep afnemers bedienen.
Missie	(Ondernemingsmissie) Geeft aan wat de onderneming precies is, waarom deze onderneming bestaat: wie zijn wij, wat willen wij, in welke behoefte(n) voorzien wij?
Organisatie	Een samenwerkingsverband van mensen, zoals een instelling of een bedrijf. De leden voeren samen activiteiten uit om bepaalde doelstellingen te halen.
formele ~	Bestaat uit alle functies, taken en bevoegdheden, plus de relaties en de communicatie tussen die functies, die formeel zijn vastgelegd.
informele ~	Bestaat uit alle relaties en communicatie die niet formeel zijn vastgelegd.

Organisatiecultuur	Bestaat uit collectief, aangeleerd gedrag van de leden van een bepaalde organisatie.
Organisatiestructuur	Geeft aan hoe een samenwerkingsverband georganiseerd in verschillende functies, en welke relatie die tot elkaar hebben.
Organiseren	Taken verdelen, zorgen voor noodzakelijke middelen en activiteiten plannen.
P-indeling	Bij de productindeling bestaan afdelingen uit werknemers met verschillende functies, die samen voor een bepaald product (of groep producten) werken.
Reputatie	Het beeld dat verschillende groepen in de samenleving hebben van een organisatie.
Staffunctie	Ondersteunende of adviserende functie in een lijn-staforganisatie.
Visie	(Ondernemingsvisie) Geeft aan welk beeld een organisatie heeft van de toekomst.

3 Interne analyse: aanbod en distributie

3.1 Productlevenscyclus

In de interne analyse licht je ook het eigen aanbod door. Het kan gaan om een portfolio van verschillende producten of diensten. Bij de kwaliteit van het aanbod gaat het niet alleen om de technische kwaliteit van de producten, maar vooral om de vraag of deze producten (of diensten) waardevol genoeg zijn voor de klanten. En zo ja, zijn ze waardevoller voor klanten dan concurrerende producten of diensten? In dat geval kun je een sterk punt noteren.

Als je bedrijf meerdere producten of diensten verkoopt, beantwoord je deze vraag voor de hele portfolio. Voor veel ondernemingen is de kunst van het innoveren belangrijk: weet de onderneming op tijd met nieuwe producten te komen die aansluiten bij de behoeften van klanten?

productlevenscyclus

De meeste producten doorlopen een *levenscyclus*:
introductie →
groei →
volwassenheid →
verzadiging →
neergang.

Hoe lang die cyclus duurt, verschilt sterk per product. Oude Leidse kaas doet het al eeuwenlang goed, maar groei zit er niet in de markt. Er zijn veel producten met een korter leven. De walkman was in 1980 het eerste apparaat voor personal audio en werd enorm populair. Toen muziekcassettes vervangen werden door cd's, veranderde de walkman in de discman. Met de komst van de iPod en de smartphones zette de neergang in. Van elk product in de portfolio van je bedrijf ga je na in welke fase van de levenscyclus het zich bevindt.

introductie

Lang niet alle nieuwe producten overleven de *introductie*fase. Ondertussen heeft de aanbieder wel veel kosten gemaakt aan onderzoek en ontwikkeling. Er is ook een groot communicatiebudget nodig, want mensen moeten het product nog leren kennen. De nadruk ligt sterk op de marketinginstrumenten Product en Promotie.

In deze fase wordt zelden winst op het product gemaakt, meestal wordt er veel verlies gemaakt. Het is dus geen wonder dat lang niet alle bedrijven aan productontwikkeling doen: daar is veel kennis en geld voor nodig en dan nog loopt de aanbieder veel risico. Maar áls het lukt om succesvol een nieuw product te introduceren, dan kan de beloning ook hoog zijn.

groei

Bij de introductiefase is de doelgroep vaak het marktsegment *innovators*, de klanten die graag iets nieuws proberen. Als de introductie bij deze doelgroep slaagt, dan zet die groep de trend. Daardoor kan de acceptatie langzaam uitstralen, eerst naar de *early adopters* en dan naar de *early majority*. De *groei*fase is begonnen. Na de productontwikkeling zit de groei dus vooral in de marktpenetratie: steeds meer nieuwe klanten erbij.

Het product is nu vrij goed bekend. Al snel is het break-even punt bereikt en begint de winst interessant te worden. Het wordt belangrijk om klanten vast te houden (merktrouw, herhalingsaankopen), want de markt wordt nu ook interessant voor concurrenten. De nadruk ligt nog steeds op Promotie, maar ook op Plaats (distributie): zoveel mogelijk klanten bereiken.

volwassenheid

In de *volwassenheids*fase neemt de groei langzaam af en wordt de concurrentie heviger. Als de marktvorm monopolistische concurrentie is, komt het marketinginstrument Prijs steeds meer in beeld. Er is dreiging van verbeterde versies van concurrenten. Naast de early majority druppelen langzaam klanten van de *late majority* binnen. Het wordt belangrijk om preciezere marktsegmenten te benaderen. Het kan ook nodig zijn om te gaan herpositioneren: de marketingmix anders inkleden en eventueel het product aanpassen om interessant te blijven voor de klanten.

verzadiging

In de *verzadigings*fase is de hele late majority binnengehaald. Er zijn niet veel nieuwe klanten meer te vinden en de innovators zijn allang overgestapt naar een nieuw alternatief. Concurrerende producten zijn even goed. Kostenbesparing wordt belangrijk. Binnen de promotiemix verschuift de nadruk langzaam naar de actiemix als concurrentiewapen. Het is een hele klus om de winst op peil te houden.

neergang

In de *neergangs*fase is de winst aan het teruglopen en kan die omslaan in verlies. Er is nog wel een beperkte groep nieuwe klanten, de *laggards*, maar ook de early majority loopt al weg. De mode en de voorkeuren zijn veranderd en de prijsconcurrentie om het oude product maakt het steeds minder interessant. Het is vooral binnenhalen wat er nog mogelijk is (veel prijsacties) en als er niets meer te halen valt de stekker eruit trekken.

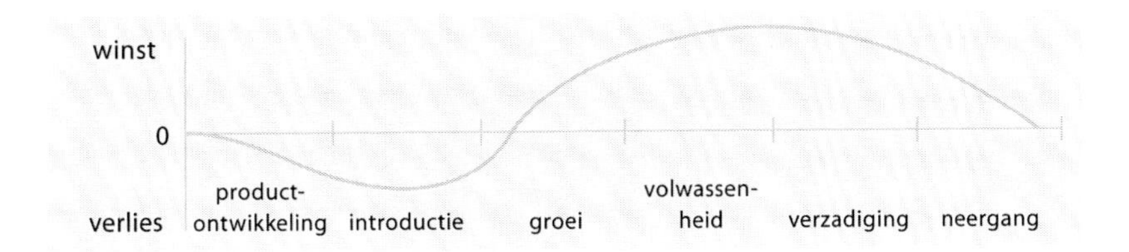

Figuur 3.1 De productlevenscyclus

Natuurlijk volgen niet alle producten zo'n strak schema. Het is soms mogelijk om een product van de neergang te redden met goede marketing, door het aan te passen (koffiebonen alvast malen, vacuüm verpakken) of door nieuwe aantrekkelijke toepassingen te vinden (met een mobiele telefoon kun je veel meer doen dan bellen). Daardoor heb je 'klassiekers', waarbij het de aanbieder lukt om de volwassenheidsfase alsmaar te rekken; denk aan Douwe Egberts koffie. Er zijn ook modegrillen en rages, waarbij een product plotseling heel veel verkoopt en waarvan de verkoop daarna inzakt.

Meestal rekent men de productlevenscyclus zelf niet bij de portfolioanalyse. Maar kennis van de fasen in deze cyclus is op z'n minst nodig als je het productaanbod tegen het licht houdt.

Opdrachten

1. Het is heel erg moeilijk om te voorspellen in welke fase van de productlevenscyclus een bepaald artikel over twee jaar zal zitten. Waarom zou men dan toch met het idee van die levenscyclus werken?

2. a. Omschrijf het marktsegment 'laggards'.
   b. In wat voor situatie kan dit segment interessant zijn voor een aanbieder?

3. Geef aan in welke fase van de productlevenscyclus het zit.
   a. Huishoudelijke netwerken (waarbij je bijvoorbeeld je voordeur, je

tuinbesproeiing, je verwarming en andere apparaten via het netwerk op afstand kunt bedienen).

b. Plasma televisies.
c. Projectoren voor een thuisbioscoop.
d. Huishoudzemen.
e. Een huurfilm via je breedbandverbinding.
f. Cola drinks.
g. Jouw opleiding.

4. a. Leg uit waarom in de introductiefase de nadruk in de marketingmix op Product en Promotie ligt.
   b. Op welke instrumenten ligt de nadruk in de volwassenheidsfase? Waarom?

3.2 Portfolioanalyse

SBU

Heel grote ondernemingen (ofwel concerns) hebben meestal een hele verzameling dochterondernemingen. Dat zijn Strategisch belangrijke BedrijfsOnderdelen (*SBU*'s), die elk verantwoordelijk zijn voor hun eigen bijdrage aan de concerndoelstelling. Elke SBU (Strategic Business Unit) formuleert een eigen strategie. De manager van een SBU moet zijn plannen laten goedkeuren door de directie van het concern. De plannen moeten passen bij de overkoepelende missie van de onderneming. Ze moeten bijdragen aan het realiseren van de ondernemingsdoelstelling.

PMC

Een SBU heeft een assortiment productgroepen met ieder een eigen markt en technologie. Die productgroepen worden *PMC*'s genoemd: Product-MarktCombinaties. Een PMC is een product of productgroep die met behulp van een bepaalde technologie wordt gemaakt voor de gekozen doelgroep. Een PMC bestaat uit drie onderdelen: product, markt en technologie. Je herkent de drie dimensies van het Abell model (zie bladzijde 28): wie (doelgroep), wat (behoeften), hoe (technologieën).

Omdat het om verschillende technologieën en markten gaat die een eigen marktbenadering nodig hebben, zijn de PMC's apart georganiseerd. De SBU kan per PMC een marketingstrategie invullen.

Grote ondernemingen hebben vaak een heel portfolio van zulke productgroepen (denk bijvoorbeeld aan Akzo Nobel, General Electric, Nestlé, Unilever). Het doel van een portfolioanalyse is om na te gaan in welke producten/PMC's het bedrijf meer moet investeren, juist niet moet investeren, of welke producten het beter kan afstoten.

BCG-matrix

Zicht op de productlevenscyclus is nuttig om zicht te krijgen op het productaanbod. Je komt sterke en zwakke punten in de portfolio op het spoor. Een ander instrument daarbij is de *portfolio*analyse. Daarbij kun je een portfoliomatrix gebruiken. De meest bekende is de *marktgroei-marktaandeel*matrix, ontwikkeld door de Boston Consulting Group (BCG). Die is eigenlijk ontwikkeld om een portfolio van PMC's door te lichten, maar ook kleinere ondernemingen kunnen een portfoliomatrix gebruiken om hun aanbod te analyseren.

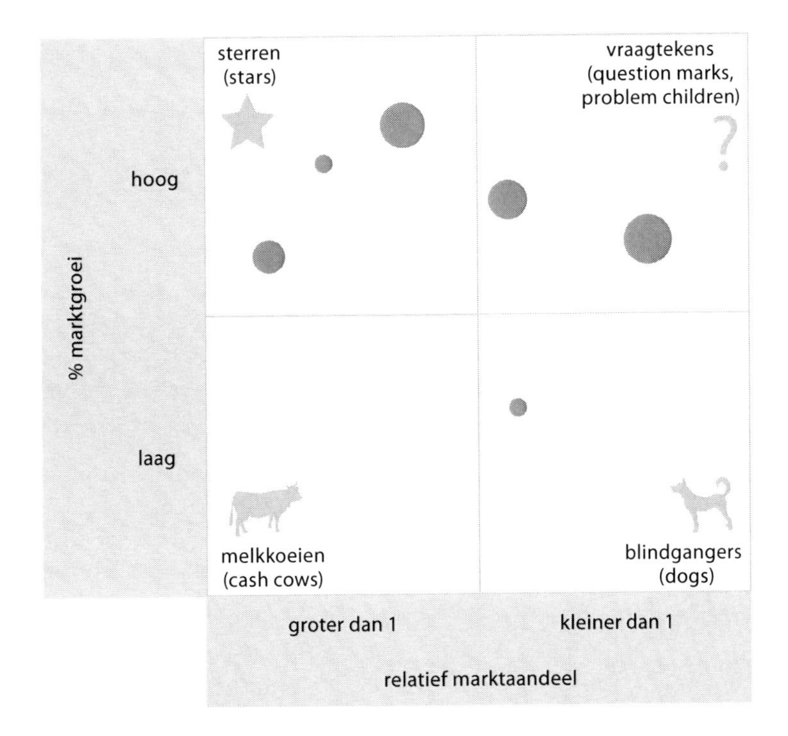

Figuur 3.2 De BCG-matrix

relatief marktaandeel

In deze matrix zet je horizontaal de concurrentiekracht af. Die meet je af aan het *relatieve* marktaandeel. Dat is het eigen marktaandeel gedeeld door het marktaandeel van de grootste concurrent. Als je eigen onderneming het grootste marktaandeel heeft, kom je boven de 1. Stel, een bedrijf heeft 30%

marktaandeel en de grootste concurrent zit op 24%. Dan is het relatieve marktaandeel: 30 : 24 = 1,25.

Als je niet het grootste marktaandeel hebt, zit je onder de 1. Voor die concurrent is het relatieve marktaandeel dan 24 : 30 = 0,8. Hoe groter het marktaandeel, hoe meer afzet en hoe meer geld in het laatje: links in de matrix is de kasstroom groot.

Verticaal zet je de aantrekkelijkheid van de markt af. Die meet je af aan de marktgroei: groot of klein. Hoeveel groei er in een markt zit, hangt af van de productlevenscyclus. Wat precies een grote marktgroei is en wat klein, verschilt sterk per markt. Op de markt voor personenvervoer kan 4% een flinke marktgroei zijn, maar op de markt voor dataverkeer is dat klein. Marktgroei is mooi, maar dat geldt ook voor je concurrenten. Profiteren van marktgroei vraagt veel investering in de vorm van een groot marketingbudget: hoe hoger in de matrix, hoe meer geld je nodig hebt.

De cirkels stellen de producten voor, of de PMC's. De grootte van de cirkel staat voor de grootte van de omzet.

ster

Sterren zijn producten of productlijnen waarmee jouw onderneming marktleider is en waarvoor de markt aantrekkelijk is. De kasstroom is sappig, maar tegelijk moet je flink investeren: hoge bomen vangen veel wind, ook van de concurrentie. Bij sterren passen doelstellingen als verdere marktpenetratie (marktaandeel nog vergroten) en marktuitbreiding (nieuwe klanten werven).

melkkoe

Iedereen houdt van sterren, maar er is ook een productlevenscyclus. Als de marktgroei minder wordt, verdienen investeringen zich minder snel terug. Maar omdat de aanbieder nog steeds marktleider is, ligt de afzet op een aantrekkelijk niveau. Een list verzinnen om de marktgroei aan te zwengelen zou het mooiste zijn. Als dat niet kan, wordt het aantrekkelijk om het product te gaan *uitmelken*: minder investeren, winst opstrijken en die gebruiken voor nieuwe producten. Ondertussen moet je de melkkoe nog wel beschermen: de doelstelling is marktaandeel handhaven en ondertussen oogsten.

vraagteken

Voor aanbieders met een kleiner marktaandeel ligt de zaak lastiger. Als de marktgroei hoog is, heb je te maken met een *vraagteken* (ook wel probleemkind genoemd): de onderneming komt steeds voor de vraag of ze in staat is om goed te concurreren. Een vraagteken vraagt veel investering, terwijl de kasstroom nog niet groot genoeg is. Het risico is dus groot. De verschillende mogelijkheden zijn:

- Aanvallen: de marktleider uitdagen en proberen zelf het grootste marktaandeel te krijgen, zodat het vraagteken een ster wordt.
- Oogsten: als het vraagteken links in het hokje zit (vrij groot marktaandeel), maar de marktleider is te sterk, dan kun je de investeringen terugdraaien en een poosje gaan uitmelken, totdat het ten onder gaat in de concurrentie.
- Afstoten (desinvesteren): als de concurrentie te sterk is, kan het vraagteken zoveel investering vragen, dat de winst in gevaar komt. Een ander product in de portfolio kan aantrekkelijker zijn.
- Een marktnis zoeken: de aanbieder kan de concurrentie ontwijken door aan geconcentreerde marketing te gaan doen. Door heel goed bij een bepaald marktsegment aan te sluiten, wordt dat minder interessant voor de marktleider.

blindganger

Een product waarvoor je sterke concurrenten hebt terwijl de marktgroei laag is, is minder aantrekkelijk. Dit zijn de *blindgangers*. Als het product links in de cel zit, kun je ook spreken van een 'blinde koe', waarbij de kasstroom oogsten nog aantrekkelijk maakt. Hoe kleiner het marktaandeel, hoe eerder de doestelling afstoten zal worden, ofwel desinvesteren: het is niet aantrekkelijk om nog te gaan investeren als de markt niet meer groeit en het concurreren moeilijk gaat.

De BCG-matrix is vrij simplistisch: er zijn nog veel andere factoren die invloed hebben op het succes van een product. Je kunt een portfolio ook analyseren met bijvoorbeeld de MaBa-matrix (zie bladzijde 88). Daarin kun je alle uitkomsten van de interne en externe analyse een score geven, waardoor de analyse veel minder zwart-wit wordt. Uiteindelijk is een goede positionering van het aanbod vaak doorslaggevender dan de marktgroei en het marktaandeel.

Het nut van portfolioanalyse met zo'n matrix is vooral om na te gaan of de portfolio wel evenwichtig genoeg is. Dat kan al met behulp van de productlevenscyclus: een grote onderneming met in elke fase een paar producten heeft een vrij evenwichtige portfolio. Maar dan mis je de factor concurrentie, dus is het toch beter om een matrix te gebruiken.

Opdrachten

5. a. In welke fase van de productlevenscyclus bevindt een ster zich?
   b. Beantwoord deze vraag ook voor melkkoeien, vraagtekens en blindgangers.

6. a. Wat is het nut van een portfoliomatrix?
   b. Welk voordeel heeft zo'n matrix boven het levenscyclusmodel?

7. a. Geef twee voorbeelden van zaken waarin een onderneming met sterren in de portfolio moet investeren.
   b. Waarom zijn investeringsbeslissingen over vraagtekens zo moeilijk?

8. Omschrijf per soort product uit de BCG-matrix (ster, vraagteken, melkkoe en blindganger) welke combinatie van de volgende begrippen erbij hoort: hoge/lage kasstroom, veel/weinig investeringen nodig.

9. a. Marktleider ElektrEase heeft een marktaandeel van 32%. Daarna volgen ElecTease met 24% en HandyMax met 16%. Bereken voor elk het relatieve marktaandeel.
   b. Voor besturingssoftware van pc's heeft Microsoft 85% van de markt, Apple 8% en Linux 5%. Bereken voor elk het relatieve marktaandeel op deze markt.

10. Plaats steeds het product in de BCG-matrix en verklaar je keuze. Verklaar ook de gevolgen voor de marketingstrategie van de aanbieder.
    a. De markt voor computerprocessors groeit weer pittig. AMD weet zich goed staande te houden, ondanks het distributiegeweld van marktleider Intel.
    b. Ome Ko hééft het: hittegolf, dus petjes met ventilator en zonnecel! Ze zijn niet aan te slepen, terwijl de eerste concurrent dik in de technische problemen zit.
    c. De Rabobank is marktleider in spaarrekeningen voor particulieren. Alleen heeft iedereen allang een rekening; of meerdere.
    d. De markt voor klompen is niet echt dynamisch. Toch boert klompenmaker Traas er goed van, als één van de dertig laatste klompenmakers (www.klompen.com).

11. "Investeringen in nieuwe markten zijn vaak riskant, maar kunnen later een riante marktpositie opleveren".

Gaat deze bewering over een blindganger, melkkoe, vraagteken of een ster?

3.3 Distributieanalyse

distributiekanaal

De weg van het product naar de klant loopt via elkaar opvolgende distribuerende handelsbedrijven. Deze weg is het distributie*kanaal*. Zonder distributie (de P van Plaats) krijg je het aanbod niet bij de afnemers. De distributie en de keuze van distributiekanalen hebben ook invloed op het kostenniveau. De machtsverhouding in het kanaal is een belangrijke factor bij de concurrentie: het lukt lang niet alle aanbieders om een plek in het juiste winkelschap te krijgen.

distributiestructuur

Bij de interne analyse moet duidelijk worden met welke distributie*structuur* de onderneming werkt. Die structuur geeft aan via welke kanalen artikelen worden gedistribueerd. De mogelijke distributiekanalen zijn:

- directe distributie van producent naar eindafnemer;
- indirecte distributie via een *kort* kanaal: via één tussenhandelaar;
- indirecte distributie via een *lang* kanaal, via twee of meer tussenhandelaren, bijvoorbeeld een *klassieke keten* met grossier en detailhandel.

Direct distribueren kan in de vorm van fabrieksverkoop, een boerderijwinkel, de website van de producent, via telefonische verkoop of via vertegenwoordigers. Op de zakelijke markt vind je veel directe distributie.

Indirecte distributie via een kort kanaal vind je vooral bij artikelen die via grootwinkelbedrijven worden verkocht. De omvang van het winkelbedrijf maakt dan de collecterende en distribuerende functie van een grossier overbodig. Waar kleinere detailhandels nodig zijn als verkooppunten, en ook voor artikelen die in kleine aantallen verkocht worden, kom je al snel terecht bij de klassieke keten: indirecte distributie via een lang kanaal, via een grossier en een detailhandel. Ook bij export vind je vaak een lang kanaal met een exporteur en een importeur.

distributiediagram

Veel producenten doen aan *enkelvoudige* distributie: ze gebruiken één kanaal. Als er twee of meer kanalen in gebruik zijn (duale of meervoudige distributie), dan is het zinvol om een distributie*diagram* te maken. Dat laat de distributiestructuur zien, waarbij je de omzet per kanaal aangeeft in procenten van het totaal.

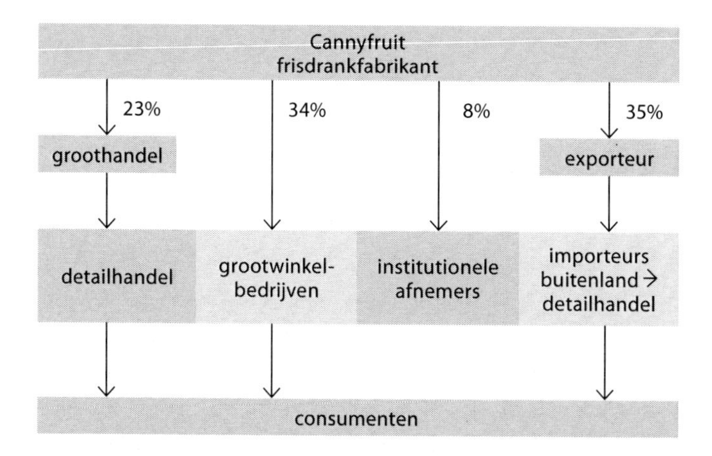

Figuur 3.3 Voorbeeld van een distributiestructuur

In het voorbeeld distribueert CannyFruit via vier kanalen:

- een klassieke keten;
- een kort kanaal;
- directe distributie naar institutionele klanten zoals ziekenhuizen, grote bedrijfskantines en andere instellingen;
- via een lang kanaal naar het buitenland.

multichanneling

Sinds de komst van het internet noemt men meervoudige distributie ook wel *multichanneling*. Een winkelketen kan bijvoorbeeld via de webwinkel verkopen en via fysieke winkels van steen en cement.

Aan het distributiediagram kun je zien of een onderneming doet aan:

- *consumenten*marketing gericht op consumenten;
- *industriële* marketing ofwel *business-to-business*marketing gericht op de zakelijke markt;
- *detaillisten*marketing gericht op winkelbedrijven;
- *handels*marketing gericht op de tussenhandel;
- *internationale* marketing gericht op klanten in het buitenland;
- *e-marketing* gericht op klanten die online zoeken of willen kopen.

Naast de structuur en de lengte van de kanalen is ook de mate van samenwerking in een kanaal heel belangrijk voor het succes van de distributie. Detaillisten kunnen bijvoorbeeld de positionering van een fabrikant verstoren door met een artikel te gaan stunten; of door het in een ongewenste assortimentsmix op te nemen. De vraag of de fabrikant die samenwerking af kan dwingen hangt weer af van zijn concurrentiepositie en de machtsverhoudingen in het distributiekanaal.

distributie-intensiteit

Het inrichten van de distributiestructuur heeft veel te maken met de gewenste distributie-*intensiteit*: bij hoeveel en wat voor verkooppunten wil de aanbieder het product te koop aanbieden?

- intensief

Vooral bij gemaksgoederen (convenience goods) kom je al gauw uit bij de keus voor zoveel mogelijk verkooppunten: als de consument dat merk broodbeleg of pakje kauwgom niet in het schap ziet staan, gaat hij er echt niet voor omlopen. Elke gemiste winkel is een gemiste kans. Je kiest dan voor *intensieve* distributie: via zoveel mogelijk verkooppunten. Daarbij hoort meestal een keuze voor een klassieke keten, een lang kanaal, plus eventueel een kort kanaal naar grootwinkelbedrijven.

Er zijn ook veel artikelen die juist niet overal te koop moeten zijn. Als een kwaliteitsimago belangrijk is en het prijskaartje daarbij past, moet het artikel niet op goedkope verkooppunten liggen. De aanbieder doet er goed aan om de distributie-intensiteit te beperken tot verkooppunten waarvan hij zeker weet dat hun marketingmix klopt met de marketing voor het artikel.

- selectief

Vooral bij shopping goods, artikelen die klanten belangrijk genoeg vinden om er echt voor te gaan winkelen en vergelijken, komt de aanbieder al snel uit bij het zorgvuldig selecteren van verkooppunten. Bij zulke *selectieve* distributie gaat het erom verkooppunten te vinden met het juiste niveau van prijs en service, die het artikel voldoende aandacht willen geven. Selectieve distributie kan via een klassieke keten lopen, maar de fabrikant kan ook voor een kort indirect kanaal kiezen. Zelf aan de detaillist leveren bevordert het contact.

- exclusief

Het toppunt van beperken van de distributie-intensiteit is om per verkoopgebied één exclusief verkooppunt te selecteren. Bij *exclusieve* distributie is de intensiteit het laagst. De fabrikant wil in dat geval voorkomen dat concurrentie tussen detaillisten ten koste gaat van het imago en de prijsbeleving, dus van de winstmarge. Dit past bij specialty goods, artikelen die klanten zó bijzonder vinden dat ze er veel aankoopmoeite voor willen doen. Bij exclusieve distributie past een kort indirect kanaal: de aanbieder levert zonder verdere tussenschakels aan de detaillist.

Helaas voor de fabrikanten heeft exclusieve distributie de tijd niet mee: het is slecht voor de concurrentie. Daarom is het in de meeste gevallen niet toegestaan om exclusieve afspraken te maken met één detaillist ten koste van alle anderen. De aanbieder kan proberen ontheffing te vragen bij de ACM (Autoriteit Consument en Markt).

Heb je eenmaal een goede distributiestructuur op orde met de gewenste intensiteit, dan kan het bedrijf in veel gevallen heel lang blijven zitten waar het zit. Het wijzigen van de distributiestructuur is moeilijk en kostbaar, het is duidelijk een strategische keuze voor de lange termijn.

Wel voer je regelmatig een distributieanalyse uit. Daarbij licht je de distributiestructuur en -intensiteit nog eens door, maar je gaat vooral na of de distributie wel efficiënt en effectief verloopt. Voor de *efficiency* breng je de kosten van de uitgaande goederenstroom (fysieke distributie) in kaart. Die vergelijk je met de gestelde doelen en met het kostenniveau in de rest van de bedrijfstak. De *effectiviteit* van de distributie kun je meten aan distributiekengetallen of ratio's.

Opdrachten

12. a. Wat is precies een distributiestructuur?
    b. In welk geval kan een distributiediagram nuttig zijn om die structuur in kaart te brengen?
    c. Leg uit waarom de keuze voor een bepaalde distributiestructuur bijna altijd een strategische keuze is.

13. a. Waarom is samenwerking in een distributiekanaal zo belangrijk?
    b. Wat is een klassieke keten?
    c. Welke mogelijkheden heeft een fabrikant bij wie de distributie verstoord wordt door gebrek aan samenwerking in een klassieke keten?

14. a. Wat zijn de voordelen van directe distributie?
    b. En wat zijn de nadelen?

15. a. Bij wat voor goederen kies je voor intensieve distributie?
    b. Wat zijn de gevolgen voor de distributiestructuur?
    c. Bij welk soort goederen kies je voor selectieve distributie, en welk gevolg heeft dat voor de distributiestructuur?
    d. Beantwoord dezelfde vraag voor exclusieve distributie.

e. Welk bijkomend probleem kan er bij exclusieve distributie optreden?

16. Noteer drie hoofddoelen van de distributieanalyse.

3.4 Distributieratio's

Als je de effectiviteit van de distributie wilt analyseren, kun je gebruikmaken van een aantal kengetallen: de distributieratio's. Een 'ratio' is een verhoudingsgetal, het is een kengetal waarmee je de verhouding tussen twee grootheden laat zien.

De distributie-intensiteit zelf kun je weergeven als een verhoudingsgetal, ofwel een ratio. De distributie-intensiteit laat zien in welk percentage van de (toepasselijke) verkooppunten jouw product te koop is. De distributie-intensiteit van aanbieder van frisdrank CannyFruit:

$$\frac{\text{aantal verkooppunten dat CannyFruit verkoopt}}{\text{totaal aantal verkooppunten dat frisdrank verkoopt}} \quad \frac{60.000}{80.000} \times 100 = 75\%$$

Dus op 75% van alle punten waar frisdrank te koop is, kun je een blikje CannyFruit krijgen. Hoe dichter je bij de 100% komt, hoe groter de distributie-intensiteit. Er zijn nogal wat verschillende namen voor dit kengetal, onder andere:

- distributie-intensiteit;
- marktspreiding of afzetspreiding;
- dekkingsgraad;
- ongewogen distributie of distributiespreiding.

marktspreiding

In dit boek noemen we het *marktspreiding* of distributie-intensiteit. Het gaat om ongewogen distributie-intensiteit, want het bedrag per verkooppunt is niet meegewogen.

marktbereik

Als je de marktspreiding wel weegt naar geldbedragen, dus naar omzet, dan krijg je het *marktbereik* (dus de gewogen distributie):

$$\frac{\text{totale omzet frisdrank van verkooppunten die CannyFruit verkopen}}{\text{totale omzet frisdrank van alle verkooppunten die frisdrank verkopen}}$$

$$\frac{€\ 360\ \text{miljoen}}{€\ 600\ \text{miljoen}} \times 100 = 60\%$$

Het marktbereik laat zien hoe belangrijk de geselecteerde verkooppunten zijn voor de distributie van jouw productgroep. Het marktbereik zegt nog niets over het eigen marktaandeel. Het geeft alleen de distributie-intensiteit weer, gewogen naar de 'zwaarte' van de omzet van de ingeschakelde verkooppunten.

Het is nuttig om de marktspreiding te weten: het geeft aan of je misschien je best moet gaan doen om meer verkooppunten in te schakelen. Maar als je een prachtige marktspreiding hebt en tegelijk een matig marktbereik, is je product waarschijnlijk ondervertegenwoordigd in de grotere winkels.

selectie-indicator

Met de marktspreiding en het marktbereik samen kun je berekenen of jouw bedrijf vooral grote of kleine detailhandels heeft geselecteerd. Dat kengetal heet de *selectie-indicator*. De selectie-indicator bereken je gewoon als breuk, je maakt er geen procenten van.

$$\frac{\text{marktbereik (gewogen)}}{\text{marktspreiding (ongewogen)}} \quad \text{voor CannyFruit} \quad \frac{60}{75} = 0{,}8$$

Een selectie-indicator kleiner dan 1 betekent dat je relatief veel kleine verkooppunten in de selectie hebt zitten, met een kleine omzet per verkooppunt (veel verkooppunten onder de streep, relatief minder omzet boven de streep). Bij CannyFruit komt dat doordat ze school- en sportkantines heel belangrijk vinden. Een uitkomst groter dan 1 geeft aan dat bij de selectie van verkooppunten de nadruk ligt op grote detaillisten met een hoge omzet.

omzetaandeel

Uiteindelijk gaat het om je eigen omzet. Als je wilt weten hoe jouw merk of product het doet op de geselecteerde verkooppunten, in vergelijking met andere aanbieders, dan bereken je het *omzetaandeel*:

$$\frac{\text{omzet CannyFruit bij alle geselecteerde verkooppunten}}{\text{totale omzet frisdrank van de geselecteerde verkooppunten}}$$

$$\frac{54}{360} \times 100 = 15\%$$

marktaandeel

Het kengetal *marktaandeel* ken je al: de omzet van een merk of product, als percentage van de totale omzet in die productsoort op de markt waar het om gaat.

Het marktaandeel ligt altijd lager dan het omzetaandeel, want je neemt nu de totale markt mee. Bij het omzetaandeel gaat het alleen om de geselecteerde verkooppunten. Hoe groter je marktspreiding (distributie-intensiteit), hoe kleiner het verschil is tussen omzetaandeel en marktaandeel.

Je kunt het marktaandeel op twee manieren berekenen. De eerste manier:

$$\frac{\text{omzet product of merk}}{\text{omzet productsoort}} \times 100 = ...\% \qquad \frac{54}{600} \times 100 = 9\%$$

De tweede manier:

$$\text{marktaandeel} = \text{marktbereik} \times \text{omzetaandeel} \quad 60\% \times 15\% = 9\%$$

Je berekent het marktaandeel ook wel op grond van de afzet in plaats van de omzet. Je krijgt dan een wat andere uitkomst, afhankelijk van het prijsverschil met concurrerende merken. Vooral als jouw onderneming een lagere prijs hanteert dan gemiddeld, kan het nuttig zijn om het marktaandeel ook op basis van de afzet te berekenen: dat ligt dan hoger dan op basis van de omzet.

Onthoud

Distributieratio's:

$$\text{marktspreiding: } \frac{\text{aantal verkooppunten merk X}}{\text{totaal aantal verkooppunten productsoort}} \times 100 = ..\%$$

$$\text{marktbereik: } \frac{\text{omzet productsoort van verkooppunten met merk X}}{\text{totale omzet productsoort}} \times 100 = ..\%$$

$$\text{selectie-indicator: } \frac{\text{marktbereik}}{\text{marktspreiding}}$$

$$\text{omzetaandeel: } \frac{\text{omzet merk X}}{\text{totale omzet productsoort bij de geselecteerde verkooppunten}} \times 100 = ...\%$$

$$\text{marktaandeel: 1}^{e} \text{ manier: } \frac{\text{omzet product of merk}}{\text{omzet productsoort}} \times 100 = ...\%$$

$$2^{e} \text{ manier: marktbereik} \times \text{omzetaandeel}$$

Opdrachten

17. Het A-merk tandpasta PruDent wordt verkocht op 140.000 verkooppunten, wat een omzet oplevert van 1 miljoen euro. Die 140.000 verkooppunten zetten samen € 4,5 miljoen aan tandpasta om. Tandpasta wordt in totaal op 200.000 punten verkocht met een totale omzet van € 5 miljoen.
    a. Bereken de marktspreiding van PruDent.
    b. Bereken het marktbereik.
    c. Bereken de selectie-indicator en verklaar de uitkomst.
    d. Bereken het omzetaandeel.
    e. Bereken het marktaandeel op twee manieren.

18. Op de Nederlandse meubelmarkt werd het afgelopen jaar € 3,5 miljard omgezet (€ 3.500 miljoen). CoDesign maakt moderne meubels en haalde een omzet van € 210 miljoen. Ze doet aan selectieve distributie: 784 van de 2.240 verkooppunten hebben CoDesign in het assortiment. De geselecteerde zaken zetten samen € 1.470 miljoen aan meubels om.
    a. Bereken de vijf distributieratio's.
    b. Wat kun je concluderen over het soort verkooppunten dat Codesign selecteerde?
    c. Waarom zou deze onderneming niet voor intensievere distributie kiezen om het marktaandeel te vergroten?

19. De markt voor drogisterijartikelen (cosmetica, gezondheidsproducten en zelfzorggeneesmiddelen) was dit jaar goed voor een omzet van € 3,1 miljard (€ 3.100 miljoen). Er zijn 4.100 verkooppunten (inclusief warenhuizen). BodyCare haalt een omzet van € 310 miljoen via 2.952 verkooppunten. De geselecteerde verkooppunten zetten € 2.480 miljoen aan drogisterijartikelen om.
    a. Bereken de vijf distributieratio's.
    b. Beoordeel de selectie van verkooppunten.

20. DigiSong verkocht het afgelopen jaar 340.000 blu-rays met een gemiddelde verkoopprijs van € 12,– aan 1.200 van de 2.000 detaillisten die op deze markt actief zijn. De totale omzet van dit product kwam op € 27,2 miljoen. De geselecteerde verkooppunten verkochten in totaal voor € 16,32 miljoen aan blu-rays.
    a. Bereken de distributieratio's.
    b. Wat valt op?

    DigiSong verkoopt ook muziek via internet: een liedje voor € 0,99. Het

afgelopen jaar kochten internetgebruikers 34.000 van die liedjes. De totale omzet op deze markt kwam op € 673.200,–.
c. Bereken, voor zover mogelijk, de distributieratio's.
d. Welke distributiekengetallen kun je in dit geval niet berekenen? Verklaar waarom.

3.5 Samenvatting

In de interne analyse licht je het eigen aanbod door. Daarbij ga je per product of dienst na waar het zit in de product*levenscyclus* (introductie, groei, volwassenheid, verzadiging, neergang). Op het eigen aanbod kun je ook *portfolio-analyse* toepassen met behulp van een portfoliomatrix, zoals de marktgroei-marktaandeelmatrix ofwel *BCG-matrix*. Daarin onderscheid je op marktgroei en op relatief marktaandeel:
- *sterren* (leveren veel op, hebben veel geld nodig);
- *melkkoeien* (leveren veel op, hebben niet veel nodig);
- *vraagtekens* (kunnen meer op gaan leveren maar hebben veel geld nodig);
- *blindgangers* (leveren niet veel op, hebben niet veel geld nodig).

Bij de distributieanalyse breng je de distributie*structuur* in kaart. Zo'n structuur is een strategische keuze voor de lange termijn. Bij duale of meervoudige distributie is een distributie*diagram* handig. De structuur hangt onder andere af van de benodigde distributie-intensiteit. Bij gemaksgoederen is intensieve distributie nodig (zoveel mogelijk verkooppunten). Bij shopping goods kiezen veel aanbieders voor het selecteren van verkooppunten. Bij specialty goods zouden veel aanbieders graag kiezen voor exclusieve distributie (één verkooppunt per gebied), maar daar gelden wettelijke beperkingen voor.

Bij de distributieanalyse breng je in kaart of de distributie efficiënt en effectief verloopt. Daarbij zijn distributieratio's handig. De marktspreiding is hetzelfde als de distributie-intensiteit: het aantal ingeschakelde verkooppunten als percentage van het totaal aantal mogelijke verkooppunten. Deze ratio is ongewogen voor de omzet. Het marktbereik is wel gewogen: de omzet in de productsoort bij de geselecteerde verkooppunten, als percentage van de totale omzet in de productsoort. Deel je het marktbereik door de marktspreiding, dan krijg je de selectie-indicator. Als die groter is dan 1, dan heeft de aanbieder relatief veel grote verkooppunten ingeschakeld.

Het omzetaandeel laat zien welk percentage de omzet van het product (of merk) vormt van de omzet in de productsoort bij de ingeschakelde verkooppunten. Het marktaandeel is altijd lager, want dat is de omzet van het product (of merk) als percentage van de omzet in de productsoort op de hele markt. Het marktaandeel is gelijk aan marktbereik maal omzetaandeel.

3.6 Begrippen

Distributiediagram	Grafische weergave van de distributiestructuur van een bedrijf, met de omzet per kanaal in procenten van het totaal.
Distributie-intensiteit	(zie ook marktspreiding) Geeft aan bij hoeveel en wat voor verkooppunten het aanbod te koop is.
Distributiestructuur	Geeft aan via welke kanalen een onderneming haar artikelen distribueert.
Exclusieve distributie	Distributie via één exclusief verkooppunt per verkoopgebied.
Intensieve distributie	Distributie via zoveel mogelijk verkooppunten.
Marktaandeel	Distributieratio: de omzet van een merk of product, als percentage van de totale omzet in die productsoort; of: marktbereik maal omzetaandeel.
Marktbereik	(Gewogen distributie) Distributieratio: de totale omzet in de productsoort van verkooppunten die het product van de aanbieder verkopen, als percentage van de totale omzet in de productsoort.
Marktspreiding	(Distributie-intensiteit, ongewogen) Distributieratio: het percentage van de (toepasselijke) verkooppunten waar het product van een aanbieder te koop is.
Omzetaandeel	Distributieratio: de omzet van het product van de aanbieder als percentage van de omzet in de productsoort op de geselecteerde verkooppunten.
Relatief marktaandeel	Het eigen marktaandeel gedeeld door het marktaandeel van de grootste concurrent.
Selectie-indicator	Distributieratio: marktbereik gedeeld door marktspreiding. Laat zien of de aanbieder vooral grote verkooppunten (> 1) of kleine heeft geselecteerd.
Selectieve distributie	Distributie via een beperkt aantal verkooppunten die met zorg geselecteerd zijn (op kennis, imago, locatie en marketingmix).

4 Externe analyse: consumentengedrag

4.1 Klantenanalyse

externe analyse

Bij de *externe* analyse horen alle punten die de organisatie zelf *niet* kan beheersen of maar in beperkte mate kan beïnvloeden. Daardoor kunnen die punten kansen vormen of juist bedreigingen. De externe omgeving kent twee niveaus.

- De *meso*-omgeving van de organisatie bestaat uit de marktpartijen, de stakeholders en andere publieksgroepen. Met de omgevingsfactoren op mesoniveau heeft de onderneming een wisselwerking. Zij beïnvloeden de onderneming en de onderneming zelf doet haar best om deze groepen in haar omgeving te beïnvloeden.
- De *macro*-omgeving bestaat uit omgevingsfactoren waar de organisatie zelf geen invloed op kan hebben. Daar zijn deze ontwikkelingen te groot voor.

Bij de analyse van de meso-omgeving horen de klantenanalyse, de marktanalyse en de concurrentieanalyse. De macro-omgeving licht je door in de omgevingsanalyse.

kans

bedreiging

Met de externe analyse breng je kansen en bedreigingen in kaart. Een *kans* is een externe ontwikkeling die de organisatie zou kunnen benutten om haar doelstellingen te verwezenlijken. Een *bedreiging* is een externe ontwikkeling die bepaalde ondernemingsdoelstellingen in de weg kan staan.

klantenanalyse

Klanten vormen de belangrijkste marktpartij, want zonder klanten kun je als organisatie niet bestaan. Bij de *klantenanalyse* gaat het om drie hoofdpunten:

- behoeften en motivatie: Wat willen die klanten precies?;

- afnemersgedrag, ofwel consumentengedrag;
- segmentatie: Wie zijn onze klanten en onze mogelijke klanten precies?.

segmentatie

In het vorige marketingplan van het bedrijf waar je werkt, kun je vinden op welke marktsegmenten jouw bedrijf zich richt. Een *marktsegment* is een groep mensen die op een bepaald kenmerk vergelijkbaar zijn, en waarop je een aparte marketingstrategie kunt richten. Om antwoord te vinden op de vraag of er nog meer mogelijke klanten zijn in andere segmenten, is meestal marktonderzoek nodig. Belangrijke vragen daarbij zijn:

- aan welke doelgroepen het meest verkocht kan worden;
- welke marktsegmenten groeien en welke kleiner worden.

Het volgende hoofdstuk gaat over segmenteren.

afnemersgedrag

Waarom zouden mensen jouw producten willen kopen? Hoe neemt je doelgroep communicatie waar? Hoe verwerken je klanten commerciële boodschappen? Zonder goed zicht op het *communicatie*gedrag van afnemers kan de P van Promotie lelijk de mist in gaan. Hoe zit het met het *aankoop*gedrag: letten je klanten vooral op snelheid en gemak of willen ze er rustig voor winkelen? Hoe *gebruiken* mensen jullie producten? En hoe danken ze het weer af? Allemaal informatie die je nodig hebt bij de klantenanalyse.

Om een goed beeld te krijgen van de mening van klanten over jullie aanbod en dienstverlening kun je gebruik maken van resultaten van tevredenheidsonderzoek. Ook onderzoek naar de effecten van de communicatie (zoals reclame, pr en verkoopacties) kan bruikbare resultaten opleveren over merkvoorkeur en imago.

Daarnaast beantwoord je de vraag of je bedrijf haar klanten vast weet te houden: Hoe zit het met de merk- of winkeltrouw? Hoe verloopt gemiddeld de omzet per klant? Deze informatie is uit de database te halen, als de onderneming haar verkopen elektronisch registreert met behulp van een klantenpas.

Opdrachten

1. a. Waarom zou focussen op een duidelijk afgebakend marktsegment een kans kunnen zijn?
   b. In welk geval kan het juist een bedreiging zijn?
   c. Op welke dingen moet je letten bij het kiezen van doelgroepen?

2. a. Waarvoor kan informatie over het gebruiksgedrag nuttig zijn?
   b. Waaruit bestaat consumentengedrag?

3. a. Hoe zou je zicht kunnen krijgen op de omzet per klant als verkopen bij jouw bedrijf niet elektronisch worden geregistreerd?
   b. Waarom is tevredenheidsonderzoek ook belangrijk voor de strategische ondernemingsplanning?

4.2 Motivatie en behoeften

Elk aanbod van goederen of diensten moet aansluiten bij behoeften van klanten. Wil je met je aanbod goed inspelen op de behoeften van consumenten, dan moet je weten bij welke behoeften jouw aanbod aansluit.

Abraham Maslow, een Amerikaans psycholoog, deelde menselijke behoeften zo in:

Figuur 4.1 Behoeftepiramide volgens Maslow

motivatie

Volgens Maslow zijn dit de dingen die mensen motiveren, in volgorde van onder naar boven. *Motivatie* is de drang om bepaalde behoeften te bevredigen. Mensen kunnen allerlei motieven hebben om iets te willen kopen. De bakker en de aardappelboer hebben vooral te maken met de basisbehoeften. Maar je ziet meteen dat de indeling wat simplistisch is: met een goedkoop brood kun je de basisbehoefte 'honger' prima stillen, maar er zijn ook allerlei lekkere broodjes in de handel die verder gaan dan de basisbehoefte. Je moet de basisbehoeften dus ruim opvatten.

Verzekeraars en aanbieders van beveiligingssystemen spelen in op de behoefte aan veiligheid en zekerheid. Facebook en Twitter verdienen goed aan de behoefte aan sociaal contact. Waardering of erkenning kunnen mensen ontlenen aan een product waarmee ze 'erbij horen'.

Een consument maakt foto's met het laatste model smartphone. Daarmee 'hoort hij erbij'. Een andere consument is op zoek naar een goede spiegelreflexcamera, omdat hij mooie foto's en portretten wil maken. Deze consument heeft behoefte aan creativiteit, aan zelfontplooiing.

cultuur

De behoeftepiramide van Maslow past goed bij de Amerikaanse en Noord-Europese culturen. Wij vinden zelfontplooiing het belangrijkst. In Latijnse culturen ligt bijvoorbeeld veel meer nadruk op veiligheid en zekerheid dan bij ons. De behoeften van mensen worden dus in sterke mate bepaald door onze *cultuur*. Die bestaat uit al het aangeleerde gedrag waarmee we ons leven vorm geven.

subcultuur

Multinationals doen aan internationale marketing. Zij moeten dus rekening houden met het verschil in behoeften in verschillende culturen. Maar binnen een land heb je ook te maken met *sub*culturen: groepen met aangeleerd gedrag dat op sommige punten afwijkt. Op verschillende kenmerken kun je subculturen tegenkomen:

- regio: "Brabantse nachten zijn lang", terwijl je in Friese dorpen borden tegenkomt met een brommerverbod in de nachtelijke uren;
- afkomst: mensen van Marokkaanse afkomst kijken vaak anders tegen de dingen aan dan mensen met een Surinaamse achtergrond;
- religie: fijn gereformeerden hebben andere normen en waarden dan de meeste katholieken;
- jeugdculturen: veel jongeren hebben behoefte aan een eigen identiteit en sluiten zich aan bij een subcultuur, zoals emo's, gothics of gabbers.

Je subcultuur kan veel invloed hebben op je behoeften. Fijn gereformeerden zijn bijvoorbeeld slechte klanten voor verzekeraars. Voor het Suikerfeest hebben moslims behoefte aan nieuwe kleding. Je *levensstijl* kan te maken

levensstijl

hebben met je subcultuur, maar dat hoeft niet. Je hebt mensen die genieten erg belangrijk vinden, anderen voelen zich beter als ze goed presteren. Sommigen zijn statusgericht, anderen actiegericht. Ook je levensstijl kan invloed hebben op je behoeften.

gezinslevenscyclus

Leeftijd, levensfase en gezinssituatie hebben ook veel invloed op ons behoeftenpatroon. Een vrijgezel heeft een ander bestedingspatroon dan samenwonenden. Als die kinderen krijgen, ontstaan er allerlei aanvullende behoeften. Naarmate de kinderen groter worden, verandert er weer een boel. Als de kinderen uit huis zijn, besteden de ouders hun geld weer aan andere dingen. Deze invloed op de consumentenbehoeften heet de *gezinslevenscyclus*.

welstand

Iemand met een bijstandsuitkering kan wel interesse in een Porsche hebben, maar gaat die vrijwel zeker niet kopen. Marktonderzoekers delen mensen in in *welstandsklassen* op grond van inkomen, opleiding en het al dan niet hebben van een eigen huis. Je welstandsklasse heeft veel te maken met je besteedbaar inkomen. De indeling zie je in tabel 4.1.

Welstandsklasse		% in Nederland
A	Welgestelden Directeuren van grote ondernemingen, hoge ambtenaren, vrije beroepen	14%
B1	Bovenlaag middengroep Directeuren van kleine ondernemingen, grotere middenstanders, semi-hoge ambtenaren, hogere managers	19%
B2	Onderlaag middengroep Ambtenaren in middenpositie, middengroep middenstanders, middenkader	22%
C	Minder welgestelden Kleine middenstanders, lager kantoorpersoneel, geschoolde arbeiders	34%
D	Minst welgestelden Ongeschoolde werknemers, mensen met alleen bijstand, AOW of een klein pensioen.	11%

Tabel 4.1 Welstandsklassen

referentiegroep

Iedereen hoort bij een bepaalde cultuur of subcultuur, zit in een bepaalde fase van de gezinslevenscyclus en hoort bij een welstandsklasse. Toch kan het gedrag een andere kant opgaan, doordat iemand beïnvloed wordt door een *referentiegroep*. Dat is een groep waarmee iemand zich vergelijkt, waarmee hij zichzelf associeert.

Voorbeeld

Frans Bauer is al geruime tijd in te delen in welstandsklasse A. Hij komt oorspronkelijk uit de laagste of een na laagste categorie, welstandsklasse C of D. Dat hoor en zie je in interviews met Frans Bauer. Hij is er trots op dat hij nog steeds een bal gehakt het lekkerst vindt.

Frans Bauer gebruikt zijn 'oude' welstandsklasse als referentiegroep. En dat beïnvloedt zijn koopgedrag in hoge mate. Waar een gemiddelde persoon uit welstandsklasse A liefs een luxe restaurant bezoekt met kwaliteitswijn en hoog niveau eten, eet Frans Bauer het liefst een bal gehakt.

Uit: Passie voor de horeca (passie.horeca.nl)

Je klas kan een referentiegroep zijn, of de leden van een sportclub, of bepaalde collega's op het werk. Elke groep die invloed heeft op jouw koopbeslissingen is voor jou een referentiegroep.

Voor één product kunnen meerdere koopmotieven belangrijk zijn. Voor de aanbieder is het belangrijk om ze te kennen, want met die kennis kan hij beter communiceren met (mogelijke) klanten. Behoeften en koopmotieven kunnen veranderen in de loop der tijd. Als dat gebeurt zonder dat je er erg in hebt, is dat een bedreiging. Als je er wel zicht op hebt, kun je erop inspelen en heb je dus een kans. Hoe kom je zulke motieven aan de weet? Door het aan de doelgroep(en) te vragen bij marktonderzoek.

Mensen kopen niet alleen dingen omdat ze bij een bepaalde groep horen. Allerlei motieven kunnen een rol spelen, bijvoorbeeld: het is modieus, ik kan niet zonder, het is makkelijk, het lost een probleem op, het is goedkoop, het is vers en gezond, het is lekker, het is mijn beloning na een dag hard werken, het is wat ik altijd al wilde, enzovoort.

Vooral behoeften die nog onbekend zijn, kunnen een grote kans vormen: het spreekwoordelijke gat in de markt. Denk maar aan Sony indertijd met de walkman (een behoefte waar Apple later op voortborduurde met de iPod). Of aan de gele 'post-it' stickertjes van 3M. Niemand had om deze producten gevraagd en toch waren ze een enorm succes.

Niet dat dit makkelijke kansen zijn. Er zijn ook genoeg introducties geflopt omdat mensen er niet zo'n behoefte aan hadden als de aanbieder dacht. De beeldtelefoon bijvoorbeeld (waarbij je elkaar ziet, terwijl je praat) bestond al eind jaren zestig, maar werd een grote flop: vooruitgang is mooi, maar liever niet als je de telefoon aanneemt in je badjas of in bed.

Opdrachten

4. a. In welk geval vormen koopmotieven een bedreiging? En in welk geval een kans?
   b. Bij welke aanpak van de marketing is er geen apart marktonderzoek nodig om op de hoogte te blijven van behoeften en koopmotieven?
   c. Welke behoeften en koopmotieven spelen een rol bij de aankoop van een auto?

5. Plaats de behoefte aan de volgende artikelen of diensten in de piramide van Maslow.
   a. Een huis.
   b. Een zwembad.
   c. Make-up.
   d. Een schildersezel.
   e. Een pensioenregeling.
   f. Boter.
   g. Lidmaatschap van een kaartclub.

6. a. Frans Bauer lust graag een goede bal gehakt. Geef nog twee voorbeelden van behoeften die overwegend bij welstandsklassen C en D horen.
   b. Geef ook twee voorbeelden van behoeften die je overwegend bij welstandsklassen A en B1 tegenkomt.

7. RVS Verzekeringen kwam er via marktonderzoek achter dat veel gezinnen met een Turkse achtergrond behoefte hebben aan een levensverzekering, maar dat hun promotie bij deze mensen niet overkwam. RVS richtte daarom een reclamecampagne speciaal op deze doelgroep.
   Op welk kenmerk segmenteerde RVS in dit geval?

8. Noteer vier verschillende fase in de gezinslevenscyclus. Geef voor elke fase een voorbeeld van een behoefte die daarbij hoort.

9. a. Wat is jouw referentiegroep?
   b. Geen een voorbeeld van een behoefte die daardoor wordt veroorzaakt.

4.3 Communicatiegedrag

Om de wensen van je klanten te kennen, moet je met ze communiceren. Mensen moeten je aanbod kennen, anders verkoop je niets. Andersom moet een consument die mogelijk interesse heeft, de informatie over je aanbod makkelijk kunnen vinden. Het hele proces van communicatie hoort bij de P van Promotie. Hoe stem je die communicatie af op je klanten? Door hun communicatiegedrag te kennen.

communicatiegedrag

Het *communicatiegedrag* is de manier waarop consumenten informatie tot zich nemen en verwerken. De consument wordt overspoeld met informatie van ondernemingen: radio- en tv-spotjes, folders in de brievenbus, banners op internet, billboards op straat, in de tram en in de school. Te veel om bewust binnen te komen.

perceptie

Wil een bedrijf toch een kans maken om de communicatie goed te laten doordringen, dan moet het de klanten kennen. Hoe nemen de klanten promotie waar? Een duur woord voor waarnemen is *perceptie*. Hoe je een reclameboodschap waarneemt, wordt sterk bepaald door je achtergrond: hoe oud ben je, ben je man of vrouw, ben je gelovig of niet, wat is je cultuur?

selectieve perceptie

Perceptie van boodschappen is bijna altijd *selectief*. Dat wil zeggen dat mensen maar een deel van alle boodschappen oppikken. Als de leraar bijvoorbeeld zegt dat het lesuur voorbij is, heeft iedereen het gehoord. Als je leraar vertelt over perceptie, zie je misschien nét iets interessants op straat.

Mensen filteren de informatie die zij ontvangen. Veel tieners zijn eerder geneigd te luisteren naar een profvoetballer of een goede zangeres dan naar de minister van Onderwijs, Cultuur en Wetenschap. Je filtert op grond van de ideeën die je al in je hoofd hebt. Marketingmensen moeten dus weten welke ideeën er bij hun doelgroep leven. Conclusie: als je je doelgroep niet kent, ga je de mist in met je communicatie. Je boodschap zal waarschijnlijk niet opgepikt worden.

Het doel van commerciële communicatie is om de mening, het gevoel en het gedrag van mensen te beïnvloeden. Vooral het koopgedrag, want uiteindelijk hoor je graag de kassa rinkelen. Dat koopgedrag wordt bepaald door kennis, meningen en gevoelens in de hoofden van mensen. Standpunten zijn niet makkelijk te veranderen. Toch ligt daar de grootste kans voor de marketing.

Voorbeeld

Voordat Honda met motorfietsen doorbrak in de VS, dachten de meeste mensen daar bij motoren aan Hell's Angels en messen. Honda stak veel geld in een campagne met als thema "Je ontmoet de aardigste mensen op een Honda". Motorrijden werd voorgesteld als clean en sportief. De campagne werd een groot succes. Honda was erin geslaagd de mening en gevoelens te beïnvloeden van consumenten, die daarvoor niet bij de doelgroep motorrijders hoorden. De veranderde meningen en gevoelens vertaalden zich in gedrag: aankopen.

attitude

Attitude betekent gewoon houding. In de marketing gaat het vooral om de houding die mensen hebben aangeleerd ten opzichte van producten en ondernemingen. Je kunt drie onderdelen onderscheiden in de attitude van de mensen uit je doelgroep:

- cognitief
- affectief
- conatief

- Het *cognitieve* deel van de houding bestaat uit kennis, perceptie (waarneming) en overtuigingen (beliefs). Wat weet de consument over het aanbod, wat is zijn standpunt?
- Het *affectieve* deel: Wat voelt de consument voor het product?
- Het *conatieve* deel: Hoe gedraagt de consument zich ten opzichte van het product? Komt hij in actie? Koopt hij het?

Je kennis over een product of organisatie heeft invloed op je gevoelens. Die beïnvloeden weer je gedrag. Andersom bepalen je kennis en gevoel bij een product of organisatie voor welke nieuwe informatie je openstaat (selectieve perceptie). De kunst van commerciële communicatie is het beïnvloeden van meningen en gevoelens. Van kennis naar voelen naar kopen.

Communicatie kan niet altijd netjes aansluiten bij de fasen kennen - voelen - kopen (van cognitief naar affectief naar conatief). Er zijn ook producten waarbij de gemiddelde consument het helemaal niet nodig vindt om er veel kennis van te hebben. Dat zie je veel bij gemaksgoederen, zoals dagelijkse boodschappen. De communicatie moet in de eerste plaats de aandacht van de consument trekken. Dat betekent dat de nadruk bij de communicatie minder op het cognitieve element komt te liggen, en juist meer op de affectieve en conatieve elementen.

Goede communicatie houdt niet op na de aankoop. De drie elementen van de attitude van de koper (kennis, gevoel en gedrag) moeten ook na de koop met elkaar blijven kloppen. Vooral na het kopen van dure gebruiksgoederen voelen de meeste mensen zich toch wat onzeker.

cognitieve dissonantie

De klant kan gaan twijfelen of hij de juiste aankoopbeslissing heeft genomen. Klopte de informatie wel, was die eigenlijk wel volledig? Was dat andere product niet toch beter? Het gevoelsdeel van de attitude klopt niet goed meer met het kennisdeel. Dat gevoel van ongemak heet in de marketing *cognitieve dissonantie*. Een dissonant is een valse noot. Het is de kunst om de attitude van de klant ook na de koop in harmonie te houden. De klant heeft bevestiging nodig dat zijn aankoopbeslissing de juiste was.

Het is goedkoper om klanten vast te houden dan om nieuwe te winnen. Tevreden klanten zijn belangrijk, omdat klanten na de koop communiceren met anderen. Een klant die twijfels of ontevredenheid deelt met anderen, ondergraaft de communicatie van de onderneming.

Je kunt cognitieve dissonantie tegengaan met een goede gebruiksaanwijzing, goede bereikbaarheid en service. Daarbij is het belangrijk dat de hele communicatie klopt met het product. Als het product in de reclame teveel is 'opgeklopt', kan dat tegen je gaan werken doordat je klanten teleurstelt. Communicatie moet ervoor zorgen dat de koper zichzelf gelijk geeft met zijn aankoopbeslissing. Dat heeft ook veel te maken met het gebruiksgedrag.

Onthoud

Communicatie gericht op attitude:

- cognitief (kennis): informeren, meningsvorming
- affectief (gevoel): inspelen op gevoelens, emoties
- conatief (actie): aanzetten tot actie, aankoop
- bevestigen: cognitieve dissonantie verminderen

Opdrachten

10. a. Geef een voorbeeld van een reclameboodschap die jou niet bevalt.
    b. Noteer welke ideeën jij in je hoofd hebt, die ervoor zorgen dat je deze reclameboodschap afwijst.
    c. Noteer een marketingbegrip voor dat afwijzen.

11. Leg kort uit waarom veel reclameboodschappen grappig (of in elk geval grappig bedoeld) zijn.

12. Hoe kunnen marketingmensen hun doelgroep leren kennen?

13. Op welk aspect van de attitude is de reclameboodschap gericht?
    a. Je ontmoet de aardigste mensen op een Honda.
    b. Powerlijm, als sterkste getest.
    c. Nieuwe regels over geluidshinder, zit u even rustig in uw Snorris Silencio!
    d. Duizend extra airmiles bij aankoop van dit bankstel!

14. a. Waarom is het belangrijk om na de koop goed bereikbaar te zijn voor klanten?
    b. Welke problemen kun je krijgen met een slechte gebruiksaanwijzing?

4.4 Aankoopgedrag

Een boodschap moet dus door de filters van de consument heen zien te komen. Stel je voor dat dat lukt. Je denkt meerdere keren per dag aan NutzCream pindakaas, want dat spotje is zo cool. Ga je meteen een potje kopen? Dat hangt er maar van af.

Voorbeeld

Luuk gaat een paar boodschappen doen voor zijn moeder: brood, pindakaas en sinaasappelen. Hij loopt de supermarkt binnen, pakt een mandje en loopt naar het schap voor brood. Hij vist er een brood uit met een sticker 'Reclame!'. Bij het volgende schap pakt hij de allergrootste pot pindakaas. Dan nog een net sinaasappelen bij de groente- en fruitafdeling, naar de kassa, en binnen vijf minuten staat Luuk weer buiten. Mooi zo, hij heeft nog meer te doen.

Lekker vlug en makkelijk, dat stond nummer één bij Luuk. Hij heeft de NutzCream pindakaas niet eens zien staan. Misschien had de supermarkt het niet in voorraad, misschien waren de potjes niet groot genoeg voor hem. Luuk heeft er niet eens over nagedacht, ook al vindt hij het spotje érg leuk.

gemaksgoederen

Luuk was convenience goods ofwel *gemaksgoederen* aan het kopen: producten waarvoor de consument weinig moeite wil doen bij de aankoop. Zelfs al zou Luuk NutzCream pindakaas best eens willen proberen, hij piekert er niet over om het te gaan zoeken bij een andere supermarkt, drie blokken verderop.

De aanbieder die z'n gemaksgoed niet luid en duidelijk op het schap van alle winkels heeft staan, verliest marktaandeel. De P van Plaats is voor gemaksgoederen dus erg belangrijk. De boodschap moet vaak herhaald worden, voordat de consument de moeite neemt om eens een ander merk te proberen.

RAG

Het koopgedrag bij gemaksgoederen is meestal *routinematig aankoopgedrag* (RAG). Een routine is een gewoonte. De klant koopt deze artikelen uit gewoonte en meestal op dezelfde manier. Ook *impuls*aankopen horen bij RAG. Impulsaankopen doe je in een opwelling, zonder dat je het van plan was; bijvoorbeeld iets lekkers. Er zijn ook producten waar klanten wel moeite voor doen.

Voorbeeld

Melvin heeft z'n mbo-diploma binnen! Van zijn vader mag hij een sportfiets kopen tot € 1.200,–. Hij weet nog niet zo goed welke en gaat daarom naar verschillende winkels om zich goed te laten voorlichten. Hij kan niet direct een keus maken en neemt wat folders mee naar huis. Nadat hij er een nachtje over heeft geslapen, weet hij dat de keuze gaat tussen een Raleigh en een Gazelle. Hij gaat weer naar de winkel en bekijkt de fietsen nog eens. Hij stelt nog wat vragen aan de verkoper. Tenslotte koopt hij de Gazelle.

shopping goods

BPO

Voor Melvin is een sportfiets een *shopping good*: een product waarbij hij prijs en kwaliteit wil vergelijken voordat hij het koopt. De aankoopmoeite ligt bij een shopping good dus een stuk hoger dan bij een gemaksgoed. Dit koopgedrag kun je omschrijven als *beperkt probleemoplossend* (BPO). Voor Melvin is goede communicatie van de aanbieder belangrijk, want hij wil goede informatie hebben voordat hij beslist over de aankoop. Er zijn ook artikelen waarbij de aankoopmoeite nog een stuk hoger ligt.

Voorbeeld

Yee-Lin speelt gitaar. Ze wil een Gibson Les Paul, maar dan eentje die de sound van de echte Les Paul zo dicht mogelijk benadert. De nieuwe series bevallen haar niet. Een jaar lang loopt ze Nederland af, tot ze eindelijk haar gitaar vindt, bouwjaar 1964. Ze regelt met de winkel dat ze hem eerst op haar eigen Marshall-versterker uit kan proberen.

specialty goods

De Les Paul is voor Yee-Lin een *specialty good*: artikelen waarvoor de consument erg veel moeite wil doen. Dat kan twee redenen hebben:

- Het gaat om een heel bijzonder goed of bijzondere dienst, zoals de Les Paul van Yee-Lin.
- De consument heeft nog geen ervaring met het product. Voor het kopen van je eerste auto doe je waarschijnlijk veel meer moeite (specialty good) dan bij de tweede of de derde (shopping good).

UPO

Dit soort koopgedrag is *uitgebreid probleemoplossend* (UPO). De klant is sterk betrokken bij de aankoop. Het product heeft meestal veel te maken met het zelfbeeld van de klant, het imago.

De aanbieder moet het koopgedrag van zijn doelgroep goed kennen om er op in te kunnen spelen. Voor het marketingplan maakt dat veel verschil. Bij de gemaksgoederen zijn de P's van Plaats en Prijs erg belangrijk: de klant wil er niet voor omlopen en er ook niet al te veel aan besteden. Bij shopping goods staan de P's van Promotie, Product en Personeel centraal: de klant heeft op tv de reclame voor dat mooie product gezien, komt de winkel binnen en vraagt de verkoper om voorlichting. Bij specialty goods staat de P van Product met stip bovenaan.

Opdrachten

15. a. Geef nog twee voorbeelden van gemaksgoederen.
    b. Geef nog twee voorbeelden van shopping goods.
    c. Noteer twee goederen die voor jou specialty goods zijn. Verklaar ook waarom.
    d. Wat is het verschil tussen gemaksgoederen en shopping goods?

16. a. Waarom is het voor een aanbieder belangrijk om te weten in welke categorie de klanten zijn goederen plaatsen?
    b. Waarom zijn de P's van prijs en plaats zo belangrijk bij gemaksgoederen?
    c. Waarom zijn diezelfde P's minder belangrijk bij specialty goods?

17. Is het een gemaksgoed, shopping of specialty good?
    a. Suiker
    b. Een Citroën DS Break model 1966
    c. Slagroom
    d. Een horloge
    e. Vloerbedekking

18. Maak voor elk van de onderstaande kenmerken een top drie van de drie vormen van koopgedrag: RAG, BPO en UPO. Het koopgedrag dat het best bij het kenmerk past zet je op nummer één.
    a. Betrokkenheid bij de aankoop.
    b. Benodigde aankooptijd.
    c. Benodigde informatie.
    d. Sterkte van de stimulans nodig voor aankoop.
    e. Aantal merken dat de klant vergelijkt.
    f. Kans op herhalingsaankoop.
    g. Mogelijkheid van beïnvloeding van de klant op het verkooppunt.

---

aankoopgedrag

Copeland

Howard & Seth

Het *aankoopgedrag* (ofwel koopgedrag) laat zien waar de consument het product koopt en hoe vaak. De indeling in gemaksgoederen, shopping en specialty goods is een indeling van goederen op basis van koopgedrag. Deze indeling is bedacht door Melvin Copeland, en heet daarom de *Copeland-classificatie*. De indeling in de soorten koopgedrag RAG, BPO en UPO komt uit het model van Howard & Seth.

duurzaamheid

- gebruiksgoed

Je kunt goederen ook op andere manieren indelen. Een belangrijke factor bij aankoopgedrag is de duurzaamheid van het product: Hoe lang gaat het mee? Goederen die de klant lange tijd kan gebruiken, zijn *duurzame gebruiksgoederen*. Denk aan een auto of een ijskast, maar een thermoskan is net zo goed een duurzaam gebruiksgoed; ze worden niet zo vaak verkocht.

- verbruiksgoed

De ijsthee die je in je thermoskan doet, is 's middags weer op: je hebt dat product snel verbruikt. Het is een voorbeeld van een *verbruiksgoed*: goederen die snel op zijn. Deze goederen worden veel vaker gekocht. Een auto *ge*bruik je, de benzine *ver*bruik je. De indeling op basis van duurzaamheid bepaalt vooral hoe vaak de consument een goed koopt. De marketing voor auto's benadert de consument heel anders dan de marketing voor benzine.

kwaliteit

- homogeen

- heterogeen

Je kunt goederen ook indelen in homogene en heterogene goederen. Bij *homogene* goederen ziet de consument geen verschil in kwaliteit, dus kiest hij voor de laagste prijs. Dit zijn meestal onverpakte goederen, zoals prei, of zand. Tussen *heterogene* goederen bestaat volgens de consument kwaliteitsverschil. De klant kan een voorkeur ontwikkelen voor een bepaalde aanbieder op grond van de kwaliteit. De indeling op grond van kwaliteit bepaalt dus vooral waar de klant het goed koopt.

Onthoud

Indelingen van goederen op grond van aankoopgedrag:

- aankoopmoeite

		koopgedrag
convenience goods	- weinig	RAG
shopping goods	- beperkte moeite	BPO
specialty goods	- veel moeite	UPO

- duurzaamheid:

gebruiksgoederen	- niet vaak gekocht
verbruiksgoederen	- vaak gekocht

- kwaliteit:

homogene goederen	- gekocht waar de prijs laag is
heterogene goederen	- gekocht waar de kwaliteit hoog is

Opdrachten

19. a. Geef nog twee voorbeelden van verbruiksgoederen.
    b. In welke categorie vallen verbruiksgoederen meestal, als je kijkt naar de indeling op grond van aankoopmoeite?

20. a. Wat is het verschil tussen homogene en heterogene goederen?
    b. Zijn gebruiksgoederen meestal homogeen of heterogeen? Geef twee voorbeelden waar je dat aan kunt zien.

---

beslissen

Wie koopt er eigenlijk aan? Wie neemt de beslissing? Waar meerdere mensen samenleven heb je te maken met een *beslissingsstructuur*. In een gezin kunnen de kinderen bijvoorbeeld belangrijke *beïnvloeders* zijn. Beïnvloeders zijn vaak tegelijk de *gebruikers*. Vaak is moeder de *beslisser*, maar misschien is vader de *boodschapper* die op zaterdag naar de winkel gaat.

Een introductie van een nieuw kinderdrankje flopte bijvoorbeeld, ondanks uitstekend productconceptonderzoek onder kinderen. De onderzoekers waren de ouders vergeten en die vonden de gele kleur niet aantrekkelijk. Andersom werkt het ook niet: als de ouders iets kopen maar de kinderen lusten het niet.

Op de zakelijke markt, waar je bedrijven en instellingen als klanten hebt, geldt dit nog sterker. Bij een bedrijf heeft een verkoper met meerdere personen te maken. Bij grotere aankopen door een bedrijf of instelling kun je deze rollen tegenkomen:

- initiatiefnemer;
- inkoper;
- beïnvloeders;
- gebruikers;
- beslisser;
- gatekeeper.

Als de inkoper niet zelf de beslisser is, is het verstandig om ook met die persoon te praten. Het kan daarbij lastig zijn om langs de *gatekeeper* te komen, bijvoorbeeld de secretaresse die de telefoon aanneemt of een assistent van de juiste contactpersoon.

DMU

Als beslissingen bij een zakelijke klant genomen worden door een groep mensen, heb je te maken met een *decision making unit* of DMU. Vooral bij belangrijke beslissingen wordt de verantwoordelijkheid vaak gedeeld door een groep mensen, van wie elk een terrein van kennis in kan brengen.

PSU

Ook binnen het verkopende bedrijf kunnen meerdere personen betrokken zijn bij de verkoop. Daar kunnen ze een PSU vormen, een *problem solving unit*, tegenover een DMU bij de klant. De PSU is ook een groep mensen met specialistische kennis op verschillende gebieden. De PSU is een volwaardige gesprekspartner voor de DMU. Bij de verkoop van ingewikkelde producten of van projecten vormt een PSU een betere gesprekspartner dan een verkoper alleen.

Opdrachten

21. a. Geef een voorbeeld van een artikel waarbij jij zelf de aankoop sterk beïnvloedt, maar niet de beslisser bent.
    b. Zoek ook een voorbeeld van een artikel dat jij aankoopt, maar waarbij een ander de beslissing neemt.

22. Bij Benders bv stelt de manager voor om het gebouw te laten renoveren. Hij overlegt met de eigenaar, en die vraagt de manager om met ideeën te komen. Deze gaat om de tafel zitten met zijn medewerkers en samen stellen ze een plan op. Dat leggen ze ter goedkeuring voor aan de eigenaar. Vervolgens vraagt de manager aan de stafmedewerker Facilitaire Zaken

om het contact met de aannemer te regelen. Die krijgt daarbij ondersteuning van zijn secretaresse.
Breng de rollen binnen de DMU bij Benders in kaart.

---

koopbeslissingsproces (vijf B's)

Het *koopbeslissingsproces* van de consument kent vijf fasen (de *vijf B's*):

- Bewustwording van een behoefte;
- Belangstelling: de consument gaat informatie zoeken;
- Beoordelen van het product: het voldoet wel of niet aan de eisen;
- Besluit: wel of niet kopen;
- Bevestiging: het gedrag na de koop, ofwel het gebruiksgedrag.

Bij de fase Bewustwording is het belangrijk om goed in te spelen op het communicatiegedrag. Bij de fase Belangstelling is goede communicatie (voorlichting) nodig. De fase Beoordelen (evalueren) hangt sterk af van het soort product (gemaksgoed, shopping good of specialty good). De klant beoordeelt niet alleen het product, maar ook de winkel: waar wil hij het kopen? Bij de fase Besluit zijn alle onderdelen van het aankoopgedrag in het spel. Bij de fase Bevestiging gaat het om tevreden klanten, en om het tegengaan van cognitieve dissonantie.

Aida model

Er bestaan verschillende communicatiemodellen, die je kunnen helpen om met de communicatie goed aan te sluiten op het koopbeslissingsproces. Een bekende is het *AIDA-model*. Dat werkt met vier fasen:

- Attentie
- Interesse
- Drang (desire)
- Actie.

Eerst moet de klant aandacht voor de boodschap van de aanbieder hebben (*attentie*); de boodschap moet opvallen. De aandacht moet belangstelling (*interesse*) opwekken, de wens om het product te bezitten (*drang*). De laatste fase is het daadwerkelijk in actie komen (*actie*). Dat kan kopen zijn, maar ook bijvoorbeeld naar de winkel komen of informatie opvragen.

Aan deze verkoopformule kun je nog een vijfde fase toevoegen: de S van

- Satisfaction (tevredenheid). Je werkt dan met het AIDAS-model.

Die fase sluit aan bij de B van Bevestiging. Een tevreden klant is een trouwe klant.

Opdrachten

23. Lees nog eens het voorbeeld van Melvin die een sportfiets koopt (bladzijde 66). Laat aan de hand van het voorbeeld zien dat de consument vijf fasen doorloopt in het koopbeslissingsproces.

24. Vergelijk het AIDAS-model met de vijf B's. Welke fase van AIDAS hoort bij welke B?

4.5 Gebruiksgedrag en afdankgedrag

gebruiksgedrag

Communicatiegedrag en aankoopgedrag zijn in de marketing grondig uitgespit. Nog lang niet alle ondernemingen weten genoeg over het *gebruiksgedrag*: Wat doet de consument met het product? Kan hij het goed installeren? Begrijpt hij de handleiding? Maakt hij gebruik van alle mogelijkheden?

De consument die het product niet kan installeren, koopt de volgende keer een substitutiegoed. De consument die het gebruik van een product niet goed begrijpt, wordt ook snel ontevreden. Zelfs tevreden consumenten kunnen problemen veroorzaken met hun gebruiksgedrag: te veel luidruchtige horecaklanten kunnen leiden tot een tegenreactie in de maatschappij. Het gebruiksgedrag van sommige klanten is een bedreiging voor de aanbieders van uitgaansgelegenheid.

Alleen tevreden klanten komen terug. Om op de hoogte te raken van het gebruiksgedrag moet de aanbieder wel moeite doen: onderzoek. Communicatie van tevoren kan helpen bij het gebruiksgedrag: een duidelijke gebruiksaanwijzing, tips over de gebruiksmogelijkheden.

afdankgedrag

Na het gebruik wil de consument van het product af. Het *afdankgedrag* laat zien op welk moment de consument ervanaf wil en hoe hij dat doet. Daarbij zijn er verschillende mogelijkheden: weggeven, verkopen als tweedehands, eindeloos repareren, in de vuilnisbak, of recyclen.

Het afdankgedrag is voor aanbieders belangrijk om twee redenen:
- Leidt tevreden gebruik en afdanken tot een herhalingsvraag? Dat wil zeggen, gaat de consument hetzelfde product opnieuw kopen?
- Is het afdankgedrag goed voor het milieu? Als dat niet zo is, kan dat leiden tot slechte publiciteit.

Afdankgedrag geldt net zo goed voor verbruiksgoederen als voor gebruiksgoederen. Bij verbruiksgoederen gaat het meestal om de verpakking. Bij gebruiksgoederen gaat het eerst om de verpakking, pas veel later om het product zelf.

Een verpakking die het milieu niet of weinig belast is belangrijk, niet alleen voor de samenleving, maar net zo goed voor de onderneming zelf. Bij gebruiksgoederen wordt het steeds belangrijker dat de materialen opnieuw te gebruiken zijn.

consumentengedrag

Nu je alle onderdelen van consumentengedrag gehad hebt, begrijp je de definitie: *consumentengedrag* bestaat uit alles wat afnemers doen bij het aankopen, het gebruiken en afdanken van goederen, inclusief de communicatie en het beslissingsproces die daarbij horen.

Opdrachten

25. a. Hoe kan een aanbieder van rijst communicatie op de verpakking gebruiken om te zorgen voor tevreden gebruik?
    b. Wat kan de producent van rijst doen om goed afdankgedrag te stimuleren?

26. a. Slecht gebruiksgedrag van de diensten van de horeca kan leiden tot een tegenreactie. Zoek nog een voorbeeld van een goed of dienst waarbij slecht gebruiksgedrag een maatschappelijke tegenreactie op kan roepen.
    b. Wat kan de horeca doen om een tegenreactie te voorkomen?
    c. Wat kunnen aanbieders in jouw voorbeeld bij a. doen om een tegenreactie te voorkomen?

4.6 Samenvatting

Met de *externe* analyse van factoren die de organisatie zelf niet kan beheersen of maar amper kan beïnvloeden, breng je kansen en bedreigingen in kaart. In de *klantenanalyse* breng je de doelgroep(en) in kaart (segmentatie), hun behoeften en motieven en het afnemersgedrag.

Consumentengedrag is alles wat afnemers doen bij het aankopen, gebruiken en afdanken van goederen. Dit gedrag kan per marktsegment verschillen. Hoe het koopbeslissingsproces verloopt, vind je terug in de 5 B's: bewustwording, belangstelling, beoordelen, besluit, bevestiging.

Communicatiegedrag is de manier waarop mensen informatie tot zich nemen en verwerken. De consument neemt niet alle boodschappen waar: zijn perceptie (waarneming) is selectief en gefilterd. Veel communicatie is erop gericht om de *attitude* (houding) van klanten te beïnvloeden. Die attitude heeft een kennisaspect (*cognitief* deel), een gevoelsaspect (*affectief* deel) en een actieaspect (*conatief* deel).

Aankoopgedrag laat zien waar de consument het product koopt, hoe vaak, en hoeveel moeite hij doet voor de aankoop. Koopgedrag verschilt per product. Je kunt indelen op grond van hoeveelheid aankoopmoeite, duurzaamheid en kwaliteit. Bij *gemaks*goederen is het koopgedrag routinematig (*RAG*): de klant doet er weinig moeite voor. Goederen waar de klant echt voor gaat winkelen, zijn *shopping goods*. Het koopgedrag is beperkt probleemoplossend (*BPO*). De aankoopmoeite is het hoogst bij *specialty goods*; het koopgedrag is uitgebreid probleemoplossend (*UPO*).

Let je op duurzaamheid, dan onderscheid je verbruiksgoederen (vaak gekocht) en gebruiksgoederen (veel minder vaak). Let je op kwaliteit, dan ziet de consument wel kwaliteitsverschil bij heterogene goederen maar niet bij homogene goederen.

Goed *gebruiksgedrag* leidt tot tevredenheid en waarschijnlijk tot herhalingsvraag. Afdankgedrag geeft aan wanneer de consument van een product af wil en hoe hij dat doet. Makkelijk en verantwoord af kunnen danken draagt bij aan de tevredenheid van de gebruiker. Een product of verpakking die niet milieuvriendelijk af te danken is, kan leiden tot een tegenreactie en slechte publiciteit.

4.7 Begrippen

Aankoopgedrag — Geeft aan waar de consument een product koopt, hoe vaak en hoeveel moeite hij er voor doet.

Attitude — De houding die mensen hebben aangeleerd ten opzichte van producten en ondernemingen.

- **Cognitieve deel** — het kennisaspect van de attitude.

Affectieve deel	het gevoelsaspect van de attitude.
Conatieve deel	het actieaspect van de attitude.
Bedreiging	Een externe ontwikkeling die bepaalde doelstellingen van de organisatie in de weg kan staan.
Beperkt probleem-oplossend koopgedrag (BPO)	Koopgedrag waarbij de klant een aantal merken en winkels vergelijkt, voordat hij beslist. Past bij shopping goods.
Cognitieve dissonantie	Gevoel van twijfel dat kan ontstaan na de aankoop.
Consumentengedrag	Alles wat afnemers doen voor en bij het aankopen, het gebruiken en afdanken van goederen.
Gemaksgoederen	(Convenience goods) Producten waarvoor de consument weinig aankoopmoeite wil doen.
Kans	Een externe ontwikkeling die de organisatie zou kunnen benutten om haar doelstellingen te verwezenlijken.
Klantenanalyse	Daarin ga je na of er kansen of bedreigingen zijn op het gebied van marktsegmenten, behoeften en koopmotieven en afnemersgedrag.
Perceptie	Waarneming (van commerciële boodschappen door de consument).
Selectieve ~	Mensen verwerken maar een deel van de boodschappen die ze waarnemen.
Referentiegroep	Een groep waarmee iemand zich associeert en die invloed heeft op zijn behoeften.
Routinematig aankoopgedrag (RAG)	Gewoontegedrag met weinig aankoopmoeite, past bij gemaksgoederen.
Shopping goods	Artikelen waarbij de consument prijs en kwaliteit wil vergelijken voordat hij ze koopt.
Specialty goods	Artikelen waarvoor mensen heel veel aankoopmoeite willen doen.
Uitgebreid probleem-oplossend koopgedrag (UPO)	De klant doet uitgebreid onderzoek voordat hij een koopbeslissing neemt. Past bij specialty goods.
Welstand	Indeling van de bevolking op grond van inkomen, opleiding en het al dan niet hebben van een eigen huis.

5 Externe analyse: marktsegmentatie

5.1 Wel of niet segmenteren

Bij de klantenanalyse kom je ook voor de vraag of jouw bedrijf alle klanten op dezelfde manier benadert, of dat het misschien beter is om ze in te delen in verschillende segmenten.

marktsegmentatie

Marktsegmentatie (of kortweg segmentatie) is het opdelen van de markt in homogene groepen afnemers (segmenten) en die benaderen met een aparte marketingmix per segment. *Homogeen* wil zeggen dat de mensen in één bepaald segment onderling vergelijkbaar zijn op kenmerken die van belang zijn voor het aanbod; bijvoorbeeld op leeftijd, op levensstijl, op opleidingsniveau of op inkomen.

marksegment

doelgroep

Een *marktsegment* is dus een groep afnemers met gemeenschappelijke eigenschappen, waarvoor het nuttig kan zijn een aparte marketingmix te gebruiken. Een marktsegment is een *doelgroep* als de onderneming zich op dat segment richt.

ongedifferentieerde marketing

Lang niet alle ondernemingen doen aan marktsegmentatie. Er zijn er veel die zich gewoon op de hele markt tegelijk richten, met één propositie (verkoopargument). Dat zie je bij veel van de gemaksgoederen in de supermarkt. De marketing van de meeste merken margarine is hetzelfde voor alle leeftijdsgroepen en welstandsklassen. Dit is *ongedifferentieerde* marketing: de hele markt benaderen met één marketingmix. De aanbieder maakt geen verschil (differentiatie) tussen verschillende doelgroepen of marktsegmenten.

Tegelijk snappen de aanbieders van margarine wel dat je niet alle consumenten over één kam kunt scheren: er zijn liefhebbers van roomboter, van goedkoop, van smeerbaar en er zijn mensen die zich zorgen maken over hun

product-
differentiatie

gewicht. Daarom doen veel aanbieders van margarine aan *productdifferentiatie*: ze bieden verschillende productvarianten aan om meer klanten te bereiken. Ze zetten een gewone margarine in het schap, een halvarine, eentje met minder cholesterol, een boterimitatie, eentje voor bakken en braden enzovoort. Het is geen marktsegmentatie, want de marketing is gericht op alle consumenten tegelijk.

één-op-één
marketing

Het andere uiterste van ongedifferentieerde marketing is *één-op-één*-marketing: afzonderlijke klanten benaderen met een individueel aanbod, een individuele propositie en een individuele marketingmix. Deze vorm van marketing komt op de zakelijke, industriële markt wel voor, maar amper op de consumentenmarkt.

Hoe meer een afzonderlijke klant besteedt, hoe eerder de aanbieder die klant individueel wil benaderen. Als je een dure villa laat bouwen, wil de aannemer best van zijn standaardaanbod afwijken. Airbus is graag bereid om een reeks vliegtuigen apart in te richten en een aparte prijs te stellen voor een grote klant. Bij zulke bedragen vormt elke aparte klant een marktsegment op zichzelf.

gedifferentieerd

Ondernemingen die de hele markt benaderen (of een groot deel daarvan) en die aan segmentatie doen, doen aan *gedifferentieerde* marketing. Bij deze segmentatiestrategie verschilt de marketing per segment. Bij *niche*marketing richt de aanbieder zich op één apart segment, of op een paar segmenten die op elkaar lijken. Zulke aanbieders doen aan *geconcentreerde* marketing.

geconcentreerd

Marktsegmentatie past goed bij het marketingconcept. Omdat één-op-één marketing bijna altijd te duur is, zeker op massamarkten, vormt segmentatie de beste manier om het aanbod, de propositie en de positionering goed bij verschillende soorten klanten te laten aansluiten. Daarvoor moet je segmenteren, de markt verdelen in marktsegmenten.

Onthoud

Segmentatiestrategieën:
- ongedifferentieerd
- gedifferentieerd
- geconcentreerd.

Opdrachten

1. a. Op welke manier(en) kunnen bedrijven gegevens over individuele klanten verzamelen?
   b. Wat hebben deze technologieën te maken met marktsegmentatie?

2. a. Bij welke segmentatiestrategie hoort productdifferentiatie?
   b. Wat is het verschil tussen productdifferentiatie en marktsegmentatie?

3. Geef twee mogelijke redenen voor een ongedifferentieerde segmentatiestrategie.

4. a. Welke twee strategieën passen bij marktsegmentatie?
   b. Wat is het verband tussen marktsegmentatie en het marketingconcept?

5. a. Welke voordelen heeft een geconcentreerde segmentatiestrategie?
   b. Wat is het risico van zo'n strategie?

5.2 Segmentatiekenmerken

Hoe doe je dat, segmenteren? Dat hangt sterk af van het aanbod van jouw bedrijf. Het gaat erom segmenten in te delen met vergelijkbare behoeften. Behoeften kunnen verschillen op verschillende kenmerken. Die moeten wel makkelijk meetbaar zijn.

Zwembaden verkoop je aan mensen met vrijstaande huizen en een flink inkomen. Bij de verkoop van kranten en opinieweekbladen is het opleidingsniveau een belangrijk kenmerk. Er zijn heel veel *kenmerken* waarop je kunt segmenteren.

segmentatiekenmerken

De kenmerken waarop het meest gesegmenteerd wordt zijn:
- geografie (land, regio, stad, wijk);
- demografie (leeftijd, geslacht, gezinssamenstelling, welstand, geloof, cultuur);
- 'psychografie' (levensstijl, persoonlijkheid);
- gedrag (koopgedrag en -motieven, merktrouw, aankoopfrequentie).

Segmentatiekenmerken noemt men ook wel segmentatie*criteria*.

geografie

Vooral voor bedrijven die internationaal werken zijn *geografische* kenmerken heel belangrijk. Smaken en gewoonten kunnen sterk per land verschillen. Een Amerikaan smeert mayonaise op zijn sandwich en doet margarine in de pan. Een Spanjaard doet olijfolie in de pan en ook rustig op zijn brood. Een Nederlandse azijn zou in Zuid-Europa hooguit gebruikt worden om schoon te maken, terwijl wij weer kieskeuriger zijn in bier. Multinationals moeten hun marketingmix dus afstemmen op verschillende landen.

Maar ook binnen één land kan geografisch segmenteren nodig zijn. Het brood in Friesland wijkt af van het brood in Zuid-Limburg. In het oosten drinkt men liever iets zwaarder bier. De voorkeur voor onderwerpen in vrouwenbladen verschilt tussen (Rand)stad en platteland.

demografie
- leeftijd

'Demos' betekent volk, en 'grafie' staat voor beschrijving. *Demografie* beschrijft dus de samenstelling van de bevolking. Dat kan naar leeftijd, geslacht en naar allerlei sociale kenmerken. Bij graanontbijten en hagelslag zijn kinderen belangrijke beïnvloeders. Ook al kopen de ouders in, aanbieders moeten kinderen aan zich weten te binden met product en promotie.

Lego heeft duplo voor de peuters, lego voor wat oudere kinderen en technic voor als ze op de lego uitgekeken dreigen te raken. Jongeren zijn voor veel bedrijven belangrijk: als je die binnenhaalt, heb je kans dat ze hun hele leven blijven hangen. Denk maar aan banken: veel mensen die eenmaal een rekening bij een bepaalde bank hebben, stappen niet zo makkelijk over naar een andere bank. Senioren worden steeds belangrijker, omdat die groep door de vergrijzing in westerse landen steeds groter wordt.

- geslacht

Het *geslacht* van klanten is voor veel producten een belangrijk segmentatiekenmerk. Denk maar aan vrouwen- en mannenbladen, lichamelijke verzorging, kleding of auto's.

Ook de fase in de persoonlijke levenscyclus en de samenstelling van het gezin zijn demografische segmentatiekenmerken: scholieren hebben minder te besteden dan jonge beroepsbeoefenaren, luiers verkoop je aan jonge gezinnen, levensverzekeringen aan al wat oudere gezinnen, bij actieve zonvakanties komen senioren steeds meer in beeld (vooral de 'whoopies': wealthy healthy older people). Alleenstaanden zijn een belangrijk segment voor kant-en-klaarmaaltijden. 'Dinkies' (double income, no kids) zijn gesegmenteerd op hun fase in de levenscyclus en op inkomen.

welstand

Het kenmerk *welstand* is een combinatie van drie kenmerken: opleidingsniveau, inkomen en huurder of huiseigenaar (zie tabel 4.1 op bladzijde 59). Welstand en gezinssituatie gaan vaak samen met geografie: je hebt arme en rijke wijken, en wijken met veel jonge kinderen. Ook beroep, geloof of culturele achtergrond zijn sociaal-demografische kenmerken. Een bekend marktsegment vormen 'yuppies' (young urban professionals), die zijn gesegmenteerd op leeftijd, geografie en beroep.

geodemografie

Een belangrijk hulpmiddel bij geografisch en demografisch segmenteren binnen Nederland is *postcode*segmentatie. Binnen een wijk wonen in veel gevallen mensen die op demografische kenmerken aardig met elkaar overeenkomen, daarom noemt men dit *geodemografisch* segmenteren. Postcodesegmentatie wordt veel gebruikt bij direct marketing. Bedrijven die op dit gebied diensten aanbieden, zijn Cendris, GeoMarktprofiel en Claritas Prizm. Hun databases met kenmerken per postcodegebied stellen ze samen op basis van grote enquêteonderzoeken.

psychografie

Persoonlijkheid en levensstijl noemt men *psychografische* segmentatiekenmerken, want die hebben te maken met je geestelijke gesteldheid. Daarmee kom je op segmenten als 'avontuurlijk en welgesteld', 'lage welstand maar ambitieus', 'geslaagde yuppies', enzovoort. Ook segmenteren op subculturen is psychografisch.

Op psychografische kenmerken indelen is alleen mogelijk als je die kunt koppelen aan andere kenmerken, zoals geografie (wijk) of beroep. Anders kun je deze mensen niet bereiken met de marketing. Aan een huisgevel zie je niet of iemand avontuurlijk, voorzichtig, genietend of hardwerkend is. Tegelijk is levensstijl wel een heel interessant kenmerk, vooral voor A-merken: die kunnen hun hogere prijs alleen waarmaken met een klinkend imago. Het opbouwen van dat imago gaat beter als je aansluit bij de (gewenste) levensstijl van je klanten.

gedrag

Bij het *gedrag* van klanten gaat het om:

- de behoeften (*benefits sought*, de kwaliteiten die de klant in een product zoekt);
- het koopgedrag (koopgelegenheid, merktrouw, koopfrequentie);
- het communicatiegedrag (bekendheid, adoptiegedrag).

Het is niet altijd makkelijk om het verschil te zien tussen productdifferentiatie, en segmentatie op basis van gezochte kwaliteiten. Het verschil zit in het marktonderzoek: de frisdrankaanbieder die een aantal verschillende smaken in het schap zet, gokt erop dat hij zo meer verkoopt dan met één smaak (productdifferentiatie). De aanbieder die segmenteert, onderzoekt eerst welke smaken goed vallen bij verschillende doelgroepen. Daarna richt hij de communicatie over verschillende productvarianten op die verschillende doelgroepen.

behoeften

Segmentatie op gezochte kwaliteiten (ofwel *benefit*segmentatie) kom je tegen bij heel veel goederen en diensten. Denk maar aan het vliegtuig met eerste klasse, zakenklasse en toeristenklasse. De wildgroei aan sport- en energiedrankjes is ontstaan op basis van *behoefte*segmentatie. De gezochte kwaliteiten in een auto kun je indelen in functioneel (betrouwbaar, veilig, afmetingen, gebruiksgemak), imago (status, onderscheidend) en genot (lekker snel of stoer).

Veel supermarkten hebben artikelen in verschillende prijsklassen, omdat er een duidelijk segment is dat voor de lage prijs komt. Als je iets zoekt of koopt bij een webwinkel van Amazon, krijg je suggesties voor andere artikelen die wel eens goed bij jouw behoeften zouden kunnen passen. Amazon gebruikt daarvoor een grote database waarmee het kooppatronen analyseert.

koopgedrag
- koopgelegenheid

De gelegenheid maakt de koop, voor sommige aanbieders. Zo bestaan er wegwerpcamera's, die geschikt zijn voor verschillende verkooppunten: onderwatercamera's bij snorkelbestemmingen, een groothoeklens voor uitzichtpunten, een telelens voor in het stadion, enzovoort. Aan het strand verkoopt men ijsjes, op de ijsbaan erwtensoep: de marketing sluit zeker aan bij de doelgroep. Een speciaal aanbod rond Kerstmis, sinterklaas of het Suikerfeest richt zich ook op de gelegenheid.

- loyaliteit

De mensen die al klant zijn, kun je segmenteren op *loyaliteit*. Dat kan merktrouw zijn, winkeltrouw of trouw aan een dienstverlenend bedrijf. Daarbij kun je onderscheiden: de switchers, de koopjesjagers, mensen die loyaal zijn aan twee of drie merken of bedrijven en loyale, trouwe klanten. Dat heeft ook te maken met prijsgevoeligheid: sommige mensen zijn veel gevoeliger voor prijsacties dan anderen.

Voorbeeld

Een voorbeeld van segmentatie op loyaliteit bij een grootwinkelbedrijf:
- Segment A Kernklanten ('core customers').
- Segment B Trouwe budgetklanten. Deze hebben minder inkomen dan kernklanten.
- Segment C Hoog potentieel: mogelijke klanten die kernklanten zouden kunnen worden.
- Segment D Laagwaardeklanten, koopjesjagers.

Op de segmenten A en B richt de winkel marketing om de winkeltrouw op peil te houden. Op segment C richt het marketing om deze klanten binnen te halen. Segment D is niet interessant, daar is geen marketing voor nodig.

ABCD-indeling

Het winkelbedrijf uit het voorbeeld deelt haar klanten in in *ABCD*-categorieën.

De loyaliteit als segmentatiekenmerk overlapt met de koop*frequentie*: hoe vaak iemand het artikel koopt. Dat kenmerk overlapt weer met het segmentatiekenmerk 'mate van gebruik'. Met zulke segmentatie kan een aanbieder bijvoorbeeld 'heavy users' anders benaderen dan lichte gebruikers.

klantwaarde

Hoeveel een klant waard is voor een aanbieder hangt af van vier factoren:
- de *duur* van de relatie: hoe lang blijft deze persoon klant?
- de *afzet*: hoeveel koopt deze klant gemiddeld per keer?
- de koop*frequentie*: hoe vaak koopt deze klant bij ons?
- de gemiddelde *winst* op de artikelen die deze klant koopt.

Met een klantenkaart die je bij elke aankoop scant, kun je deze factoren per klant te weten komen. Dat stelt je in staat om je klanten in te delen in segmenten, ofwel klantcategorieën. Daarbij geldt een aantal vuistregels.
- Bestaande klanten zorgen in de regel voor 90% van de omzet. Ook al wil je nieuwe klanten werven, vergeet de bestaande niet!

20/80-regel

- ± 20% van de klanten zorgt voor ± 80% van de omzet en winst (*20/80-regel*). Dit is de A-categorie klanten. Het is belangrijk vooral deze klanten te kennen en vast te houden.
- Nieuwe klanten werven kost ongeveer vijf keer zoveel per klant als goed relatiemanagement van bestaande klanten.

Deze regels komen tot uiting in figuur 5.1. Je ziet dat grote klanten veel omzet opleveren en relatief weinig verkoopkosten. Bij nieuwe klanten is dat juist andersom.

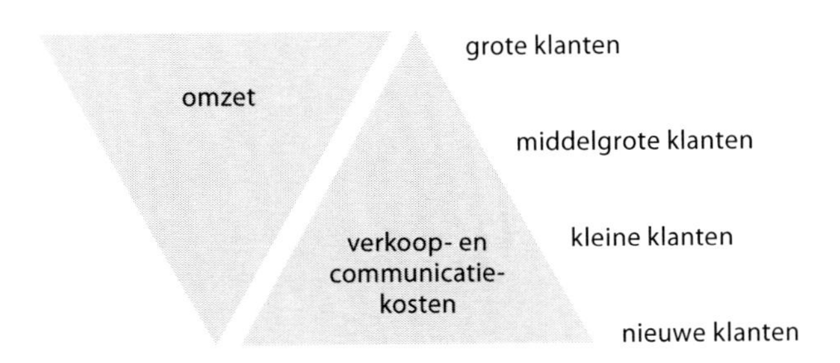

Figuur 5.1 Klantencategorieën

Het nut van relatiebeheer met een klantenkaart is zonneklaar. Door registratie van elke verkooptransactie krijg je zicht op de verschillende categorieën klanten. Daardoor, en door de mogelijkheid om ze direct te benaderen, kun je een aantal belangrijke doelen bereiken:

- verbetering van de merk- of winkeltrouw;
- verlenging van de periode dat iemand klant is;
- verhoging van de klanttevredenheid;
- verhoging van het bedrag per transactie per klant.

Dit alles leidt tot een verbetering van het rendement per klant en verhoging van de klantwaarde.

Dit wil niet zeggen dat nieuwe klanten werven niet belangrijk is. In een klantenbestand zit altijd verloop: mensen verhuizen, veranderen van smaak, bedrijven gaan failliet, enzovoort. Er blijft dus klantenwerving nodig. Waar het om gaat, is dat die werving niet ten koste gaat van de aandacht voor bestaande klanten.

communicatie-gedrag

- bekendheid

Zonder communicatie (de P van promotie) weten klanten niet dat je product bestaat. Bij de link tussen communicatie en koopgedrag kun je segmenteren op de fasen van bijvoorbeeld het *Dagmar*-model:

- onbekendheid;
- bekendheid (merkbekendheid);
- begrip (kennis over product en merk);
- overtuiging (goed imago, gunstige attitude);
- actie (koopintentie).

- adoptie

Adoptiegedrag geeft aan wanneer mensen een nieuw product voor het eerst gaan kopen. Daarbij is er een onderscheid te maken tussen segmenten die een nieuw product (of dienst) als eerste kopen en de segmenten die later volgen: de innovators, de early adopters, de early majority, de late majority en de laggards. Je segmenteert dan op de snelheid waarmee het aankoopgedrag reageert op de communicatie.

Rogers

Aanbieders van mobiele telefoons richtten zich in het begin met veel succes op de doelgroep jongeren. Die zorgden ervoor dat de nieuwigheid in steeds bredere kring geaccepteerd raakte. Deze indeling van adoptiegedrag is gebaseerd op de adoptiecurve van *Rogers*. In het boek *Pitch - Communicatie* ga je daar dieper op in.

Segmenteren op bekendheid en adoptiegedrag is belangrijk voor de communicatie. Iemand die net een bankstel heeft gekocht, stuur je geen aanbieding voor een bankstel, maar bijvoorbeeld voor een bijpassende boekenkast.

zakelijke markt

Op de zakelijke markt kan de *omvang* van de klant een segmentatiekenmerk zijn: eenmanszaken, kleine bedrijven, middelgrote en grote bedrijven. Ook kun je segmenteren op *bedrijfstak*, ofwel op *schakel* van de bedrijfskolom. Verder kun je segmenteren op bijvoorbeeld concurrentiekracht. De meeste kenmerken die voor de consumentenmarkt gelden, gelden ook voor de zakelijke markt: vestigingsplaats, koopkracht, gezochte kwaliteiten, koopfrequentie en loyaliteit, adoptiegedrag. Psychografische kenmerken vertalen zich bij bedrijven in kenmerken als organisatiecultuur en de manier van besluitvorming bij het inkopen.

In de praktijk segmenteert men vaak op een combinatie van kenmerken, bijvoorbeeld leeftijd en gedrag, of geografie en levensstijl. Voor alle segmentatiekenmerken geldt dat je marktonderzoek nodig hebt om vast te stellen welke kenmerken voor jouw aanbod belangrijk zijn, en om vast te stellen welke klanten (en hoeveel) er per segment zijn.

Onthoud

Segmentatiekenmerken (-criteria)

geografisch
- postcode
- per streek of land

demografisch
- leeftijd
- geslacht
- levensfase
- welstand

psychografisch
- levensstijl en persoonlijkheid

gedrag
- gezochte kwaliteiten
- koopgedrag
  - koopgelegenheid
  - koopfrequentie
  - loyaliteit (merktrouw)
  - ABCD-categorieën
- communicatiegedrag
  - bekendheid
  - adoptiegedrag

Opdrachten

6. Open de website sanoma.nl. Op de thuispagina kun je tijdschriften (merken) selecteren. Selecteer minstens vijf verschillende bladen die jij kent en zoek uit wat de doelgroep is.
   a. Noteer per blad op welke kenmerken is gesegmenteerd.
   b. Wie vormen de doelgroep van deze website?
   c. Wat voor segmentatiestrategie hanteert Sanoma?

7. Ga naar vanlanschot.nl, een bank.
   a. Op welke doelgroep richt Van Lanschot zich?
   b. Wat voor segmentatiestrategie heeft Van Lanschot?

8. a. Wat is een segmentatiecriterium precies?
   b. In welke kenmerken kun je het criterium welstand splitsten?

9. a. Welke kwaliteiten zoek jij in kleding?
   b. Geef twee voorbeelden van kwaliteiten in kleding waar andere marktsegmenten behoefte aan hebben.

10. a. Wat houdt het demografische kenmerk 'levensfase' precies in?
    b. Noteer drie mogelijke marktsegmenten, ingedeeld op dit kenmerk, voor een aanbieder van chocola.

11. a. Zoek nog een voorbeeld van een zinvol psychografisch segmentatiekenmerk.
    b. Geef er een voorbeeld bij van een onderneming waarvoor deze kenmerken zinvol kunnen zijn.
    c. Geef aan hoe je er achter kunt komen welke mensen dit kenmerk vertonen.

12. a. Wat is het verband tussen de kenmerken loyaliteit, koopfrequentie en mate van gebruik?
    b. Bij welk hoofdkenmerk horen deze segmentatiecriteria?
    c. Leg uit waarom je deze drie kenmerken, ondanks de overlap, toch niet over één kam kunt scheren.

13. a. Geef twee redenen waarom het belangrijk is om de relatie met klanten in de A-categorie te onderhouden.
    b. Wat houdt de 20/80-regel in, als je die toepast op klanten?
    c. Welke dingen moet je weten voordat je de klantwaarde kunt berekenen?

14. a. Wat is het gevaar van hoge doelstellingen voor klantenwerving?
    b. Waarom is klantenwerving toch nodig, ook zonder groeistrategie?

15. a. Welke marktsegmenten kun je onderscheiden op het kenmerk adoptiegedrag?
    b. En op het kenmerk bekendheid?
    c. Bij welk marketinginstrument horen deze segmentatiekenmerken?

5.3 Marktsegmenten selecteren

voorwaarden aan segmenten

Om zinvol te kunnen segmenteren, moeten segmenten die je kiest aan een aantal voorwaarden voldoen.

- Het moet *meetbaar* zijn hoeveel en welke mensen aan de segmentatiekenmerken voldoen. Het moet ook meetbaar zijn hoeveel koopkracht het segment heeft. Groeit het segment of loopt het terug in aantal?
- De gekozen marktsegmenten moeten *bereikbaar* zijn met de communicatie, met de distributie en met de rest van de marketing. Daarvoor moet je

weten uit welke mensen het segment bestaat en waar die wonen.

- Een marktsegment moet *homogeen* (onderling gelijk) reageren op de marketing en propositie waarmee het benaderd wordt, maar wel weer anders dan de andere marktsegmenten. Als een ander segment hetzelfde zou reageren, dan zou je de segmenten moeten samenvoegen.
- Het moet mogelijk zijn om *winstgevend* te verkopen aan de mensen in een marktsegment, anders heeft het segment geen zin als doelgroep. Dat hangt weer af van de omvang van het segment, van de koopkracht, van de behoeften en van de distributiemogelijkheden.

Na het segmenteren moet een onderneming gaan kiezen welke marktsegmenten ze als doelgroepen wil. Segmenten die niet aan de vier voorwaarden hierboven voldoen, vallen sowieso af. Als blijkt dat er veel segmenten afvallen, moet je nog eens goed vergelijken met ongedifferentieerde marketing (gewoon de hele markt met één propositie benaderen): misschien is segmentatie helemaal niet winstgevender in jullie situatie.

Als je wel voldoende veelbelovende marktsegmenten als doelgroepen kunt selecteren, ga je nog een checklist af.

- *SWOT-analyse*: Sluit de marketing voor dit segment wel goed aan bij de sterke en zwakke punten van onze onderneming? Zijn we sterk genoeg om een flink marktaandeel in dit segment te veroveren?
- *Concurrentie*: Zijn er veel concurrenten voor die doelgroep? Een groot segment kan aantrekkelijk zijn, maar jij bent niet de enige die segmenteert. Kan jouw bedrijf die concurrentie aan of ontwijk je die liever?
- *Prijs*: Zijn deze afnemers prijsgevoelig? Hoe zit het met de macht van de afnemers in dit segment? Zijn er substitutiegoederen die de prijs onder druk kunnen zetten?
- *Distributie*: kun je de verschillende segmenten bereiken via bestaande kanalen? Als dat meerdere distributiekanalen zijn, leidt dat dan niet tot conflicten tussen die kanalen?
- *Communicatie*: is het mogelijk om verschillende doelgroepen te bereiken met een verschillende boodschap, zonder dat er tegenstrijdigheden ontstaan die ten koste gaan van het imago?

MaBa-matrix

Als je veel segmenten in kaart hebt gebracht, kom je toe aan het maken van keuzen: Welke marktsegmenten wil jouw onderneming gaan bedienen? Je kunt daarbij de segmenten scoren op verschillende kenmerken. Je kunt ze ook vergelijken met behulp van een *MaBa-matrix*. Dat is een matrix die voor

General Electric is ontwikkeld voor portfolioanalyse (analyse van het aanbod), maar je kunt die matrix ook goed gebruiken voor een analyse van de aantrekkelijkheid van marktsegmenten. Daarbij bekijk je elk segment als een aparte markt.

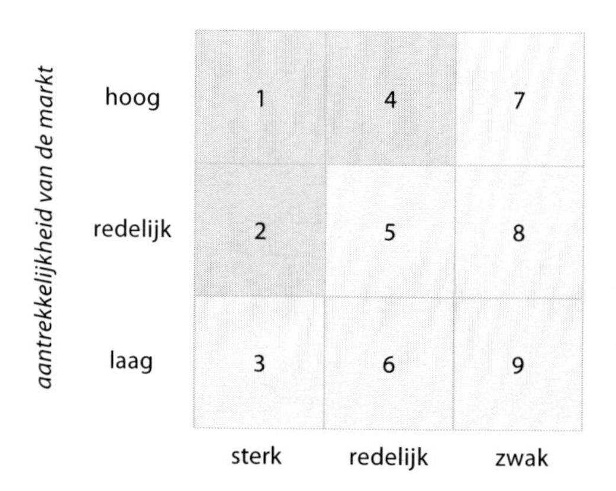

Figuur 5.2 Maba-matrix

Op de verticale as zet je de marktaantrekkelijkheid uit (Ma). Die scoor je op grond van deelscores uit de externe analyse. De concurrentiepositie zet je horizontaal uit (die haal je uit een BusinessAssessment, vandaar Ba). Die scoor je op grond van deelscores uit de interne en externe analyse.

Het mooiste is het als je marktsegmenten kunt plaatsten in hokje 1: een groeiend segment voor een product in een groeimarkt waarin jouw onderneming de concurrentie goed aankan. Voor Apples iPhones en iPads stond het segment inwoners van China met voldoende besteedbaar inkomen een tijdlang in hokje 1: de apparaten waren bijna niet aan te slepen. Het liefst kies je segmenten in de hokjes 1, 2, of 4. Segmenten in hokje 5 zijn tweede keus.

Als het segment heel aantrekkelijk is, maar er is veel concurrentie die jouw onderneming niet aankan, is het riskant om dat marktsegment als doelgroep te selecteren (7 en 8). Daar had Blackberry last van die zich met telefoons al lang richtte op de zakelijke markt en heel sterk was in dat segment. Toch werd deze aanbieder er uitgedrukt door Samsung en Apple. Andersom kun je een minder aantrekkelijk marktsegment selecteren, omdat jullie concurrentiepositie voor die doelgroep goed is (3 en 6).

Als je eenmaal één of meer marktsegmenten geselecteerd hebt die aan alle eisen voldoen, en je hebt vastgesteld dat gedifferentieerde marketing meer winst op kan leveren dan ongedifferentieerde (zonder segmentatie), dan kom je toe aan de *positionering*: een marketingmix en een verkoopargument (propositie) per marktsegment uitwerken.

Marktsegmentatie is bij ongedifferentieerde marketing net zo goed nuttig. Ook al richt je maar één marketingmix en propositie op de héle markt, het kan nooit kwaad om te weten wie de klanten zijn. Met goede kennis van de verschillende segmenten in de markt kun je ervoor zorgen dat die ene propositie toch door alle segmenten opgepikt kan worden. Je kunt ermee voorkomen dat de communicatie sommige segmenten niet bereikt of voor het hoofd stoot. Anders krijg je marketingblunders, zoals Nike overkwam met een 'Air'-logo dat veel op het Arabische woord voor Allah bleek te lijken: 38.000 paar schoenen terug naar de fabriek.

macrosegmentatie

microsegmentatie

Op de zakelijke markt segmenteert men vaak in twee fasen. De eerste is *macro*segmentatie, op grond van de bedrijfsomvang, de bedrijfstak en de geografische locatie. Daarna volgt *micro*segmentatie: je deelt de macrosegmenten verder in in subsegmenten, op basis van kenmerken als aankoopgedrag, loyaliteit en organisatie van de inkoop. Bij dat laatste let je vooral op de samenstelling en het gedrag van de DMU (decision making unit) van afnemende bedrijven. Die bestaat uit alle personen die invloed hebben op een aankoopbeslissing.

Marktsegmentatie en marktonderzoek gaan hand in hand. Bij de segmentatie moet je (laten) onderzoeken welke mensen aan welke segmentatiecriteria voldoen. Maar ook nadat je segmentatie in orde is en blijkt te werken, is het nodig om zicht te houden op deze doelgroepen. Behoeften en voorkeuren veranderen, buurten veranderen, segmenten kunnen groter of kleiner worden. Het is dus nodig om op regelmatige tijdstippen de doelgroepen door te lichten. Daarbij kan blijken dat sommige segmenten niet meer interessant zijn. Dat kan doordat ze te klein geworden zijn, doordat het aanbod niet goed meer bij hen aansluit, of doordat de aanbieder de concurrentie niet aankan en het marktaandeel bij dat segment daalt.

contrasegmentatie

Om zulke redenen kan een onderneming besluiten om meerdere segmenten samen te voegen. Daarna wordt de marketingmix aangepast aan het nieuwe, bredere marktsegment. De bedoeling daarvan is om het segment weer winstgevend te kunnen benaderen. Dat samenvoegen heet *contrasegmentatie*.

Onthoud

Eisen aan marktsegmenten:
- meetbaar (aantal, groei, koopkracht);
- bereikbaar (communicatie, distributie);
- reactie op marketingmix per segment homogeen, maar anders dan andere segmenten;
- winstgevende verkoop aan het segment mogelijk.

Als segmenten te breed zijn: contrasegmentatie.

Opdrachten

16. a. Waarom is het belangrijk dat een marktsegment meetbaar is?
    b. Wat moet je precies kunnen meten aan een segment?

17. a. Geef een voorbeeld van een marktsegment dat niet voldoet aan de eis van bereikbaarheid.
    b. Waar moet je op letten om te zorgen voor een indeling in bereikbare marktsegmenten?

18. a. Leg uit waarom de reactie van een segment op de marketing moet verschillen van de reactie van andere segmenten.
    b. Die reactie moet per segment 'homogeen' zijn. Wat betekent dat?

19. a. Noteer minstens vijf factoren die de winstgevendheid van een marktsegment als doelgroep beïnvloeden.
    b. Welke mogelijkheid heb je als blijkt dat de winstgevendheid van sommige segmenten te laag is, doordat hun omvang te klein is?

20. Welke functie kan marktsegmentatie hebben bij ongedifferentieerde marketing?

21. a. Wat heeft de SWOT-analyse te maken met marktsegmentatie?
    b. Wat heeft marktonderzoek te maken met marktsegmentatie?

22. a. Op de zakelijke markt wordt vaak in twee fasen gesegmenteerd. Welke twee?
    b. Leg uit wat die twee fasen inhouden.

23. a. Welk probleem heb je bij selectie van een segment dat in cel 7 van de MaBa-matrix (bladzijde 88) zit?
    b. En van een segment in cel 3?

24. a. Wat is contrasegmentatie en wat is de bedoeling ervan?
    b. Noteer een voorwaarde waaraan je moet voldoen om succesvol te kunnen contrasegmenteren.

5.4 Samenvatting

Bij een *ongedifferentieerde* strategie benadert een aanbieder de hele markt met één marketingmix en propositie. Om dan toch verschillende soorten klanten aan te spreken kan hij aan *productdifferentiatie* doen. Een aanbieder die wel verschillende marktsegmenten benadert met verschillende proposities, volgt een *gedifferentieerde* strategie. Het uiterste daarvan is *één-op-één*-marketing. Als hij maar één of een paar segmenten benadert, is het een *geconcentreerde* segmentatiestrategie.

Bij *marktsegmentatie* deel je de markt op in groepen afnemers die per groep gelijk reageren op aanbod en propositie. Je deelt mensen of bedrijven in op grond van segmentatie*kenmerken*. De meest gebruikte kenmerken zijn demografie (leeftijd, geslacht, levensfase en welstand), geografie (land, klimaat, streek, stad, wijk), psychografie (persoonlijkheid en levensstijl) en gedrag (behoeften, koopgedrag, communicatiegedrag). Op de zakelijke markt gebruikt men kenmerken voor macrosegmentatie (bedrijfsomvang, bedrijfstak, locatie) en voor verdere microsegmentatie (koopgedrag, organisatie en -cultuur). Om marktsegmenten in kaart te brengen is marktonderzoek nodig.

Een zinvol marktsegment is meetbaar, bereikbaar, homogeen en je kunt er winstgevend aan verkopen. Verder moet het segment goed aansluiten bij de eigen mogelijkheden (sterke en zwakke punten), kan het bedrijf de concurrentie om dat segment aan, zijn de afnemers liefst niet al te prijsgevoelig, gaan de distributie en communicatie voor het segment niet ten koste van andere doelmarkten, en is het maatschappelijk aanvaard om marketing op het segment te richten. Na de selectie van marktsegmenten moet je het aanbod per segment positioneren. Als na verloop van tijd blijkt dat een deel van de segmenten te smal is, kun je met *contrasegmentatie* (samenvoegen van segmenten) proberen de winstgevendheid te verbeteren.

5.5 Begrippen

Contrasegmentatie	Het samenvoegen van twee of meer marktsegmenten tot een breder segment.
Geconcentreerde segmentatie-strategie	De aanbieder richt zich op één apart marktsegment, of op enkele segmenten die op elkaar lijken.
Gedifferentieerde segmentatie-strategie	De markt segmenteren en verschillende doelgroepen benaderen met verschillende marketingprogramma's.
Marktsegmentatie	De markt opdelen in homogene groepen afnemers en die benaderen met een marketingmix per segment.
Ongedifferentieerde segmentatiestrategie	De totale markt benaderen met één marketingmix.
Productdifferentiatie	Verschillende productvarianten aanbieden om verschillende soorten klanten te bereiken, zonder de markt te segmenteren.
Segmentatie-kenmerken	(Segmentatiecriteria) Kenmerken waarop je mensen of bedrijven kunt indelen in marktsegmenten. De hoofdkenmerken zijn geografie, demografie, psychografie en gedrag.

6 Externe analyse: markt en concurrentie

6.1 Marktanalyse

marktanalyse

In de externe analyse van de meso-omgeving neem je de klanten, de markt en de concurrentie onder de loep. Bij de *marktanalyse* gaat het over de abstracte markt, het spel tussen vraag en aanbod. Daarbij heb je antwoord nodig op een aantal vragen:

- Hoe groot is de markt voor het aanbod van jouw onderneming?
- Hoe zit die markt in elkaar? Wat is de marktvorm?
- Is er eigenlijk wel genoeg winst te maken op deze markt?
- Welke distributiekanalen worden er op deze markt gebruikt?

marktomvang

De *omvang* van de totale markt, dat is de totale vraag naar een soort product, heb je nodig om jullie marktaandeel te kunnen berekenen. De vraag of de markt niet groter zou kunnen zijn, is interessant: als je nieuwe groepen afnemers kunt bereiken die nog niet door anderen bediend worden, heb je een belangrijke kans. Een nieuwe toepassing van een bestaand product geeft hetzelfde effect.

marktgroei

In een groeiende markt is het veel makkelijker om omzet en winst op te schroeven dan in een verzadigde of zelfs teruglopende markt. Dat kan wel het risico geven dat er te veel aanbieders tegelijk in het zwembad springen.

markttrends

substituten

Markten en behoeften zijn bijna altijd aan het veranderen. Het bedrijf dat snel genoeg in weet te spelen op nieuwe markt*trends* heeft een kans ontdekt. *Substitutie*goederen kunnen een bedreiging vormen. Denk hierbij aan bijvoorbeeld de gevolgen die de introductie van video had voor de bioscopen.

marktvorm

Bij de *marktvorm* gaat het om de relatieve macht van vragers en aanbieders en om de manier van concurreren. Op een markt met volledige concurrentie, zoals de markt voor groente, kan een bedrijf geen zelfstandig prijsbeleid voeren: als een tuinder boven de marktprijs gaat zitten, verkoopt hij niets meer.

Bij monopolistische concurrentie (veel aanbieders, heterogeen product), zoals op de kledingmarkt, wordt met alle middelen geconcurreerd. Bij oligopolie (weinig aanbieders) is er meestal non-price competition. De P van Promotie is daar koning en het is belangrijk om de marktleider in de gaten te houden. Er zijn ook markten met weinig vragers, denk maar aan allerlei bedrijven die vooral voor de overheid werken.

toetreding

Hoe makkelijk is het voor andere aanbieders om tot onze markt toe te treden? Hoe makkelijker dat is, hoe belangrijker het is om van het begin af aan op de kosten te letten; hoeveel concurrentievoordelen een bestaande aanbieder verder ook heeft.

winstpotentie

Is er op onze markt eigenlijk wel genoeg winst te maken? Op sommige markten is er zo'n overaanbod, dat de markt voor veel ondernemingen niet meer aantrekkelijk is. Als dat zo is, moet een onderneming zich af gaan vragen of ze wel door moet gaan of misschien van koers moet veranderen.

distributiekanalen

Naast de interne distributieanalyse is het nodig om een goed beeld te hebben van alle bestaande en mogelijke distributiekanalen op de markt. Anders loop je het gevaar om ingehaald te worden door een bedrijf dat daar wel een kans ziet. Dat gebeurde op de computermarkt door Dell, die een mooi marktaandeel veroverde door direct te gaan distribueren, via telefoon en internet.

Als je verkoopt aan handelsbedrijven, zoals grossiers of detaillisten, is ook een analyse van deze distribuanten nodig: Welke strategie volgen zij? Krijgen onze artikelen van deze distributieschakels genoeg aandacht? Besteden wij genoeg aandacht aan hen? Distributie kom je dus zowel bij de interne als bij de externe analyse tegen.

Opdrachten

1. a. Noteer minstens drie factoren waardoor de omvang van een markt bepaald wordt.
   b. Waarom is het nodig om de marktomvang te weten?
   c. Wat zijn de kansen en bedreigingen van een grote marktomvang?
   d. Wat zijn de kansen en bedreigingen van een gezonde marktgroei?

2. a. Geef twee redenen waarom het nodig is te weten welke marktvorm de markt heeft, waarop jouw bedrijf actief is.
   b. Waarom moet ook een monopolist aan concurrentieanalyse doen?

3. a. Waarom maakt makkelijke toetreding tot je markt de kostenbeheersing extra belangrijk?
   b. Een markt met oligopolie is ondoorzichtig. Wat betekent dat voor je externe analyse?

4. a. Noteer een aantal factoren die invloed hebben op de winstpotentie van een markt.
   b. Zoek een voorbeeld van een markt waarop op dit moment veel winst te maken is. Ga na welke bedreiging er is voor aanbieders op die markt.

5. a. Waarom is een interne distributieanalyse onvoldoende voor de SWOT-analyse?
   b. Welke mogelijke distributiekanalen zijn er voor:
      - kleurpotloden;
      - muziekinstrumenten;
      - make-up?

6.2 Intensiteit van de concurrentie

concurrentieanalyse

De volgende externe factor op meso-niveau is de *concurrentie*. Daarbij is het nodig om te weten:

- wie de concurrenten zijn, en welke daarvan de sterkste concurrenten zijn;
- hoe de marketingstrategie van de belangrijkste concurrenten eruit ziet;
- wat de sterke en zwakke punten van die concurrenten zijn;
- of er misschien bedrijven tot jullie markt willen toetreden.

concurrent

Een *concurrent* is een andere onderneming die producten of diensten aanbiedt die in (ongeveer) dezelfde behoeften voorzien als het aanbod van je eigen onderneming. Daardoor proberen concurrenten elkaar klanten af te nemen en het eigen marktaandeel te vergroten, ze concurreren. Je moet niet alleen letten op bestaande concurrenten, maar ook op mogelijke toetreders, en op aanbod dat jullie aanbod kan vervangen (substitueren).

Concurrentie kan er op verschillende markten heel anders uitzien. Dat heeft voor een groot deel te maken met de *marktvorm*. Die geeft aan hoeveel concurrentie er op een (abstracte) markt is en hoe die concurrentie eruit ziet. Op markten met veel vragers kun je op hoofdlijnen vier marktvormen onderscheiden.

soort goed	aantal aanbieders		
	veel	weinig	één
homogeen	volledige concurrentie	oligopolie	monopolie
heterogeen	monopolistische concurrentie		

volledige concurrentie

Bij *homogene* goederen maken klanten geen verschil tussen aanbieders of merken. Als de kwaliteit vergelijkbaar is, kiezen klanten de goedkoopste. Als er veel aanbieders zijn, moeten ze dus wel op de prijs concurreren. Dat effect is zo sterk dat je de concurrentie amper merkt: iedereen vraagt (ongeveer) dezelfde prijs. Als een ondernemer meer vraagt, lopen de klanten direct weg. Als hij minder vraagt, maakt hij bijna geen winst meer.

Op een markt met veel aanbieders van een homogeen product ontstaat *volledige concurrentie*. Op zulke markten is de concurrentie heel sterk. Dat gaat ten koste van de winst: het zijn 'saaie' markten met relatief lage winstmarges.

monopolistische concurrentie

Aanbod waarbij klanten wel verschil maken tussen aanbieders of merken is *heterogeen*. Dat maakt het voor aanbieders mogelijk om hun aanbod te onderscheiden van de concurrenten. Als er veel aanbieders zijn, zoals op de kledingmarkt, is de marktvorm *monopolistische concurrentie*. Ondernemingen concurreren wel op prijs maar dat hoeft niet te betekenen dat ze allemaal dezelfde prijs vragen. Ze concurreren ook heel sterk met het product en met de promotie: het imago van het aanbod is erg belangrijk.

De concurrentie is op veel van zulke markten intens, maar toch zijn er veel meer mogelijkheden dan bij volledige concurrentie om met slimme marketing een interessante winstmarge te halen.

oligopolie

Op een markt met weinig aanbieders is de marktvorm *oligopolie*. Als er weinig aanbieders op een markt zijn, krijgen die de neiging om vooral *niet* op de prijs te concurreren: dat zou zonde zijn van de winstmarge. Het gaat op veel van zulke markten om een beperkt aantal hele grote ondernemingen. Omdat die enorm veel financiële kracht hebben, kan concurrentie op de prijs ook heel gevaarlijk zijn: de zwakkere onderneming kan er aan ten onder gaan.

Op zulke markten zijn de reclamebudgetten stukken groter dan bij andere marktvormen. De intensiteit van de concurrentie is bij oligopolie dus minder dan bij volledige of monopolistische concurrentie. Wel zijn er soms intense vlagen van concurrentie.

monopolie

Als er maar één aanbieder is waar klanten terecht kunnen, is er geen concurrentie. Een markt met maar een aanbieder heeft als marktvorm *monopolie*. Een monopolist, zoals de NS, heeft geen directe concurrenten. Toch moet ook een monopolist alert zijn op substitutiegoederen, in het geval van de NS zijn dat vervoer per auto of per bus.

doorzichtigheid

Als het makkelijk is om aan informatie te komen over het aanbod en over de strategieën van concurrenten, is die markt *doorzichtig*. Een markt met volledige concurrentie is redelijk doorzichtig, bij monopolistische concurrentie is dit al een stuk minder. Bij oligopolie en monopolie is het heel moeilijk om aan informatie te komen. De concurrentieanalyse op zulke markten is dan ook niet makkelijk.

toetreding

Toetreden is het starten van een nieuwe onderneming op een markt. Ook een al bestaande onderneming die op een nieuwe markt actief wordt, is een toetreder. Het gemak van toetreding verschilt sterk per marktvorm. Bij volledige concurrentie is toetreding relatief makkelijk, bij monopolistische concurrentie al moeilijker, en bij oligopolie en monopolie erg moeilijk. Dat komt door toetredings*drempels*. Die kunnen bestaan uit de noodzaak van enorme investeringen, uit grote reclamebudgetten en uit ondoorzichtigheid (je kunt bijvoorbeeld niet aan de technologische kennis komen, een voorbeeld is software waarvan de broncode geheim is).

winstgevendheid

De intensiteit van de concurrentie hangt dus af van de marktvorm. Hoe meer aanbieders er zijn op een markt, hoe doorzichtiger die is en hoe lager de toetredingsdrempels zijn, hoe intenser de concurrentie. Intense concurrentie gaat ten koste van de winst, maar tegelijk is de winstgevendheid op een markt ook een factor die invloed heeft op de intensiteit van de concurrentie. Vette winsten maken het aantrekkelijk om tot een markt toe te treden. Ze maken het ook makkelijker om de investering die daarvoor nodig is terug te verdienen.

marktgroei

Hetzelfde effect gaat uit van een markt die een gezonde groei laat zien. Dat kan doordat er steeds nieuwe klanten bijkomen en doordat bestaande klanten steeds meer gaan kopen. Op een groeiende markt is het moeilijker om toetreders buiten de deur te houden, dus is er kans op intensere concurrentie.

Onthoud

Intensiteit van de concurrentie wordt groter door:
- veel aanbieders;
- doorzichtigheid;
- lage toetredingsdrempels;
- winstgevendheid;
- marktgroei.

Opdrachten

6. a. Geef een voorbeeld van een substitutiegoed voor belegde broodjes.
   b. Geef aan hoe je met die informatie om zou gaan bij de concurrentieanalyse voor een broodjeszaak.

7. a. Zoek een voorbeeld van een markt met heel intense concurrentie en van een markt waarop maar weinig geconcurreerd wordt.
   b. Zoek voor beide markten uit welke marktvorm ze hebben.
   c. Geef voor beide markten aan welke invloed de volgende factoren hebben op de intensiteit van de concurrentie: aantal aanbieders, doorzichtigheid, toetredingsdrempels, winstgevendheid en marktgroei.

Groepsopdracht

8. a. Ieder werkgroepslid kijkt een reclameblok op tv en noteert per spot de aanbieder en het product.
   b. Voeg elkaars waarnemingen samen en maak er een lijst van, gesorteerd naar markt (zoals levensmiddelen, dranken, kleding, auto's, persoonlijke verzorging, enzovoort).
   c. Ga per markt na wat de marktvorm is. De marktvorm hoeft niet hetzelfde te zijn in verschillende schakels van de bedrijfskolom: in de detailhandel kan de concurrentie er heel anders uitzien dan bij de fabrikanten.
   d. Ga na of je een verband kunt vinden tussen de hoeveelheid reclame op een markt en de marktvorm.

e. Het is ook interessant om te vergelijken met markten waarop je helemaal geen tv-reclame ziet. Denk aan bouwmaterialen, zand, groente of kantoormeubelen. Zoek er nog een paar en verklaar waarom deze markten ontbreken.

6.3 Positionering

Om zicht te krijgen op je markt en de concurrentie heb je informatie nodig over de intensiteit van de concurrentie. Daarnaast is het handig om de belangrijkste concurrenten en hun aanbod in kaart te brengen. Dat kan op verschillende manieren. Om de eigen onderneming en de concurrenten vanuit het perspectief van de klanten te bekijken en te vergelijken is een positioneringsmatrix nuttig (zie figuur 6.1 verderop).

positioneren

Positioneren wil zeggen dat een onderneming zichzelf en haar aanbod bewust een aparte positie probeert te geven in de waarneming van klanten ten opzichte van de concurrenten. Je kunt een product positioneren, een onderneming of een SBU. Daarbij vat je 'het aanbod' heel ruim op: daar hoort het tastbare product zelf bij, maar ook het gevoel wat mensen erbij hebben: het imago, de prijs-kwaliteitverhouding en de prijsbeleving. In de marketing is *product* een verzameling van eigenschappen die samen in een behoefte voorzien.

USP

Het is de kunst om het aanbod duidelijk te onderscheiden van concurrerend aanbod. Een goede positionering zorgt ervoor dat een bedrijf een *unique selling proposition* (USP) heeft, ofwel een uniek verkoopargument. Het is uniek als de concurrentie dit verkoopargument niet heeft.

propositie

Een *propositie* is als het ware een voorstel aan (mogelijke) klanten: wat wij je aanbieden is nuttig, het is precies wat jij nodig hebt, het past bij jou! De propositie bestaat uit de omschrijving van de belangrijkste voordelen die het aanbod heeft voor de klanten. Dat kunnen rationele voordelen zijn, maar gevoelsmatige voordelen zijn minstens zo belangrijk.

Voorbeeld

Voorbeelden van een goede positionering:

112, als elke seconde telt
Smelt in de mond, niet in de hand (M&M's)
Je klikt het, je maakt het (K'nex speelgoed)
Van Lego kun je alles maken
Find your way the easy way (TomTom)
IKEA, design your life.

TomTom kreeg alleen last van de smartphones, waarop je met een app ook kunt navigeren. De propositie van IKEA is ijzersterk: je kunt er bijna alles kopen wat je nodig hebt om je directe leefomgeving vorm te geven. De kans dat het in je budget past, is groot en de prijs-kwaliteitverhouding is goed. Er is geen ander bedrijf dat een zelfde propositie heeft, dus IKEA heeft een USP.

Hoe unieker je aanbod, hoe minder prijsgevoelig het is. Klanten kunnen dan niet bij andere aanbieders terecht voor precies zoiets. Met een goede USP kun je dus de winstmarge verbeteren. Wat een USP eigenlijk doet, is een stukje van de markt afzonderen: dat aanbod is zó uniek, dat je het niet meer echt kunt vergelijken met de rest. Met een goede USP verminder je dus de intensiteit van de concurrentie voor het eigen aanbod. Een goede USP is één van de mogelijke kritische succesfactoren van een onderneming.

positioneringsmatrix

De positionering van concurrerende ondernemingen maak je zichtbaar in een positionerings*matrix*. Dat doe je door twee belangrijke eigenschappen van het aanbod van vergelijkbare bedrijven te kiezen. Van beide eigenschappen maak je een as, waarlangs je de tegengestelde uitersten van deze eigenschap uitzet. In het vlak geef je elke aanbieder een plaats. Je ziet dan op wat voor doelgroep deze bedrijven mikken. Je ziet ook of er concurrenten zijn met een vergelijkbaar verkoopargument of niet. Het wordt dan meteen duidelijk welke aanbieders een USP hebben.

Figuur 6.1 is een positioneringsmatrix van eetgelegenheden in Kijkmaar, een middelgrote Nederlandse stad. Je kunt er bijvoorbeeld op zien dat de afhaalchinees goed is gepositioneerd: die zit in een leeg stuk van de matrix. Om echt goed zicht op de positionering te krijgen moet je meerdere matrices maken omdat er nog meer elementen van het aanbod belangrijk kunnen zijn, zodat je meer aspecten van het aanbod kunt vergelijken (zie ook opdracht 9a).

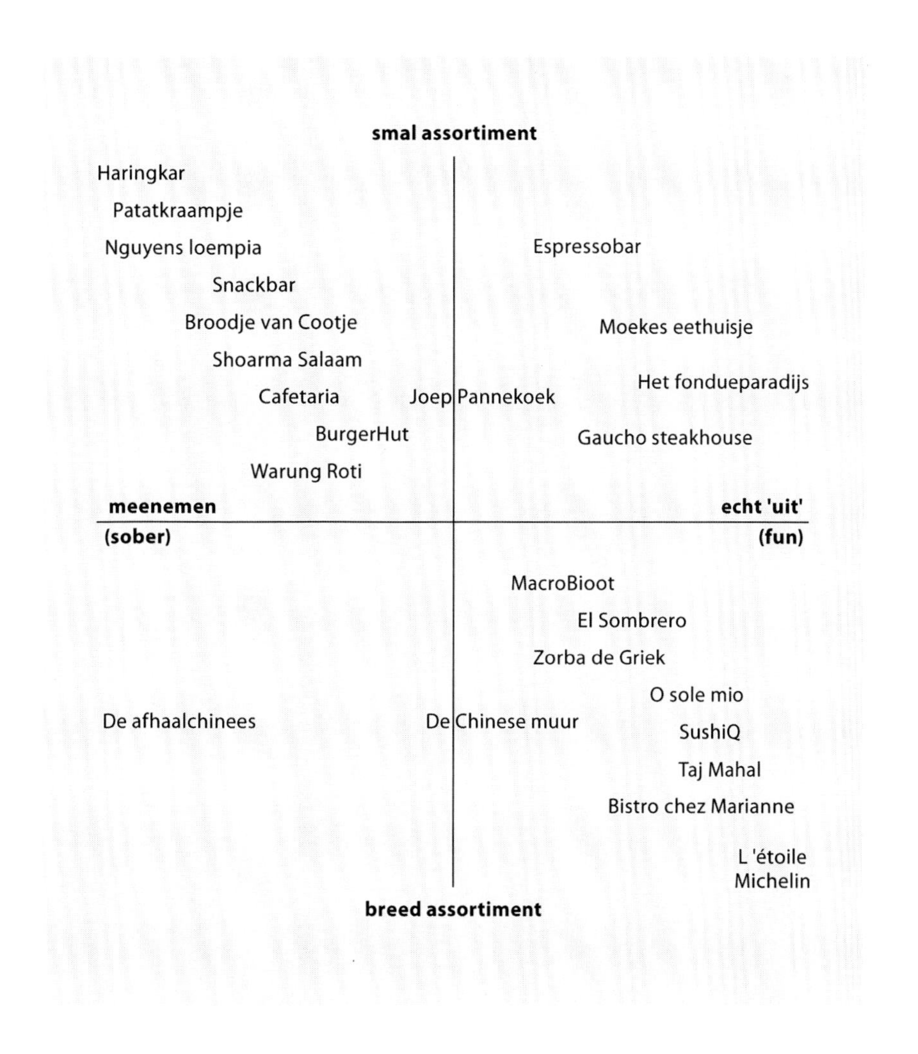

Figuur 6.1 Voorbeeld van een positioneringsmatrix

battelfield map

Een andere manier om zicht te krijgen op het veld waarbinnen je concurreert, is een *battlefield map*. Daarbij bekijk je het 'slagveld' meer vanuit de ondernemingen. Het is een tabel met de concurrenten (inclusief je eigen onderneming) op de rijen en het aanbod in de kolommen. Het voorbeeld brengt het grootste deel van de Nederlandse margarinemarkt in kaart (naar omzet).

Voorbeeld

	margarine in wikkel	kuipjes	gezonder	light & halvarine	bakken & braden	bakken vloeibaar
Unilever	Blue Band Zeeuws meisje	Bona Bertolli	Becel Bertolli	Becel Bona Blue Band Linera Lätta Zeeuws meisje	Croma Becel Bertolli	Croma Becel Bertolli Blue Band Zeeuws meisje
Royal Smilde	Bebo Wajang		Bebo	Bebo Twenty four Wajang	Bebo	Romi Bebo
Remia	Remia	Remia			Remia	Remia
Vande-moortele	Gouda's Glorie	Gouda's Glorie Diamant		Gouda's Glorie		Gouda's Glorie Diamant Alpro
AH		AH AH basic		AH AH basic		
Raisio			Benecol			
Levo	Levo	Levo camping		Levo		

Deze 'kaart' is lang niet volledig. Er zijn nog kleinere aanbieders. De producten voor de zakelijke markt staan er niet bij (restaurants, instellingen). Royal Smilde produceert nog een indrukwekkende reeks huismerken. In een complete battlefield map vermeld je de marktaandelen (in procenten) achter elk merk. Daarbij tel je de kolommen en de rijen op. Het totaal komt zelden op 100%, omdat het meestal niet de moeite loont om heel kleine aanbieders en variëteiten mee te nemen.

merkenportfolio

De bedoeling van een battlefield map is vooral om snel overzicht op de markt te bieden. Daarbij breng je de belangrijkste spelers in kaart (met de grootste marktaandelen) en hun *merkenportfolio* (het geheel van merken dat een onderneming aanbiedt).

Opdrachten

9. Bestudeer de positioneringsmatrix van figuur 6.1.
   a. Welke veranderingen zou je in deze positioneringsmatrix aanbrengen als je op de verticale as het prijsniveau uit zou zetten?

b. Welke ondernemingen in deze matrix hebben een goede USP? Verklaar waarom.
c. Geef een voorbeeld van een eetgelegenheid die nog ontbreekt in deze stad, maar waarvoor een mooie lege plek in deze matrix bestaat. Beschrijf wat de USP van die onderneming zou zijn.

10. Homogene goederen zijn in de ogen van klanten bij elke aanbieder hetzelfde. Daar is dus weinig unieks aan. Bedenk een manier waarop je toch een USP zou kunnen ontwikkelen met een aanbod van homogene producten, bijvoorbeeld groente, grind of bakstenen.

11. Noem een bedrijf in de bedrijfstak voor kleding dat volgens jou een hele goede USP heeft. Geef ook aan waarom.

12. a Welke marktvorm heeft de margarinemarkt?
b Welke gevolgen zou dat moeten hebben voor de intensiteit van de concurrentie?

Groepsopdracht

13. a. Maak een positioneringsmatrix van de frisdrankenmarkt. Op de assen kun je het prijsniveau en de breedte van het assortiment uitzetten (hoe breder, hoe meer verschillende artikelen). Je kunt ook in overleg met je docent een andere markt kiezen. Per werkgroep een verschillende markt nemen en aan elkaar presenteren is nog leerzamer.
b Maak een battlefield map van diezelfde markt.

6.4 Het vijfkrachtenmodel

Tot nu toe ging het over de concurrentie tussen de concurrenten binnen een bedrijfstak en de intensiteit daarvan. Om niet te vergeten dat er om de bedrijfstak heen ook krachten inspelen op de concurrentie, kwam Michael Porter met het vijfkrachtenmodel.
In het middelste hokje gaat het om de intensiteit van de concurrentie in de bedrijfstak zelf. Dat is dus één van de vijf krachten.

leveranciers

Voor de machtspositie van de leveranciers moet je zicht krijgen op de voorgaande schakel(s) van de bedrijfskolom: Hoeveel mogelijke leveranciers zijn

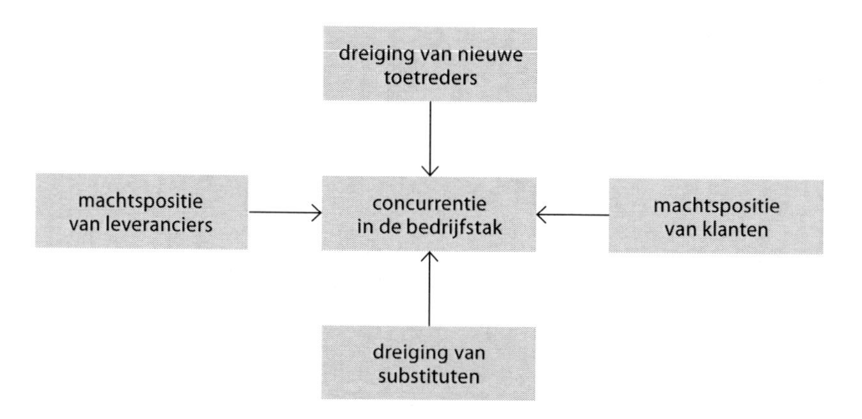

Figuur 6.2 Het vijfkrachtenmodel

er? Wat is de marktvorm in die schakel? Hoe meer leveranciers, hoe makkelijker jullie inkopers ze tegen elkaar uit kunnen spelen. Als de leveranciers relatief machtig zijn, liggen de inkoopprijzen hoger en is de winstmarge lager.

Voorbeelden

De Amerikaanse overheid stelde een onderzoek in naar oneerlijke concurrentie door Boeing op de defensiemarkt. Boeing zou informatie van concurrent Lockheed Martin gestolen hebben. Toch heeft de overheid Boeing niet hard aangepakt: behalve deze twee heeft de Amerikaanse overheid geen andere binnenlandse leveranciers van gevechtsvliegtuigen. Boeing uitschakelen zou de overheid in een te zwakke positie brengen.

De toeleveranciers op de patatmarkt zijn aardappelboeren. In de landbouw is er volledige concurrentie, dus de toeleveranciers hebben op de markt voor patat vrijwel geen machtspositie.

klanten

Het aantal afnemers is net zo goed belangrijk. Bedrijven die bijvoorbeeld alleen voor de overheid produceren, hebben een zwakke positie ten opzichte van de overheid, zeker als er veel directe concurrenten zijn. Bedrijven die voor een grote massa consumenten produceren hebben hier veel minder last van.

De verschillende krachten in het model beïnvloeden elkaar: als de concurrentie in een bedrijfstak intens is, kunnen kritische consumenten makkelijk overstappen naar een andere aanbieder. Als er weinig aanbieders zijn, die maar slapjes concurreren, is de macht van de klanten vanzelf zwakker: er valt voor hen dan minder te kiezen.

toetreders

drempels

Dat laatste geval zou wel weer heel interessant zijn voor nieuwe toetreders: die ontevreden klanten vormen een belangrijke kans. Of dat werkelijk lukt, hangt af van de toetredings*drempels*. Er kunnen verschillende drempels bestaan.

- Het *investerings*kapitaal dat nodig is om te beginnen met produceren. Een olieraffinaderij kost bijvoorbeeld veel geld, dat is een flinke drempel.
- *Schaalvoordelen* werken in het voordeel van grote ondernemingen met veel kapitaal. Een schaalvoordeel betekent dat het goedkoper is om op grote schaal te produceren. Tomatenproductie is bijvoorbeeld 30% goedkoper voor een boer met 10 hectare dan voor een boer met 1 ha. Voor kleinere toetreders is dat een drempel.
- De *informatie* die nodig is om toe te treden: Kun je aan de technologie komen? Is er bekwaam personeel te vinden? Bestaande aanbieders houden hun markt het liefst ondoorzichtig, zodat deze drempel hoog is. En hoe minder aanbieders er zijn, hoe meer kans dat dat lukt.
- Het *reclamebudget* dat nodig is om boven het lawaai uit te komen. Vooral bij oligopolies is dat een manier waarop bestaande aanbieders de toetredingsdrempel hoog houden.
- Sterke *merken* en goede *USP*'s verhogen de toetredingsdrempel. Als veel klanten zweren bij hun merk, waarom zouden ze dan een ander kiezen?
- Toegang tot het *distributiekanaal* is vaak een voorwaarde om toe te kunnen treden. Is er een plek op het schap van de grootwinkelbedrijven te krijgen? Zien de grossiers het product zitten? Deze factor verschilt sterk per markt. Groente kun je altijd op de veiling kwijt, maar voor veel fabrieksproducten zijn de producenten afhankelijk van volgende schakels in het kanaal; behalve als ze een eigen kanaal opzetten, bijvoorbeeld via het internet. Alleen vraagt dat weer een grote investering. Een goede USP kan helpen om deze drempel te overwinnen en het distributiekanaal in te komen.

substituten

De laatste kracht bestaat uit de dreiging van substituten. Een *substituut* of substitutiegoed bestaat uit een andersoortig aanbod dat in dezelfde behoeften voorziet. Namaakchocola en namaakvanille zijn substituten die een bedreiging vormen voor cacaoboeren en vanilletelers. Polaroid zag haar markt voor instantcamera's instorten met de komst van digitale fotocamera's. Voor elke onderneming is het belangrijk om regelmatig na te gaan of er geen substituten ontwikkeld worden. Als die eenmaal op de markt komen, kan het te laat zijn. Als je de ontwikkeling op tijd in de gaten hebt, kun je er nog op inspelen.

Het heeft de bioscopen bijvoorbeeld vele jaren gekost om de klap van thuisvideo te boven te komen. Nu onderscheiden veel bioscopen zich beter van de huiskamer door zich te profileren als uitgaansbeleving, vaak met meerdere zalen zodat het hele gezin aan z'n trekken kan komen.

De samenleving en de behoeften veranderen, goede bedrijven veranderen mee. Daarbij zijn de ondernemingen die mee weten te lopen met de meest vernieuwende marktsegmenten (innovators) in het voordeel. De slimste ondernemingen komen zelf met veranderingen. De walkman van Sony is daar een klassiek voorbeeld van: individuele, mobiele audio bestond daarvoor gewoon niet.

bedrijfstakanalyse

Zicht op alle vijf krachten helpt een onderneming om alert te kunnen reageren op alle veranderingen op de markt zelf en daar omheen. Het is een hulpmiddel om bij concurrentieanalyse alle factoren in kaart te brengen. Het in kaart brengen van deze vijf krachten kun je ook *bedrijfstakanalyse* noemen. Hier houden we het op een onderdeel van de concurrentieanalyse.

Met de concurrentieanalyse kun je meerdere dingen bereiken:
- overzicht op de concurrenten (het 'slagveld');
- zicht op ontwikkelingen die invloed hebben op de bedrijfstak;
- zicht op succesfactoren van het eigen bedrijf en van de concurrenten;
- ideeën opdoen om nieuwe succesfactoren te ontwikkelen;
- zicht op de USP's van het eigen bedrijf en van de concurrenten; ook een goede USP is een belangrijke succesfactor.

Opdrachten

14. a. Wat heeft de marktvorm op de markt van de leveranciers te maken met de intensiteit van de concurrentie?
    b. Wat hebben toetredingsdrempels te maken met de intensiteit van de concurrentie?

15. a. Waarom kunnen schaalvoordelen de toetreding bemoeilijken?
    b. In het rijtje van toetredingsdrempels ontbreken nog de octrooien. Leg uit hoe die de toetreding moeilijker maken. Verklaar ook waarom er toch octrooirecht bestaat.

16. Geef bij elk punt aan:
    - wat het gevolg is voor de intensiteit van de concurrentie (de middelste van de vijf krachten);
    - welke van de vijf krachten bij het geval betrokken zijn.

    a. Toetreding is relatief makkelijk in de detailhandel.
    b. Microsoft heeft de toetredingsdrempels erg hoog gemaakt door de uitwisselbaarheid van programma's te bemoeilijken en door de broncodes van Windows jarenlang geheim te houden.
    c. Op de frisdrankmarkt is veel geïnvesteerd in merktrouw.
    d. Boeken en muziek kun je sinds de eeuwwisseling makkelijk via het internet kopen.

17. a. De muziekindustrie zegt, dat de verkoop van cd's terugloopt omdat veel mensen muziek downloaden. Welke van de vijf concurrentiekrachten moet de muziekindustrie het hoofd bieden?
    b. Dat lukt nog maar matig. Wat doet de muziekindustrie verkeerd? Bedenk een betere aanpak.
    c. Geef een voorbeeld van een andere bedrijfstak die ook kwetsbaar is voor substituten.
    d. "De muziekindustrie heeft veel kleine afnemers, dus om de afnemers als 'kracht' hoeven ze zich niet druk om te maken." Wat is er mis met deze interpretatie van het vijfkrachtenmodel?

18. Maak een korte analyse met behulp van het vijfkrachtenmodel van:
    a. de onderwijssector in Nederland.
    b. de fastfoodsector.

6.5 Het concurrentenprofiel

concurrentenprofiel

Heb je eenmaal goed zicht op de bedrijfstak, de marktvorm en de krachten die erop inspelen, dan kun je profielen opstellen van de belangrijkste concurrenten. In zo'n concurrenten*profiel* beschrijf je de concurrent en analyseer je diens sterke en zwakke punten. Het profiel lijkt dus op de eigen interne analyse: je gaat voor een groot deel dezelfde punten af, alleen nu bij concurrerende ondernemingen. Een zwak punt van de concurrent is voor ons een kans, een sterk punt een bedreiging.

Informatie over concurrenten vind je op hun website, in hun jaarverslag en jaarrekening, door hun communicatie te volgen (reclame, pr, persoonlijke verkoop, beursdeelname, acties), op hun verkooppunten, in vakbladen, via banken en beleggingsanalisten, via hun klanten, leveranciers en distributeurs, en via bureaus voor bedrijfsinformatie.

kengetallen

Bij het analyseren van bedrijven is het handig om gebruik te maken van *kengetallen*. Dat zijn cijfers of verhoudingsgetallen waaraan je snel een belangrijk aspect van een onderneming kunt aflezen. Bij de resultatenanalyse zijn dat vooral omzet en winst, maar je kunt ook denken aan de omvang van het reclamebudget. Ook de *kostprijs* per product van de concurrent is belangrijk: als anderen het goedkoper kunnen, is dat een ernstige bedreiging. Als je met een *kostenleider* te maken hebt, geldt dat nog sterker (de kostenleider is de onderneming die op een bepaalde markt het goedkoopst weet te produceren).

Een kengetal kan een absoluut getal zijn, zoals een bedrag of een aantal. Het kan ook een verhoudingsgetal zijn, meestal een percentage. Voorbeelden daarvan zijn het marktaandeel, de marktpenetratie en de winstmarge. Om de financiële gezondheid van ondernemingen te beoordelen zijn de volgende kengetallen belangrijk.

- De *current ratio* en de *quick ratio*: de verhouding tussen beschikbare financiële middelen en kortlopende schulden. Lage ratio's geven een slechte liquiditeit aan. Dat geeft meer kans op betalingsproblemen en dat maakt onderneming kwetsbaar.
- De *rentabiliteit* (winstgevendheid) van het gebruikte vermogen: de nettowinst als percentage van het gemiddelde vermogen. Hoe hoger de rentabiliteit, hoe gevaarlijker de concurrent.
- De *solvabiliteit* geeft aan hoeveel procent het eigen vermogen is van het totale vermogen. Hoe hoger de solvabiliteit, hoe minder kwetsbaar een onderneming is.

portfolio

Wat verkopen concurrenten precies? Het is nodig om hun portfolio in kaart te brengen en te vergelijken met die van je eigen onderneming. Producten of merken waarbij de markt snel groeit en het eigen marktaandeel groot is, de 'sterren', zijn het meest aantrekkelijk voor de aanbieder. Maar elk product of merk heeft nu eenmaal een levenscyclus, en die sterrenfase gaat weer eens over. Onderneming met alleen maar sterren komen maar heel weinig voor.

Bij het doorlichten van de portfolio van concurrenten let je vooral op de marktgroei per merk of product en het marktaandeel. Je gaat ook na welke strategie er achter zit, bijvoorbeeld focus of differentiatie. Als je op producten vergelijkt of op een bepaalde regio, dan is het nuttig om de omzet en de winstmarge van concurrenten te volgen per productgroep of per regio.

personeel

Bij het personeel van de concurrent is de *productiviteit* belangrijk. Die kun je op verschillende manieren meten. Het is de omzet die een bedrijf per werknemer per tijdseenheid haalt. In bedrijfstakken waarin de personeelskosten het leeuwendeel van de kosten vormen, zoals bij dienstverlenende bedrijven, is de omzet per werknemer belangrijk. Uiteindelijk gaat het om de omzet in verhouding tot de kosten, dus om de winst.

Daarnaast probeer je door middel van marktonderzoek boven water te krijgen of de klanten van de concurrent tevreden zijn.

Bij de *productie* van concurrenten gaat het om productiemethoden, technologie, logistiek en kostenstructuur. Bij de distributie is de distributie*structuur* belangrijk: Welk distributiekanaal of kanalen gebruikt de concurrent? Wijkt dat af van onze distributie? Hoeveel macht heeft de concurrent ten opzichte van leveranciers en afnemers?

organisatie

Ook de organisatie en de organisatie*cultuur* van de concurrent kunnen belangrijk zijn. Gaat het om een lijnorganisatie, een lijn-staforganisatie of een matrixorganisatie? Hebben medewerkers de vrijheid om eigen initiatief te ontplooien en zijn ze slagvaardig en vernieuwend bezig (bedreiging), of is het een starre, bureaucratische bedoening (kans)? De bedrijfscultuur heeft ook veel te maken met het personeel: tevreden en gemotiveerde mensen presteren beter.

marketingmix

Je brengt de marketingmix van de concurrent in kaart. Wat is hun prijsbeleid en wat zijn de precieze prijzen? Voeren ze actie? Hoe zit het met de prijs-kwaliteitverhouding? Bij het promotiebeleid ga je na of de nadruk ligt op actie- of op themacommunicatie, welke media ze vooral inzetten en hoe vaak, welke accenten de concurrent legt in de communicatie met zijn doelgroep(en).

Om alle informatie van de concurrentieanalyse en de concurrentenprofielen overzichtelijk te maken, kun je bijvoorbeeld een scorebord gebruiken.

Voorbeeld

	Unilever	Royal Smilde	Remia	Vandemoortele	AH
merktrouw					
productlijn					
distributiestructuur					
communicatiebudget					
kostprijs					

Je scoort de concurrenten op de belangrijkste punten. Die punten kunnen per bedrijfstak verschillen. Bij merktrouw of naamsbekendheid kun je de werkelijke percentages invullen. Bij andere items kun je werken met rapportcijfers of scores.

Opdrachten

19. a. Op welke manieren kun je informatie over concurrenten inwinnen achter je bureau?
    b. Op welke manieren kun je met veldonderzoek die informatie aanvullen?

20. Albert Kassies teelt tomaten. Hij deed ook een cursus marketing omdat hij merkte dat zijn Duitse klanten steeds kritischer worden. Maar nou wordt het hem toch te gek. Moet hij van alle tomatenboeren een profiel gaan maken? Help Albert uit de brand en gebruik daarbij het begrip marktvorm.

21. a. Waaruit bestaat de productportfolio van een reisbureau?
    b. Welke overwegingen zijn belangrijk bij het samenstellen daarvan?

22. a. Bekijk op internet de portfolio van Sun Capital Partners Inc. Beschrijf in een zin waaruit de portfolio van dit bedrijf bestaat.
    b. Beschrijf de portfolio van dochteronderneming V&D.
    c. Breng de merkenportfolio van Unilever nv op hoofdlijnen in kaart.

Groepsopdrachten

23. a. Breng de productportfolio van jullie school in kaart. Ga per onderdeel van het aanbod na hoeveel leerlingen (= omzet) de school daarmee binnenhaalt.

b. Beoordeel de portfolio. Zijn er onderdelen die de school beter af zou kunnen stoten? Ontbreken er belangrijke onderdelen of elementen?

24. a. Maak een concurrentenprofiel van een onderneming. Kies een onderneming waarvan je aan informatie kunt komen, bijvoorbeeld een stagebedrijf of een ander bedrijf dat werkgroepsleden goed kennen. Gebruik paragraaf 6.5 als checklist. Per punt kan het kort en bondig zijn.
b. Vraag de eigenaar of manager van het gekozen bedrijf om dat concurrentenprofiel te beoordelen. Vraag ook of hij suggesties heeft voor een volgende gelegenheid.

6.6 Samenvatting

Bij de *marktanalyse* gaat het om marktomvang, groei, trends, marktvorm, winstpotentieel en distributiekanalen. Bij de *concurrentieanalyse* breng je in kaart wie de concurrenten zijn, wat hun marketingstrategie is, wat hun sterke en zwakke punten zijn, en of er kans is op toetreding.

De aard en de intensiteit van de concurrentie op een markt hangen samen met de marktvorm (het aantal aanbieders, de doorzichtigheid, het gemak van toetreding), met de winstgevendheid en met de marktgroei. Vanuit de vraag gezien kun je een bedrijfstak in kaart brengen met een *positionerings*matrix. Daar zie je aan hoe de concurrenten hun aanbod hebben gepositioneerd ten opzichte van elkaar en welke een uniek verkoopargument (USP) hebben. Dat is een belangrijke kritische succesfactor. In een *battlefield map* kruis je de (belangrijkste) concurrenten met hun product- of merkenportfolio.

Het *vijfkrachtenmodel* helpt je bij de analyse doordat je niet alleen de concurrentie in de bedrijfstak zelf meeneemt, maar ook de onderhandelingsmacht van leveranciers en van afnemers, de dreiging van nieuwe toetreders en de dreiging van substituten.

In een *concurrentenprofiel* presenteer je vrijwel dezelfde onderwerpen als in de interne analyse, maar dan over een concurrerende onderneming. Zwakke punten van de concurrent vormen kansen, sterke punten bedreigingen. Werken met kengetallen maakt het profiel makkelijker om te lezen.

6.7 Begrippen

Battlefield map	Tabel waarin je de belangrijkste concurrenten op de rijen zet en hun product- of merkenportfolio in de kolommen.
Concurrent	Een andere onderneming met aanbod dat in (ongeveer) dezelfde behoeften voorziet als het aanbod van je eigen onderneming.
Concurrentenprofiel	Beschrijving van activiteiten, doelstellingen, strategie van een concurrent, plus een analyse van diens sterke en zwakke punten.
Positioneren	Bewuste poging van een onderneming om zichzelf en haar aanbod een aparte positie te geven in de waarneming van klanten, ten opzichte van de concurrenten.
Propositie	Datgene wat een organisatie aanbiedt aan klanten, inclusief het imago dat de aanbieder wil bereiken. Geeft aan hoe het aanbod past bij de behoeften van de klant.
USP	Unique selling proposition, een verkoopargument dat de concurrentie niet hanteert.

7 Macro-omgeving en SWOT

7.1 Omgevingsanalyse

macro-omgeving

De externe macro-omgeving onderzoek je in de *omgevings*analyse. De ontwikkelingen in de macro-omgeving zijn te groot voor een organisatie om veel invloed op te kunnen hebben. Andersom kunnen ze wel degelijk invloed hebben op een onderneming, vandaar dat je ervan op de hoogte moet zijn. Deze omgevingsfactoren kun je indelen in zes hoofdgroepen:

- Demografische omgevingsfactoren;
- Economische omgevingsfactoren;
- Sociaal-culturele omgevingsfactoren;
- Technologische omgevingsfactoren;
- Ecologische omgevingsfactoren;
- Politiek-juridische omgevingsfactoren.

DESTEP

Een ezelsbruggetje om deze factoren te onthouden is *DESTEP*: de beginletters van boven naar onder.

Demografie

Demografen laten zien hoe een bevolking is opgebouwd. Dat kan naar leeftijdsgroep en geslacht, maar ook naar culturele achtergrond, naar inkomen, naar opleiding, naar huizenbezit of naar woonplaats. Het is belangrijk om te weten hoeveel klanten een bepaalde doelgroep telt en in de toekomst zal tellen. Als de doelgroep van een bedrijf groeit, is er een kans; als de doelgroep van een bedrijf krimpt, is er een bedreiging. Demografie is hierbij een hulpmiddel.

Demografische gegevens kun je vinden bij het CBS (Centraal Bureau voor de Statistiek). Demografische ontwikkelingen gaan heel langzaam, maar toch is het beter om voorbereid te zijn. Bepaalde marktsegmenten kunnen kleiner worden en sommige kunnen enorm groeien. Het aantal eenpersoonshuishoudens vormt nu 38% van de bevolking, en dit percentage stijgt nog steeds. 32% van de huishoudens bestaat uit twee personen. Het aantal gezinnen met meerdere kinderen daalt dus. Daarnaast groeit het aantal senioren. De trend is dus dat huishoudens kleiner worden.

Economie

Vooral voor investeringsbeslissingen is het belangrijk om zicht te hebben op de stand van de economische conjunctuurbeweging: er zijn jaren waarin de economie lekker groeit en jaren waarin het tegenzit.

Voor internationaal werkende bedrijven is het ook nodig om zicht te houden op de valutamarkt en op mogelijke handelsbeperkingen. Informatie over economische ontwikkelingen vind je gewoon in de krant. Ook bij het CBS en het CPB kun je hierover informatie vinden.

Economische ontwikkelingen bepalen hoeveel de consument te besteden heeft. Hoeveel blijft er over nadat de vaste lasten (zoals woonkosten, energiekosten, levensonderhoud) betaald zijn? Dat is het *besteedbaar* inkomen. De vraag naar elektronica of kleding komt uit het besteedbaar inkomen en de aanbieders moeten dus zicht hebben op de ontwikkeling daarvan. Daarbij is ook de werkgelegenheid belangrijk: een grotere werkloosheid kan leiden tot daling van het besteedbaar inkomen. Dat heeft ook weer te maken met de sociale verzekeringen. Ook is het nodig om zicht te hebben op de inkomens*verdeling*: hebben de marktsegmenten waar ons bedrijf zich op richt genoeg te besteden?

Geld op zak helpt, vertrouwen in de toekomst ook. Het CBS vraagt elke maand aan een steekproef van Nederlanders hoe zij de toekomst van hun financiën zien. Een hoog consumentenvertrouwen vertaalt zich meestal in meer vraag. Daarnaast is de werkgelegenheid van invloed: oplopende werkloosheid kan leiden tot een daling van de vraag.

Sociaal-cultureel

Veel producten en merken moeten het hebben van hun imago. Dat moet dan wel aansluiten bij de belevingswereld van hun doelgroep. En die belevingswereld is altijd in verandering, soms langzaam en soms pijlsnel. Ook subculturen vormen een sociaal-culturele factor.

- issues

'Sociaal' gaat over samenleven. Waar mensen samenleven, zijn er verschillende meningen. In de samenleving zijn er altijd wel onderwerpen (ofwel *issues*) die veel in het nieuws zijn. Het kan gaan over het milieu, gezondheid, terrorisme, normen en waarden, het homohuwelijk, immigratie, corruptie, enzovoort.

Als een issue het werkterrein van jouw bedrijf raakt, kan die publieke discussie een kans of een bedreiging zijn. Neem het schandaal over leren voetballen die door Pakistaanse kinderen gemaakt bleken te worden. Fabrikanten van sportaccessoires hebben goed opgelet toen. Alle andere producenten die artikelen in arme landen laten maken, letten net zo goed op. Voor je het weet, gaat een belangengroep aan de haal met zo'n onderwerp en krijgt je imago een flinke deuk. Andersom kunnen aanbieders handig inspelen op zulke issues, met toverwoorden als gezond, fit, milieuvriendelijk of sociaal verantwoord.

- consumentisme

Bij zulke issues kun je te maken krijgen met belangengroepen en actiegroepen. Denk aan Greenpeace als het over het milieu gaat, maar het kan ook om een buurtvereniging gaan die een betere leefomgeving wil. Ook als consument kun je je aansluiten bij een belangengroep, een consumentenorganisatie. Opkomen voor de rechten en belangen van consumenten heet *consumentisme*.

- consumentenorganisaties

De grootste algemene consumentenorganisatie in Nederland is de Consumentenbond. Er zijn ook organisaties die consumentenbelangen op een bepaald terrein behartigen. Voorbeelden zijn de Vereniging Eigen Huis (voor huiseigenaren), de Nederlandse Woonbond (voor huurders), de ANWB en de KNAC (voor automobilisten), de ENFB (voor fietsers) en ROVER (voor klanten van het openbaar vervoer). Zulke organisaties kunnen zorgen voor goede of slechte publiciteit over het aanbod van een onderneming.

Technologie

Voor productiebedrijven kan een nieuwe technologische ontwikkeling een kans zijn of juist een bedreiging. Digitale fotografie luidde het faillissement van Kodak en Polaroid in, terwijl Apple een grote slag maakte door tablets op de markt te brengen.

Maar ook in de handel en dienstverlening is technologie steeds belangrijker geworden. Denk alleen maar aan database marketing en software voor CRM (customer relationship management). Door gebruik van informatietechnologie is de distributie sneller geworden. Als het aan Amazon ligt, krijg je over een poosje je bestelling binnen een half uur bezorgd met een onbemand octocoptertje.

Het is dus voor bijna alle bedrijven nodig om op de hoogte te blijven van technologische ontwikkelingen. Dat kan door vakbladen bij te houden voor je bedrijfstak en door de krant te lezen.

Ecologie

De ecologische omgeving is de fysieke omgeving waarin wij leven: moeder aarde. We hebben op het moment flinke milieuproblemen: door het broeikaseffect stijgt de gemiddelde temperatuur. Daardoor stijgt de zeespiegel en wordt het klimaat ruiger (meer orkanen). Het broeikaseffect wordt veroorzaakt door uitstoot van CO_2, dat ontstaat door gebruik van fossiele brandstof zoals benzine en diesel. Het is dus hoog tijd dat we overstappen op andere bronnen van energie, zoals wind, zon, aardwarmte of energie uit eb en vloed van de zee.

Mensen houden er niet van dat het milieu aangetast wordt. Milieuvriendelijkheid van producten is dus ook een issue. Er zijn nog steeds grote kansen voor milieuvriendelijke producten. Andersom is er een bedreiging voor producten die het milieu aantasten.

Voorbeeld

Ongeveer 3,3 miljoen hectare van de landbouwgrond in China is te vervuild om er koren en andere gewassen op te laten groeien. Dat heeft onderminister Wang Shiyuan van Landbouw en Natuurlijke Hulpbronnen maandag gezegd. De snelle groei van het aantal bedrijven en de verstedelijking hebben geleid tot de vervuiling van een gebied zo groot als België.
Zo ontdekten inspecteurs dit jaar in de stad Guangzhou een veel te hoge hoeveelheid cadmium in rijst die was geteeld in Henan, een provincie waar veel metaalbedrijven staan. Veel chemische fabrieken, metaalbedrijven en andere vervuilende bedrijven staan dicht bij landbouwgrond.

De Volkskrant, 30-12-13

Politiek-juridisch

De politiek en de overheid bepalen uiteindelijk de spelregels voor het bedrijfsleven. De Mededingingswet verbiedt bijvoorbeeld oneerlijke concurrentie, zoals kartelvorming. Alle bedrijven met klantgegevens in de database moeten zich houden aan de Wet bescherming persoonsgegevens (Wbp). Bij de promotiemix heb je ook te maken met de Mediawet, de Wet oneerlijke handelspraktijken, de Telecommunicatiewet, de Code Reclame via E-mail en de Wet op de kansspelen.

Bij de productmix heb je onder andere te maken met de Wet aansprakelijkheid voor Producten, de Wet Koop en Garanties, de Octrooiwet, de Warenwet, het Besluit Verpakkingen en met milieuwetgeving. Die laatste kan een kans zijn voor biologische of energiezuinige producten. De muziekindustrie heeft last van piraterij, hier gaat het om handhaving van het auteursrecht.

Europese richtlijnen worden steeds belangrijker, ook voor het bedrijfsleven. Op plaatselijk niveau kun je te maken hebben met gemeentelijke verordeningen. Je hebt niet alleen met wetten te maken: de overheid is voor veel bedrijven ook een grote klant. Denk aan de aanleg van wegen of dijken, maar ook aan bijvoorbeeld een website voor een ministerie of voor een gemeente.

Je blijft op de hoogte door het nieuws te volgen. Ook is het voor bedrijven goed om contact te houden met ambtenaren en volksvertegenwoordigers die op hun terrein actief zijn.

Opdrachten

1. Het percentage eenpersoonshuishoudens neemt toe. Wat betekent dit voor de vraag naar:
   a. Wasmachines?
   b. Speelgoed?
   c. Kant-en-klaarmaaltijden?

2. Europa vergrijst: oude mensen vormen een steeds groter percentage van de bevolking. Wat betekent dit voor de vraag naar:
   a. Vakanties?
   b. Auto's?
   c. Speelgoed?

3. a. Waarom is demografie belangrijk voor de marketing?
   b. Is dit een factor die speelt op korte of lange termijn? Verklaar je antwoord.
   c. Geef een voorbeeld van een demografische ontwikkeling waar aanbieders steeds meer mee te maken zullen krijgen.

4. a. Waarom is het voor ondernemers belangrijk om zicht te hebben op de conjunctuur?
   b. Open cbs.nl. Klik bij Kerncijfers op Arbeid. Hoe staat het op dit moment met de conjunctuur denk je?
   c. Klik ook op Groei. Klopt het diagram dat je daar ziet met dat van de werkloosheidsontwikkeling?

5. Leg uit dat de dollarkoers voor exporteurs zowel een bedreiging als een kans kan zijn.

6. a. Bij welke subcultuur hoor jij?
   b. Welke kansen schept die subcultuur voor het bedrijfsleven?

7. a. Zoek een voorbeeld van een maatschappelijk issue dat op dit moment actueel is.
   b. Welke bedreiging heeft dit onderwerp voor het bedrijfsleven? Welke kans zit er in?

8. a. Geef voorbeelden van het belang van technologie voor:
   - een doe-het-zelf zaak;
   - een patatkraam;
   - een aanbieder van leerlingvolgsystemen (software).

   b. Geef voor deze aanbieders ook aan hoe ze op de hoogte kunnen blijven van technologische ontwikkelingen.

9. a. Noteer drie ecologische issues die belangrijk zijn voor het bedrijfsleven.
   b. Wat hebben zulke issues te maken met belangengroepen?

10. a. Zoek nog een voorbeeld van wetgeving die invloed heeft op een bepaalde bedrijfstak.
    b. Op welke manier kunnen bedrijven op de hoogte blijven van plannen van de overheid?
    c. Welke verschillende overheden kunnen daarbij een rol spelen?

7.2 SWOT-analyse

Het resultaat van de interne en de externe analyses (samen de situatieanalyse) bestaat uit een grote hoeveelheid informatie, plus een lijst van kansen, bedreigingen, sterke punten en zwakke punten. Deze lijst vormt de basis voor de doelstellingen voor het volgende marketingplan.

SWOT-matrix

Een hulpmiddel om goede doelstellingen op het spoor te komen, is de *SWOT-matrix*. Daarin zet je de drie belangrijkste sterke en zwakke punten verticaal af, en de drie belangrijkste kansen en bedreigingen horizontaal. De structuur van zo'n matrix zie je in figuur 7.1.

interne analyse	externe analyse	
	kansen	bedreigingen
sterke punten	Kunnen we met dit sterke punt deze kans benutten?	Kunnen we met dit sterke punt wat aan deze bedreiging doen?
zwakke punten	Is dit zwakke punt een belemmering om deze kans te benutten?	Is dit zwakke punt een belemmering om wat aan deze bedreiging te doen?

Figuur 7.1 Structuur van de SWOT-matrix

confrontatiematrix

Een ander woord voor SWOT-matrix is *confrontatiematrix*: je confronteert als het ware de interne punten met de externe punten. Dit is de eigenlijke SWOT-analyse (hoewel je ook de situatieanalyse plus de SWOT-matrix samen 'SWOT-analyse' kunt noemen). Er zijn verschillende manieren om met de SWOT-matrix te werken. Je kunt bij mooie combinaties plusjes zetten, en bij slechte combinaties minnetjes. Je kunt ook alle hokjes afgaan en goede combinaties eruit vissen, zoals in het volgende voorbeeld is gedaan.

Voorbeeld

Autofabrikant Snorris is gevestigd in de EU en is gespecialiseerd in kleinere, stille auto's. De wagens hebben een gemiddeld verbruik. Als kleinere speler krijgt deze producent het wat benauwd tussen de concurrerende zwaargewichten. De SWOT-matrix van Snorris:

		Groeiende vraag naar zuinige auto's	Goedkope productie-mogelijkheden in Azië	Grote autoproducenten hebben behoefte aan stille motoren	Valutarisico (hoge euro, lage dollar)	Japanse en Koreaanse concurrentie sterk	Olieprijsstijging
		K1	K2	K3	B1	B2	B3
Goed in product-ontwikkeling en ontwerp	S1	c				c	
Efficiënte productie	S2	c		b			
Goede infrastructuur verkoop en service	S3	c					
Afhankelijk van één verkoopargument	Z1	c		b			c
Stijgende productiekosten in EU	Z2		a		a		
Geen ervaring met produceren buiten EU	Z3		a				

Strategische opties:

- De nuloptie (doorgaan zoals tot nu toe) doet niets aan de concurrentiedreiging.
  a. Voor een deel gaan produceren in Azië en zo ervaring opdoen. De kostenreductie maakt het bedrijf weerbaarder. Zo kunnen ze de zwakke punten 2 en 3 langzaam ombuigen naar een sterk punt. En het zal het valutarisico geleidelijk aan verminderen.
  b. Motoren produceren voor andere autofabrikanten. Daardoor verbreden ze hun markt en worden ze minder afhankelijk van dat ene verkoopargument.
  c. Niet alleen stille, maar ook zuinigere auto's produceren. Ze zijn dan minder afhankelijk van één verkoopargument, en ze doen wat aan de bedreiging van de stijgende olieprijs.

Mogelijke strategie:

- Ze starten met één fabriek in Azië en bouwen zo ervaring op (kostenreductie).
- Ze gaan een innovatiebeleid voeren op het gebied van zuinige auto's (productontwikkeling).
- Ze gaan motoren produceren voor andere autofabrikanten (differentiatie van het productaanbod). Dat is goed voor de winst en maakt hen minder kwetsbaar. Als ze tegelijk zuinigere auto's introduceren, behouden ze toch een uniek verkoopargument.

Een SWOT-analyse is dus een hulpmiddel om punten boven water te krijgen waar een bedrijf aandacht aan moet besteden. In de praktijk is het goed om deze analyse met meerdere medewerkers uit te voeren, want ieder medewerker apart kan blinde vlekken hebben.

Dan nog is het nodig om kritisch te blijven. Je kunt bijvoorbeeld een goed imago als sterk punt opvoeren, maar weet je dat wel zeker? Heb je dat wel onderzocht? Een SWOT-analyse is niet de enige manier om belangrijke punten helder te krijgen. In de praktijk kom je ook andere methoden tegen, zoals resourceanalyse of de balanced scorecard.

kritische succesfactoren

Als de noodzakelijke informatie aanwezig is en als die goed is geanalyseerd, levert dat punten op die als basis kunnen dienen voor het vaststellen van doelstellingen en strategie. Het helpt ook bij het vaststellen van de *kritische succesfactoren* van de onderneming. Dat zijn de belangrijkste factoren die een onderneming in een bepaalde marktsituatie nodig heeft om succesvol te zijn.

Deze succesfactoren worden ook wel *key-of-success*factoren genoemd. Op zulke succesfactoren moet je zuinig zijn, zo mogelijk bouw je ze nog verder uit. Voorbeelden van mogelijke succesfactoren zijn: uitgekiende marketing, financiële kracht, slimme inkoop, goede logistiek, goede communicatie of goede customer service.

strategische opties

Het resultaat van de SWOT-analyse is dat je de mogelijkheden voor de marketingstrategie op een rij krijgt. Zulke mogelijkheden zijn strategische *opties*. In het voorbeeld van Snorris zie je enkele van zulke opties. Het is de bedoeling om de beste opties eruit te kiezen. Als die ook nog bij elkaar passen, kun je ze inbedden in een samenhangende marketingstrategie.

Zulke opties breng je in kaart en je zet ze naast elkaar. Hoe meer strategische opties een onderneming heeft, hoe beter: je hebt dan de luxe dat je de beste eruit kunt pikken. Een onderneming met de rug tegen de muur en met rode cijfers heeft vaak maar weinig strategische opties.

FOETSJE

Heb je de opties eenmaal in kaart gebracht, dan is de volgende stap ze met elkaar te vergelijken en de beste eruit te kiezen. Dat kan op verschillende manieren. Eén daarvan is de *FOETSJE*-methode. Je kunt dan een tabel gebruiken zoals hieronder, en daarin elk aspect van de optie scoren met een rapportcijfer.

	Financieel haalbaar	Organisatorisch uitvoerbaar	Economisch verantwoord	Technisch haalbaar	Sociaal aanvaardbaar	Juridisch haalbaar	Ecologisch verantwoord
Optie 1							
Optie 2							
Optie 3							

Je scoort daarbij elke strategische optie op zeven punten:

- Financieel: hebben we de middelen om deze optie uit te voeren?
- Organisatorisch: past deze optie goed bij onze organisatie?
- Economisch: past deze optie bij onze ondernemingsdoelstellingen?
- Technisch: kunnen we dit maken, kunnen we dit distribueren?
- Sociaal: valt dit goed bij onze publieksgroepen?
- Juridisch: past deze optie binnen de wet- en regelgeving?
- Ecologisch: is deze optie milieuvriendelijk?

Een andere manier is dat alle betrokkenen per optie de voor- en nadelen noteren. Die verzamel je dan in een overzicht dat als basis voor overleg dient. Als iedereen het eens is over de beste optie(s), dan werk je die verder uit tot een marketingstrategie.

De situatie- en SWOT-analyse ondersteunen de ondernemingsplanning op verschillende manieren:

- Je brengt de informatie, die nodig is voor beslissingen, op een overzichtelijke manier in kaart.
- Je komt kritische succesfactoren op het spoor.
- Je kunt strategische opties in kaart brengen.

De uitkomsten van de SWOT-analyse bieden houvast bij het brainstormen over (nieuwe) strategische doelen. Het kan ook blijken dat er nog informatie ontbreekt. Daarvoor kan marktonderzoek nodig zijn. Uiteindelijk kom je tot een marketingstrategie, die je uitwerkt in het nieuwe marketingplan. Daarbij horen ook de invulling van de marketingmix en actieplannen voor de verschillende marketinginstrumenten. Figuur 7.2 geeft een overzicht van het marketingplanningsproces.

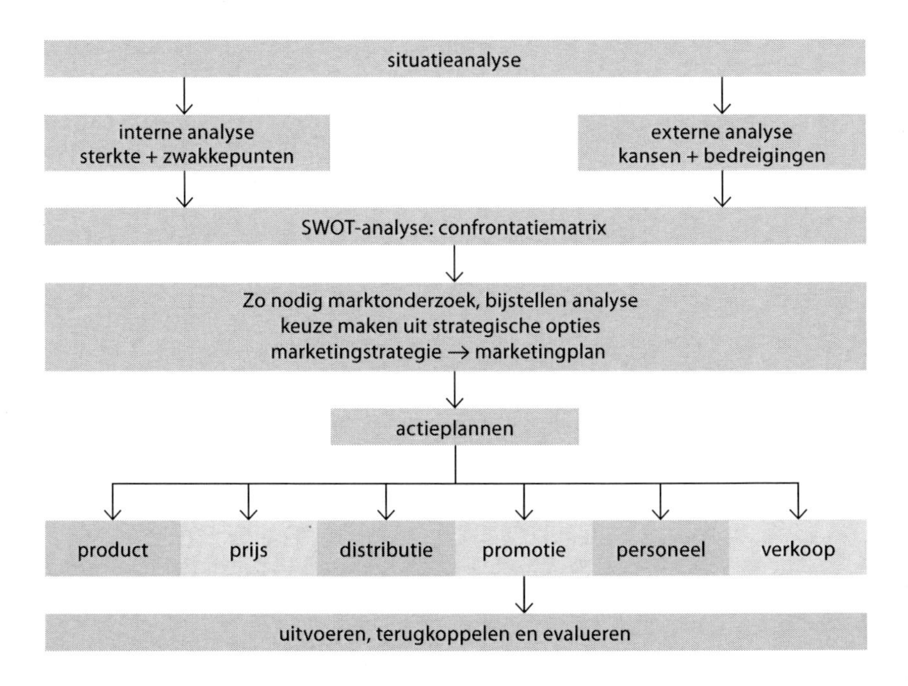

Figuur 7.2 Het marketingplanningsproces.

Opdrachten

11. Noteer kritische succesfactoren van:
   - IKEA;
   - Albert Heijn;
   - jullie schoolkantine;
   - een uitzendbureau dat jij kent.

12. a. Wat is precies een strategische optie?
   b. Waarom is het goed om meerdere strategische opties te hebben?
   c. Noteer twee manieren om strategische opties met elkaar te vergelijken.

Groepsopdracht

13. Kies een bedrijf dat minstens één van jullie goed kent. Het kan een stagebedrijf zijn, of een bedrijf waar je werkt of gewerkt hebt, of waar je mensen kent. Je kunt ook via ouders, ooms of tantes zoeken. Als alternatief kun je je eigen onderwijsinstelling nemen. Overleg met je docent over de keuze van het bedrijf.
   Stel voor dit bedrijf een situatieanalyse en een SWOT-analyse op. Ga na welke kritische succesfactoren en strategische opties uit de SWOT-matrix af te leiden zijn.
   Deze opdracht krijgt een vervolg in hoofdstuk 13, opdracht 13.

7.3 Voorbeeldcase

Op www.practicX.nl vind je bij dit boek, onder hoofdstuk 7, een voorbeeldcase: het marketingplan van SmartFood Queen, een fictieve aanbieder van fastfood. Zoek deze case op en lees hem eerst eens rustig door tot en met de SWOT-analyse. Vervolgens ga je aan de slag met de opdrachten hieronder. Die kun je in je eentje maken, maar ook prima met je werkgroep.

Opdrachten

Interne analyse

14. S1, S2 en S3 staan voor sterke punten, Z1 enzovoort voor zwakke punten.
   a. Leg voor de onderwerpen zonder S of Z uit waarom marketingmedewerker Yangtung deze punten als neutraal ziet.
   b. Wat is er bij Z2 zo zwak aan een prettige inrichting?

c. Wat is er aan dit punt te doen, en welke informatie ontbreekt mogelijk nog?

15. a. De personeelskosten bedragen bij SmartFood Queen gemiddeld € 26.200,- per medewerker. Waarom is het nodig dat de omzet per medewerker zoveel hoger ligt?
    b. Noteer twee manieren waarop winstmarge en rendement zouden kunnen stijgen.

16. a. Waarom ziet Yangtung het productaanbod als een sterk punt?
    b. Welke informatie zou jij nodig hebben om te kunnen bepalen of je het met hem eens bent?
    c. Waarom zou hij benadrukken dat consumenten uit de mainstream het aanbod aantrekkelijk vinden?

17. a. De kwaliteitsteams bij SmartFood Queen hebben geen chef: ze zijn met elkaar verantwoordelijk voor hun werk en rapporteren direct aan de filiaalmanager. Wat kan er sterk zijn aan dit punt?
    b. Waarom zou Betty Smart gekozen hebben voor franchising?

18. a. Het management van SmartFood Queen vindt een innovatiecultuur belangrijk. Wat heeft dat te maken met een 'platte' lijn-staforganisatie?
    b. Is de marketingfunctie daarbij een lijnfunctie of een staffunctie? Verklaar je antwoord.

19. a. Bekijk het schema van de ondernemingsmissie in paragraaf 2.3. Komen deze punten voldoende aan bod in de interne analyse van SmartFood? Zo nee, welke punten mis je?
    b. Wat kun je opmerken over de organisatie van het werk, vergeleken met andere fastfoodrestaurants?

20. a. Wat heeft een keuze voor franchising te maken met financiële middelen?
    b. Wat is het verband met de gewenste verbetering van het rendement?

Externe analyse

21. a. Welke twee aanbevelingen zou je af kunnen leiden uit de klantenanalyse?
    b. Waarom kun je die niet zomaar als aanbevelingen opvoeren?

22. a. Wat is de belangrijkste bedreiging die blijkt uit de concurrentieanalyse?
    b. Wat kan SmartFood Queen hieraan doen?
    c. Wat heeft dit punt te maken met de marktvorm?

23. a. Wat heeft de opmerking dat SmartFood Queen zwaar in moet zetten op communicatie en imago te maken met de marktvorm?
    b. Op welke marketinginstrumenten moet SmartFood Queen bij deze marktvorm nog meer letten?

24. a. Welke gevolg heeft de tweede kans (K2) voor de concurrentieanalyse?
    b. Leg uit waarom Yangtung het gebruik van databases als een kans ziet.

25. a. Waarom is SmartFood Queen conjunctuurgevoeliger dan vergelijkbare bedrijven?
    b. Is hier een maatregel voor te bedenken, die niet ten koste gaat van de huidige positionering?

26. a. Op welke manier zou SmartFood Queen de informatie, dat vet eten licht verslavend werkt, uit kunnen buiten?
    b. Waarom zou het management besloten hebben om dat (in elk geval voorlopig) niet te doen?

27. a. De derde bedreiging (B3) overlapt gedeeltelijk met een andere. Welke?
    b. Waarom zou Yangtung de vergrijzing niet aangemerkt hebben als een bedreiging op wat langere termijn?

28. a. Wat bedoelt Yangtung bij de diagnose met prijsdiscriminatie?
    b. Hoe zou je dat kunnen regelen bij zo'n restaurant?

29. Wat zijn de belangrijkste aanbevelingen die blijken uit de informatie die Yangtung verzamelde voor de interne en externe analyse?

SWOT-analyse

30. Zet op een rij welke strategische doelstellingen je uit de SWOT-matrix van SmartFood Queen af kunt leiden.

31. a. Waarom zouden ze bij SmartFood Queen jongeren als een grotere kans zien dan senioren? Nederland is toch aan het vergrijzen?

b. Leg uit waarom Yangtung denkt dat de zwakke punten door het oppakken van Kans 1 kunnen verminderen.
c. Toch zouden Z1 en Z3 hierbij een belemmering kunnen zijn. Op welke manier?

32. a. K3 sluit amper aan op sterke of zwakke punten. Waarom wordt dit dan toch als kans opgevoerd?
b. Het is ook verdedigbaar dat K3 niet alleen een kans is, maar ook een noodzaak. Waarom?

33. a. Wat is een clubactie? Werk het punt van clubactie plus relatiemanagement als antwoord op de conjunctuurgevoeligheid verder uit.
b. Verklaar waarom Yangtung prijsacties als een bedreiging voor het imago ziet.
c. Waarom zou een aanbieding via een clubactie dat niet zijn?

34. a. Waarom denkt Yangtung dat er met K2 iets te doen valt aan Z2?
b. Waarom is er meer onderzoek nodig naar deze kans?

35. Wat kun je concluderen over B2?

7.4 Samenvatting

Met de *omgevingsanalyse* breng je externe ontwikkelingen op macroniveau in kaart. De *macro*-omgeving bestaat uit zes deelgebieden die je kunt onthouden aan *DESTEP*: demografie, economie, sociaal-culturele omgeving, technologie, ecologie en politiek-juridische omgeving. In de sociale omgeving heb je te maken met maatschappelijke issues.

Met een *SWOT-matrix* (of confrontatiematrix) kun je nagaan of de sterke punten het mogelijk maken om de kansen te benutten en de zwakke punten dit niet verhinderen; en of je met de sterke punten de bedreigingen kunt afweren of dat de zwakke punten dat onmogelijk maken.

Uit die analyse blijken de *kritische succesfactoren*, die in een bepaalde marktsituatie de doorslag kunnen geven voor het succes van het bedrijf. Ook kun je er strategische *opties* uit distilleren, mogelijkheden voor de toekomstige marketingstrategie. Om die te scoren kun je bijvoorbeeld een scorecard gebruiken.

Bij de marketingplanning start je met een situatie- en SWOT-analyse. Daarna selecteer je de beste strategische opties en stel je de marketingstrategie op. Die werk je uit in het marketingplan en in actieplannen voor de verschillende marketinginstrumenten. Bij de uitvoering koppel je steeds terug naar de analyse en naar het plan, en na de uitvoering evalueer je de resultaten.

7.5 Begrippen

Consumentisme Opkomen voor de rechten en belangen van consumenten.

Kritische succesfactoren Doorslaggevende factoren die in een bepaalde marktsituatie bepalen of een onderneming succesvol is.

Macro-omgeving Bestaat uit omgevingsfactoren op grote schaal, waar de organisatie zelf geen invloed op kan hebben.

Omgevingsanalyse Onderdeel van de externe analyse, waarmee je kansen en bedreigingen in kaart brengt bij omgevingsfactoren op macroniveau.

Strategische opties Mogelijke elementen van een marketingstrategie.

SWOT-matrix (Confrontatiematrix) Matrix waarin je de drie belangrijkste sterke en zwakke punten uit de interne analyse verticaal afzet, en de drie belangrijkste kansen en bedreigingen uit de externe analyse horizontaal.

8 Marketingstrategieën

8.1 Groeistrategieën

Na de SWOT-analyse heb je strategische opties gekozen. Die moet je samen zien te smeden tot een samenhangende strategie. Er zijn veel verschillende soorten marketingstrategieën mogelijk. Veel ondernemingen willen graag groeien: meer marktaandeel, meer omzet en meer winst. Igor Ansoff bracht vier groeistrategieën in kaart, die je af kunt lezen in de matrix van tabel 8.1. Ansoff dacht in termen van product en markt, dus product-marktcombinaties (PMC's).

product	markt	
	bestaand	nieuw
bestaand	marktpenetratie	marktontwikkeling
nieuw	productontwikkeling	diversificatie

Tabel 8.1 Groeistrategieën volgens Ansoff

marktpenetratie

Als een onderneming wil groeien, ligt het voor de hand om eerst na te gaan of zij meer kan verkopen (of meer winst kan maken) op de markt waarop zij nu werkt, en met het bestaande aanbod. Dat kan op drie manieren.

- Je kunt proberen aan bestaande klanten meer te verkopen. Dat kan door nieuwe gebruiksmogelijkheden te bieden of door verandering in het consumptiepatroon. Daarbij mik je erop dat men per keer meer koopt (een grotere verpakking bijvoorbeeld) of dat men jullie product vaker koopt (aankoopfrequentie). Meer verkopen aan bestaande klanten heet markt*verdieping*.

- Je kunt proberen om klanten af te snoepen van de concurrentie. Daarvoor kom je terecht bij concurrentiestrategieën. Verkopen aan nieuwe klanten heet markt*verbreding*.
- Als een onderneming daar geld voor heeft, kan ze concurrenten opkopen.

Marktpenetratie betekent letterlijk: dieper doordringen in een markt. Je kunt het omschrijven als het beter benutten en verder uitdiepen van een bestaande product-marktcombinatie (PMC).

marktontwikkeling

Je kunt ook proberen om nieuwe klanten te vinden, die het product nog niet kochten. Dat kan door:

- nieuwe marktsegmenten te vinden waar het aanbod bij aan kan sluiten;
- te gaan exporteren naar andere landen.

In beide gevallen doe je ook aan markt*verbreding*.

Exporteren is een voorbeeld van geografische marktontwikkeling. Met *marktontwikkeling* creëert een onderneming een nieuwe PMC, door met een bestaand product een nieuwe markt te betreden. Marktontwikkeling kan gevolgen hebben voor de structuur van de distributie: voor export moet je bijvoorbeeld een nieuw distributiekanaal opzetten. Dat kan ook nodig zijn voor sommige nieuwe marktsegmenten.

productontwikkeling

Klanten zijn gevoelig voor verbeteringen waardoor een product beter aansluit bij hun behoeften. Veel ondernemingen doen daarom aan onderzoek en ontwikkeling, om het aanbod te verbeteren. Van allerlei producten komen regelmatig vernieuwde versies op de markt. Voor een deel gaat het om verbeteringen, denk aan betere remtechniek bij auto's of aan waterafstotend textiel. Je komt ook veel zogenaamde vernieuwingen tegen, een product met *Nieuw!* erop waar niet veel aan is veranderd.

Het kan ook gaan om het toevoegen van extraatjes waar de klant gevoelig voor is, zoals video in de auto of surfen met je mobieltje. Met productverbeteringen kun je meer verkopen aan bestaande klanten, en hopelijk ook aan klanten die eerst bij een concurrent kochten. Hoe beter het aanbod, hoe meer je ervoor kunt vragen. Met echte productverbetering kun je dus ook proberen de winstmarge omhoog te krijgen.

Het kan ook gaan om een echt nieuw product. Dat kan een bestaand product vervangen. Denk aan de introductie van de balpen, waardoor de inktpot in de kast kon blijven staan. Douchegel is een ander voorbeeld: in veel huishoudens is geen stukje zeep meer bij de douche te vinden en dat is goed voor de omzet van de aanbieders van producten voor de lichamelijke verzorging. Dat laatste is gelijk een voorbeeld van assortimentsverbreding: naast zeep is er ook gel voor dezelfde doelgroep(en). *Productontwikkeling* is een groeistrategie waarbij je nieuwe product-marktcombinaties samenstelt door het product te vernieuwen.

diversificatie

De moeilijkste groeistrategie is *diversificatie*. Daarbij komt een onderneming met nieuw aanbod op een nieuwe markt: een compleet nieuwe product-marktcombinatie. Het probleem daarbij is dat zij die markt en het product nog niet goed kent. Het opbouwen van alle benodigde kennis daarvoor is lastig. Toch kan een bedrijf proberen bij haar huidige ervaring aan te sluiten. Bic verkocht vroeger alleen balpennen, maar benutte haar ervaring op het gebied van plastic om ook scheerkrabbertjes en aanstekers te gaan maken.

Toyota ging met de Lexus een nieuw product maken (dure en sportieve luxeauto's) voor een nieuwe markt, maar het ging wel om een auto. Toyota kon dus veel van haar bestaande kennis toepassen bij deze diversificatiestrategie. Het laatste voorbeeld laat zien dat een nieuwe merknaam vaak bij diversificatie hoort: de naam Toyota hoort bij een ander soort product en een andere doelgroep. De positionering van Toyota is voor de doelgroep van de Lexus te 'gewoontjes'.

Door diversificatie ontstaat een onderneming met meerdere PMC's in de portfolio. Je kunt ook aan diversificatie doen door andere ondernemingen over te nemen, of door fusie. Een onderneming die langere tijd met succes aan diversificatie doet, wordt op den duur een *conglomeraat*: een verzameling van dochterondernemingen onder één paraplu. Een bekend voorbeeld is GE (General Electric): die verkopen allerlei consumentenelektronica, onderdelen voor de auto- en vliegtuigindustrie, financiële diensten, kit, en nog veel meer. Zo'n onderneming heeft niet alleen een portfolio met producten, maar ook met dochterondernemingen (ofwel strategic business units, SBU's).

Opdrachten

1. a. Geef twee redenen waarom veel managers van groeistrategieën houden.
   b. Welk gevaar zou een onderneming zonder groeistrategie kunnen lopen?

c. Leg uit wat kostenreductie te maken kan hebben met een groeistrategie.

2. a. Geef de precieze omschrijving van de groeistrategie marktpenetratie.
   b. Op welke drie manieren kun je die strategie vormgeven?

3. a. Wat is het verschil tussen marktpenetratie en marktontwikkeling?
   b. Op welke manier kun je een strategie van marktontwikkeling vormgeven?
   c. Geef daar ook een ander woord voor.

4. a. Welk interessant bijeffect kan de groeistrategie productontwikkeling hebben?
   b. Wat is het gevaar van deze groeistrategie?

5. a. Wat is er zo moeilijk aan de groeistrategie diversificatie?
   b. Aan welke voorwaarden moet een bedrijf voldoen om eraan te kunnen beginnen?

6. a. Waarom hoefde Bic geen nieuwe merknaam te zoeken voor aanstekers en scheerkrabbertjes, maar Toyota wel voor de Lexus?
   b. En waarom kon Rolls Royce gewoon de merknaam van die auto blijven gebruiken toen ze vliegtuigmotoren gingen maken?
   c. Leg uit waarom het laatste geval een voorbeeld van diversificatie is.

7. a. Voor welke groeistrategie heeft SmartFood Queen gekozen (zie de voorbeeldcase in paragraaf 7.3)?
   b. Met welke groeistrategie werkt Google (zie het bericht hieronder)?

Waarom geeft een internetconglomeraat als Google in hemelsnaam 3,2 miljard dollar uit om de thermostaatproducent Nest Labs te kopen? Om de lucratieve markt te betreden van slimme huishoudelijke apparaten met een online verbinding. De komende jaren zijn triljoenen euro's te verdelen met slimme koelkasten, thermostaten en lampen.

trouw.nl, 14-1-2014

8.2 Investeringsstrategieën

Om te groeien moet een onderneming investeren. Er zijn verschillende investeringsstrategieën mogelijk, die zijn afgeleid van de portfolioanalyse.

opbouw

Neem het bedrijf SmartFood Queen uit de voorbeeldcase bij hoofdstuk 7. Die onderneming is nog niet lang geleden met een gezond aanbod toegetreden tot de fastfoodmarkt. Dit is een voorbeeld van een onderneming die bezig is met een *opbouw*strategie: zij heeft nog lang niet alle mogelijke klanten bereikt, er is dus nog veel groei mogelijk.

Opbouwdoelen passen goed bij groeimarkten, met nieuwe producten in de beginfasen van de productlevenscyclus. Maar een onderneming kan ook een bestaande markt wakker schudden. Met creatief nieuw aanbod en creatieve marketing kun je een duffe markt omtoveren in een groeimarkt.

Het gevaar van opbouwdoelstellingen is dat er veel investeringen voor nodig zijn, terwijl een onderneming in de opbouwfase meestal geen grote pot met geld heeft. De verleiding bestaat dan om veel te lenen. Daardoor komt de solvabiliteit in gevaar (dat is de verhouding tussen eigen vermogen en geleend vermogen). Daardoor wordt de onderneming kwetsbaar bij tegenslagen. Opbouwen is balanceren tussen durf en voorzichtigheid.

- penetratie

Binnen een opbouwstrategie kun je kiezen tussen verdere marktpenetratie of marktuitbreiding. SmartFood Queen wil het marktaandeel vergroten op een bestaande markt. Haar strategie is dus om de marktpenetratie te vergroten ten koste van concurrenten. Marktpenetratie is het vergroten van je marktaandeel. Die doelstelling kun je meetbaar maken als een hoeveelheid extra afzet of omzet. Dit gaat samen met een aanvallende concurrentiestrategie.

- marktuitbreiding

Meer verkopen hoeft niet altijd ten koste te gaan van de concurrenten. Toen SlimDevices in 2003 de squeezebox (een netwerkspeler waarmee je digitale muziek naar je stereo kunt leiden) introduceerde, was er nog niets anders om mee te concurreren. Toch was SlimDevices bezig met een opbouwstrategie. Aan *marktuitbreiding* kun je doen met:

- een echt nieuw product (productintroductie);
- een bestaand product maar met een nieuwe doelgroep die dat eerst nog niet kocht.

Stel dat het McDonald's zou lukken om de 65-plussers massaal binnen te krijgen, dan zou ze haar marktaandeel vergroten zonder klanten van de concurrentie af te nemen.

handhaven

Als een onderneming al een groot marktaandeel heeft, kiest zij eerder voor een *handhaaf*strategie. Het marketingdoel is dan het marktaandeel stabiel te houden en klanten vast te houden, maar niet veel meer te investeren. Daarbij past een verdedigende concurrentiestrategie. Handhaafdoelen passen vooral bij markten die al verzadigd zijn en bij producten die al langer op de markt zijn. Ook als de kosten van verder opbouwen niet meer opwegen tegen de extra winst, kom je bij handhaven terecht.

oogsten

Als een product in de neergangsfase komt, is marktuitbreiding niet meer mogelijk. Een voorbeeld: de chocoladerepen van Verkade. Als de groei uit een markt is, komt vooral een aanbieder met een groot marktaandeel in de verleiding om te gaan *oogsten* ofwel uitmelken. Die gaat het product als een melkkoe behandelen: er niet veel meer in investeren, maar aan de bestaande klanten blijven verkopen. Het marketingdoel is vooral het verbeteren van de winstmarge, zelfs al zou daardoor de omzet dalen.

Oogsten doe je alleen als je denkt dat er geen nieuwe mogelijkheden zijn voor het product. Geld dat beschikbaar is om te investeren in markt- en productonderzoek en ontwikkeling kun je dan beter aan andere producten in de portfolio besteden.

Zelfs in groeimarkten kan oogsten zin hebben, als het een bedrijf niet lukt om de concurrentie bij te blijven bij het opbouwen of handhaven. Daardoor kan dat veel duurder worden dan de verwachte opbrengsten rechtvaardigen. Oogsten is alleen een goede strategie als je ondertussen merken of producten in de portfolio hebt die groeien.

afstoten

Bij een product of een onderdeel van het bedrijf dat verlies maakt, komt de onderneming voor de keuze: oplossen dat probleem en weer gaan groeien, of de stekker eruit trekken. Bij een product dat aan het einde van de levenscyclus is, kan dit de beste mogelijkheid zijn. Het is ook mogelijk dat er nog iets van te maken is, maar dat de onderneming daar gewoon geen geld voor heeft. *Afstoten* is hetzelfde als *desinvesteren*: verkopen of ermee ophouden.

Voorbeeld

Ahold NV zeilde in de jaren '90 scherp aan de wind: de ene grote overname volgde op de andere. Met deze groei- en opbouwstrategie werd Ahold een wereldspeler van formaat in de food retail. Dankzij de toen hoge koers van het aandeel kon Ahold makkelijk geld lenen voor die overnames. Met zo'n winstmachine zit terugbetaling wel goed, dachten de beleggers en de banken. Maar toen het schip in laagconjunctuur terechtkwam en er ook nog een boekhoudschandaal volgde, bleek de schuldenlast wel erg hoog. Verschillende winkelketens gingen in de uitverkoop.

Andersom kun je elementen van een product- of merkenportfolio niet zomaar afstoten, simpelweg omdat ze verliesgevend zijn. Het kan gaan om onderdelen van het assortiment die verlies opleveren, maar die toch klanten trekken (20/80-regel). Als je ze zou afstoten, trek je minder klanten en loopt ook de afzet van de ± 20% sterke winstmakers terug.

Onthoud

Investeringsstrategieën:
- opbouwen
- handhaven
- oogsten
- afstoten.

Opdrachten

8. a. Op welke twee manieren kan een onderneming opbouwdoelen nastreven?
   b. Wel gevaar kan een opbouwstrategie met zich meebrengen?
   c. Geef twee voorbeelden van doelstellingen die van opbouwdoelen zijn afgeleid.

9. a. Op welke twee manieren is marktuitbreiding mogelijk?
   b. Welke gevolgen hebben die twee voor doelstellingen op het gebied van onderzoek en ontwikkeling?

10. a In welke twee gevallen kom je mogelijk bij handhaafdoelen terecht?
    b Kan een onderneming met een handhaafstrategie tegelijk een marktuitdager zijn? Verklaar je antwoord.

11. a. Een toekomstscenario: in 2030 loopt de schooljeugd op een nieuw soort rubberlaarzen, het merk Blubble is razend populair. Hun ouders blijven op sportschoenen lopen. Welke strategie en marketingdoelen adviseer je Nike en Adidas tegen die tijd?
    b. In welke andere situatie kan deze aanpak ook nuttig zijn?

12. a. Ook in groeimarkten kun je afstootstrategieën tegenkomen. Waarom?
    b. Geef een ander woord voor afstoten.

13. Bij wat voor marketingstrategie hoort een penetratiedoel?

14. Bij welke investeringsstrategie past marktonderzoek en bij welke niet? Verklaar je antwoord.

15. Neem de BCG-matrix er nog eens bij (zie bladzijde 41). Welke investeringsstrategie past bij:
    a. een ster?
    b. een vraagteken?
    c. een melkkoe?
    d. een blindganger?

8.3 Concurrentiestrategieën

Michael Porter ziet concurrentie als een doorslaggevende factor. Je kunt nog zulke mooie andere doelstellingen hebben, als je in de concurrentie onderuit gaat, zal je onderneming niet erg winstgevend zijn. Porter onderscheidt drie verschillende concurrentiestrategieën, waarmee een onderneming een belangrijk concurrentievoordeel kan behalen.

kostenleider

De eerste is de *kostenleider*strategie. Een onderneming die op haar markt kostenleider is, heeft een lager kostenniveau dan al haar concurrenten. Dat is een groot voordeel. Hierdoor kan de winstmarge hoger zijn en kan de kostenleider ook makkelijker investeren dan de concurrentie. De kostenleider kan ook meer geld besteden aan promotie en customer service. Het is ook mogelijk om lagere prijzen te vragen en toch meer winst te maken. IKEA is een goed voorbeeld van een kostenleider.

differentiatie

De tweede is een *differentiatie*strategie. De onderneming zorgt ervoor dat haar aanbod zo uniek is, dat het 'different' is dan dat van de concurrentie. In gewoon Nederlands zou je dit een 'onderscheidingsstrategie' kunnen noemen. Deze aanpak heeft veel te maken met goed positioneren van het aanbod. Doordat veel mensen graag dit heterogene aanbod willen kopen, kan de aanbieder hogere prijzen vragen.

Voorbeelden

Google begon als zoekmachine op het internet. Het was een wat aparte zoekmachine, want in plaats van dure servers hadden Larry Page en Sergey Brin een flinke hoeveelheid goedkope pc's aan elkaar gekoppeld. Google werd snel populair, want de zoekmachine was heel gebruikersvriendelijk. Al snel werd Google ook een 'adserver', die advertenties op het internet plaatst tegen betaling. Google AdSense (advertenties die passen bij de context van de webpagina) is nog steeds niet echt nagedaan door anderen. Met Google Glass heeft de onderneming haar zoveelste primeur. Google onderscheidt zich heel duidelijk van de concurrentie en groeit dan ook als kool.

Een computer van Apple is geen computer maar een Mac. Als enige aanbieder maakt Apple zowel de hardware als de software voor de Mac. Een tablet van Apple is geen tablet maar een iPad, enzovoort. Apple heeft goede vormgevers in huis, onderscheidt zich duidelijk van de concurrentie en kan daardoor hogere prijzen vragen. De onderneming is de afgelopen tien jaar heel sterk gegroeid.

focus

De derde is een *focus*strategie. De onderneming focust zich op één marktsegment, of een beperkt aantal (een marktnis). Zo leert die onderneming dat marktsegment heel goed kennen. Het concurrentievoordeel is dat het voor veel andere ondernemingen moeilijk is om net zo goed bij de behoeften van diezelfde doelgroep aan te sluiten. Binnen een focusstrategie kun je weer kiezen voor nadruk op lage prijzen, of voor een goede positionering en hogere prijs. Bij die laatste mogelijkheid is de prijs-kwaliteitverhouding belangrijk, net als bij differentiatie.

stuck in the middle

Porter omschrijft ondernemingen die niet duidelijk één van deze drie strategieën kiezen als *stuck in the middle*, te vertalen als 'tussen de wal en het schip'. Ze volgen een 'middle of the road'-strategie. Ze worden makkelijk weggeconcurreerd door ondernemingen die wel een duidelijke strategie kiezen. Je kunt dat ook anders zeggen: een goede focus, differentiatie of kostenleiderschap is een kritische succesfactor.

Volgens Porter is het belangrijk om te kiezen. Toch is het wel mogelijk om deze strategieën te laten overlappen. Neem de kostenleider IKEA, die weet het aanbod toch behoorlijk goed te onderscheiden van de concurrentie (differentiatie). Toch is de basis van IKEA's succes het kostenleiderschap, daarvoor is een duidelijke keuze gemaakt.

Tot zover de ideeën van Porter. Je kunt concurrentiestrategieën ook anders indelen:

aanvallen

- Een *aanvals*strategie past bij een marktuitdager, die wil proberen om marktleider te worden (de aanbieder met het grootste marktaandeel).

verdedigen

- Een *verdedigings*strategie past bij een marktleider, die zijn marktaandeel wil beschermen.

ontwijken

- Een *ontwijk*strategie past bij een marktnisser, die het concurrentiegeweld ontvlucht door zich op één marktsegment te richten (of een klein aantal) en dat heel goed te bedienen. Ook een marktvolger, die als het ware schuilt onder de paraplu van de marktleider en zijn beleid volgt, werkt met een ontwijkstrategie.

Kostenleiderschap en differentiatie zijn duidelijk aanvalsstrategieën, waarbij trouwens ook verdediging kan horen als er een nieuwe toetreder op de markt komt. Focus is een ontwijkstrategie, doordat de onderneming zich op een beperkte doelgroep richt. Maar als er meerdere aanbieders zijn voor hetzelfde marktsegment, moet de onderneming toch weer kiezen voor aanvallen, verdedigen of ontwijken.

Opdrachten

16. Welke concurrentiestrategie (volgens Porter) herken je in de aanpak van:
    a. Aldi.
    b. BMW.
    c. Zwitsal.

17. a. Zou je een startende ondernemer een kostenleiderstrategie aanraden? Verklaar je antwoord.
    b. Kan een focusstrategie geschikt zijn voor een startende ondernemer?
    c. En differentiatie?

18. Zoek nog een praktijkvoorbeeld van een onderneming die werkt met een:
    a. focusstrategie.
    b. differentiatiestrategie.
    c. kostenleiderstrategie.

19. De FunkJunk is een platenzaak die meegegroeid is met het marktsegment funkliefhebbers. De focus is helder, maar blijft gericht op een smal segment op middelbare leeftijd. Het is meestal erg gezellig in de winkel. Bedenk twee manieren voor deze zaak om toch de afzet de vergroten.

20. a. Is het mogelijk dat een kostenleider een verdedigingsstrategie moet volgen? Zo ja, in welke situatie?
    b. Verklaar waarom een focusstrategie een ontwijkstrategie kan zijn.

8.4 Samenvatting

Een marketingstrategie met winstgroei als hoofddoelstelling is een groeistrategie. Dat kan volgens één van de vier groeistrategieën volgens Ansoff. Bij *marktpenetratie* diep je een bestaande product-marktcombinatie verder uit. Bij *marktontwikkeling* zoek je nieuwe groepen klanten voor bestaand aanbod. Bij *productontwikkeling* richt je nieuw of vernieuwd aanbod op bestaande klanten. Bij *diversificatie* richt je nieuw aanbod op nieuwe klanten. Daar kan een nieuwe merknaam bij horen. Diversificatie past bij conglomeraatvorming.

Uit de portfolioanalyse kun je vier verschillende *investerings*strategieën afleiden.

- Een *opbouw*strategie is gericht op het vergroten van afzet en omzet. Dat kan door marktpenetratie of door marktuitbreiding. Dit vereist een flink budget voor investeringen.
- Een *handhaaf*strategie is gericht op een stabiele afzet en marktaandeel, bij beperkte investeringen.
- Bij een *oogst*strategie investeert de onderneming bijna niet meer en richt zich puur op de winstmarge: je melkt het product of merk uit.
- Een *afstoot*strategie is nuttig als een product of merk verlies maakt en niet bijdraagt aan het assortiment, of als er gewoon geen geld voor te vinden is.

Porter onderscheidt drie concurrentiestrategieën voor succesvol ondernemen:
- *kostenleiderschap*, met lagere kosten dan de concurrenten;
- een *differentiatie*strategie met een aanbod dat zich heel duidelijk onderscheidt van de concurrentie;
- een *focus*strategie waarbij de onderneming focust op een beperkt aantal marktsegmenten en probeert daarin heel goed te worden.

Je kunt concurrentiestrategieën ook indelen in *aanvallen* (past bij een marktuitdager), *verdedigen* (kan passen bij een marktleider) en *ontwijken* (past bij marktvolgers en bij marktnissers).

8.5 Begrippen

Afstootstrategie	Investeringsstrategie gericht op desinvesteren: het verkopen van een merk of bedrijfsonderdeel of ermee ophouden.
Differentiatiestrategie	Concurrentiestrategie waarbij de onderneming haar aanbod heel duidelijk weet te onderscheiden van de concurrentie.
Diversificatie	Groeistrategie gericht op nieuw aanbod voor een nieuwe markt.
Focusstrategie	Concurrentiestrategie waarbij het concurrentievoordeel bestaat uit een scherpe focus op één marktsegment (of een beperkt aantal marktsegmenten).
Handhaafstrategie	Investeringsstrategie met als doel het marktaandeel stabiel te houden en klanten vast te houden.
Kostenleiderschap	Concurrentiestrategie waarbij het concurrentievoordeel bestaat uit een lager kostenniveau dan de concurrenten.
Marktontwikkeling	Groeistrategie: met een bestaand product een nieuwe markt opgaan.
Marktpenetratie	Groeistrategie gericht op het verder uitdiepen van een bestaande product-marktcombinatie
Oogststrategie	Investeringsstrategie gericht op een hoge winstmarge zonder nog in het product of merk te investeren.
Opbouwstrategie	Investeringsstrategie gericht op vergroten van de afzet, door middel van marktpenetratie en/of marktuitbreiding.
Productontwikkeling	Groeistrategie: een nieuw product op een bestaande markt introduceren.

9 Prijsbeleid

9.1 Kostengerichte prijsstelling

P's

Heb je eenmaal de marketingstrategie vastgesteld op basis van de strategische opties, dan kom je toe aan het invullen van de marketingmix: de *vier (of vijf) P's*. Dat zijn de marketing*instrumenten*, met elk hun eigen deelinstrumenten.

Onthoud

De marketingmix

Instrument	Deelinstrumenten
• Prijs	Consumentenprijs, prijs voor de tussenhandel, kortingen.
• Product	Het product of de dienst zelf, assortiment, garantie, merk, service, verpakking.
• Plaats	Distributiekanalen, distributie-intensiteit, winkelformules, trek- of duwdistributie.
• Promotie	Reclame, persoonlijke verkoop, pr, sponsoring, publiciteit, direct marketing, verkoopacties, sociale media, beurzen en evenementen.
• Personeel	Meedenken met de klant, inzet, representatie, onderlinge communicatie.

Oorspronkelijk waren er vier P's. De P van personeel is er later bijgekomen en wordt vooral gebruikt in de detailhandelsmarketing en dienstenmarketing. Veel marketingmensen vinden dat vooral de eerste vier P's teveel vanuit de aanbieder bekeken zijn, in plaats vanuit de klant. Je kunt ook de *vier C's* gebruiken:

C's

- cost to the consumer (in plaats van prijs);
- consumentenbehoeften (in plaats van product);

- convenience (ofwel koopgemak, in plaats van plaats);
- communicatie (in plaats van promotie).

De marketingstrategie werk je verder uit door deze marketinginstrumenten in te vullen. Je start met de P van Prijs. De prijs kun je vaststellen vanuit drie verschillende uitgangspunten:

- kostengericht;
- concurrentiegericht;
- vraaggericht.

Eén van de functies van het marketinginstrument Prijs is om winst te maken. Maar dan moet je wel eerst je kosten zien terug te verdienen. De kostprijs van een goed of dienst vormt dus meestal de ondergrens van de mogelijke verkoopprijs. Hoe meer verschil tussen kostprijs en verkoopprijs, hoe meer winst.

Dat hoeft niet altijd voor één apart product op te gaan: als de aanbieder op het hele assortiment een mooie winst maakt, kan hij best met een paar producten stunten om klanten te lokken. Het verlies op die paar producten wordt dan ruimschoots goedgemaakt door de winst op de rest.

kostprijs-plusmethode

De meest simpele manier om de prijs vast te stellen op basis van de kosten is de *kostprijs-plus*methode (ofwel *cost-plus pricing*). Je stelt dan de verkoopprijs vast (*pricing*) door bovenop de kostprijs (*cost*) een percentage winst (*plus*) te zetten.

Voorbeeld

BlokHut bv verkoopt tuinhuisjes. De kostprijs van een tuinhuisje is € 800,– en ze worden verkocht met 20% winst. Wat is de verkoopprijs van een tuinhuisje?

20% van € 800,– is € 160,–
De verkoopprijs exclusief btw is € 960,–
Inclusief 21% btw komt dat op € 1.161,60

kostengericht prijzen

BlokHut hanteert de kostprijs-plusmethode: ze gaat uit van de kostprijs en doet daar 20% bovenop. Dat is een *kostengerichte* manier om een verkoopprijs te bepalen. Je neemt de kosten als vertrekpunt.

Voorbeeld

Bloem & Pot VOF maakt bloemstukjes. De grondstofkosten zijn € 1,50, de kosten van arbeid € 2,50. Voor indirecte kosten hanteert zij een opslagpercentage van 50%. De kostprijs bedraagt:

grondstof	€ 1,50	
arbeid	€ 2,50	
	€ 4,–	
opslag indirecte kosten	€ 2,00	(overhead)
	€ 6,–	

De VOF wil een winstopslag van 25%. De verkoopprijs (zonder btw) wordt:
€ 6,– + € 1,50 = € 7,50

Hoe hoog die winstmarge in het echt uitpakt kan van andere dingen afhangen: Wat wil de klant betalen? Wat doet de concurrent? In het uiterste geval kan de marge nul zijn, dan is de prijsdoelstelling (tijdelijk) 'kostendekkend produceren'. Dat kan nodig zijn als de marktomstandigheden moeilijk zijn en de onderneming het hoofd boven water moet zien te houden.

Voorbeeld

BlokHut krijgt te maken met sterke concurrentie van tuinhuisjes uit Polen, die voor € 900,– van de hand gaan. Gelukkig wordt er niet alleen maar op prijs geconcurreerd: tuinhuisjes zijn heterogene producten en er zijn veel aanbieders, dus de marktvorm is monopolistische concurrentie. Prijs is één van de P's waarmee wordt geconcurreerd. BlokHut concurreert ook met kwaliteit (product) en promotie.

BlokHut beslist om op de concurrentie te reageren met het verlagen van de verkoopprijs. De marketingdoelstelling wordt 'een lastige concurrent verslaan'. De prijsdoelstelling wordt 'kostendekking'. Dat betekent dat de kosten worden goedgemaakt, maar niet meer dan dat.

Wat wordt de nieuwe verkoopprijs (inclusief 21% btw) van een tuinhuisje?
De verkoopprijs exclusief btw is € 800,– (= kostprijs)
De verkoopprijs inclusief btw is € 968,–

rendementsmethode

Ook de *rendementsmethode* is een kostengerichte methode om de prijs te bepalen. De onderneming stelt vast welk rendement gehaald moet worden: een bepaald percentage van het totale geïnvesteerde vermogen. Het geïnvesteerde vermogen is het totale bedrag dat nodig is om het product te ontwikkelen, te produceren en te verkopen. Eerst tel je het gewenste rendement op bij het geïnvesteerde vermogen. Daarna deel je het totale bedrag door het aantal producten. De uitkomst is de verkoopprijs.

Voorbeeld

EuroMotor NV heeft een nieuw type pomp ontwikkeld die 30% minder energie nodig heeft. De ontwikkelingskosten bedroegen € 3 miljoen. De productiekosten, inclusief indirecte kosten, bedragen € 4 miljoen. De prognose is dat er 2.500 van deze pompen gebouwd en verkocht zullen worden. De verkoopkosten zijn € 0,8 miljoen. EuroMotor doet het alleen voor een rendement op het geïnvesteerd vermogen van 15%. Wat is de verkoopprijs exclusief btw?

ontwikkelingskosten	€ 3.000.000,-
productiekosten	€ 4.000.000,-
verkoopkosten	€ 800.000,-
totaal geïnvesteerd vermogen	€ 7.800.000,-
rendement: 15% van € 7.800.000,- is	€ 1.170.000,-
gewenste opbrengst	€ 8.970.000,-

Verkoopprijs per pomp: € 8.970.000,- : 2.500 = € 3.588,-

Het is voor een ondernemer verleidelijk om een kostengerichte methode te gebruiken bij het vaststellen van de verkoopprijs. Hij weet dan zeker dat hij geen verlies lijdt op de verkoop. Toch moet hij ook op de concurrentie letten, en op de wensen van de klanten: als je niets verkoopt, is een kostengerichte prijs niet eens kostendekkend. In de praktijk is een kostengerichte methode ook niet altijd zo simpel.

In de eerste plaats is het niet altijd makkelijk om de kostprijs per product vast te stellen. Eén onderneming produceert of verkoopt vaak meerdere producten. Dan heeft het bedrijf te maken met overhead ofwel indirecte kosten: kosten die gemaakt worden voor meerdere producten tegelijk. Daarom kun je indirecte kosten alleen bij benadering aan één soort product toerekenen, met een opslagpercentage. Ondernemingen die maar één soort product afleveren, hebben geen last van dit probleem. Ondernemingen die op projectbasis leveren (zoals in de bouw of in de scheepsbouw), gebruiken wel vaak de kostprijs als uitgangspunt bij het vaststellen van de verkoopprijs.

Het tweede nadeel van een kostengerichte methode van prijszetting is het gevaar dat de aanbieder te veel de nadruk op de kosten gaat leggen. De ondernemer die zijn concurrenten en de prijsbeleving van zijn klanten vergeet, kan snel door anderen ingehaald worden. Als klanten het product te duur vinden, wordt het niet verkocht, ook al ligt de prijs niet veel boven de kostprijs. De ondernemer die daar van tevoren rekening mee houdt, past misschien het productieproces aan of het product zelf.

Een kostengerichte methode is dus in de meeste gevallen alleen zinvol in combinatie met vraaggerichte en concurrentiegerichte methoden van prijszetting. Ondernemers die volgens het marketingconcept werken beginnen met de vraag. Daarna gaan ze pas kijken of de kosten terugverdiend kunnen worden.

Opdrachten

1. a. Wat is het voordeel van het hanteren van een kostengerichte methode?
   b. Welke twee kostengerichte methoden van prijszetting ken je?
   c. Geef twee nadelen van kostengericht de prijs vaststellen.

2. Leg uit waarom een kostengerichte methode lastig kan zijn voor bedrijven die veel verschillende producten verkopen.

3. a. Past een kostengerichte methode om de prijs te bepalen bij goed reageren op de concurrentie? Waarom wel of niet?
   b. Is zo'n methode geschikt voor een bedrijf dat te maken heeft met een sterk prijsgevoelige vraag? Verklaar je antwoord.

4. Jan Pakan maakt rotan stoelen. De kostprijs van een stoel komt op € 30,- en Jan werkt met een winstopslag van 30%. Bereken de verkoopprijs van een rotan stoel.

5. Henza bv maakt fotolijsten. De grondstofkosten van een fotolijstje zijn € 1,50 en de kosten van arbeid € 3,50. Voor indirecte kosten zoals huur en transport berekent men een opslag van 60%. De gewenste winstopslag is 40%.

a. Bereken de kostprijs van een fotolijst.
b. Bereken de verkoopprijs inclusief 21% btw.

6. a. Snorris NV laat een nieuw type auto ontwikkelen. De totale ontwikkelings- en productiekosten komen op 250 miljoen euro. De verkoopkosten zijn € 15 miljoen. Er worden 20.000 stuks van dit type auto gemaakt en verkocht. De fabrikant wil een rendement van 20% over het geïnvesteerd vermogen. Bereken de verkoopprijs van de auto (excl. btw).
   b. Hoe heet deze methode van prijs bepalen?

7. a. PleasureBoat bouwt een jacht in opdracht. Er wordt een winstopslag van 30% afgesproken. De kosten bedragen € 150.000,–, te vermeerderen met indirecte kosten (15%). Bereken de verkoopprijs van het jacht, exclusief btw.
   b. Hoe heet deze methode van prijs bepalen?

8. a. Arie Foppen gaat op de markt staan met nogablokken. Aan kraamhuur is hij deze maand € 360,– kwijt, aan gemeentelijke belastingen € 75,–. Daarnaast heeft hij € 80,– autokosten en rekent hij € 1.485,– voor zijn eigen arbeid. Arie verwacht deze maand 4.000 nogablokken te verkopen, de inkoopprijs is € 0,40 per stuk. Hij werkt met de rendementsmethode en wil een rendement van 10%. Bereken de verkoopprijs van een nogablok.
   b. Welk gevaar loopt Arie met deze manier van prijszetting?

9.2 Prijs en concurrentie

Bij het vaststellen van een prijs kunnen maar weinig bedrijven het zich permitteren om de concurrentie te vergeten. Er zijn verschillende manieren om de prijs af te stemmen op die van concurrerende bedrijven.

'Een groter marktaandeel' is een voorbeeld van een marketingdoelstelling die te maken heeft met concurrentie. Bij zo'n doelstelling moet de onderneming haar marketing afstemmen op het gedrag en de prijs van de concurrent. Als de marketingdoelstelling *concurrentiegericht* is, moet de prijsdoelstelling dat ook zijn. Dat hangt wel af van het soort concurrentie op de markt (dus van de marktvorm).

Op een markt met volledige concurrentie maakt de klant geen verschil tussen producten van verschillende aanbieders: hij ziet ze als homogeen. Daarom kopen de klanten bij de goedkoopste aanbieder. Als één van de vele aanbieders de prijs verlaagt, volgen alle anderen onmiddellijk; anders verkopen ze niets meer. Zulke markten vind je vooral voor onbewerkte producten, zoals zand of baksteen. Een aanbieder haalt het niet snel in z'n hoofd om op prijs te gaan concurreren: het zal hem niet lukken die prijs weer omhoog te krijgen. Bij deze marktvorm vragen alle aanbieders ongeveer dezelfde prijs.

Als er veel aanbieders zijn en het product is heterogeen, dan heb je te maken met monopolistische concurrentie. Denk aan de markt voor kleding of voor make-up. Bij deze marktvorm is prijs een machtig wapen om concurrenten mee te lijf te gaan. Die hoeft lang niet altijd laag te zijn, bij een trendy product hoort juist een hogere prijs. Bij goede kwaliteit ook.

backward pricing

Voor ondernemingen die prijs hanteren in de slag om de euro van de consument bestaan er verschillende strategieën. Bij *backward pricing* neem je de verkoopprijs van de concurrent als uitgangspunt. Daar probeer je nét onder te gaan zitten. De prijsdoelstelling is om het product goedkoper aan te bieden dan de concurrent en toch nog winst te maken.

me-too / going rate

Op markten met de marktvorm oligopolie (weinig aanbieders, bijvoorbeeld de markten voor benzine, wasmiddelen of cola-drinks) concurreert men niet vaak op prijs. Omdat er maar weinig aanbieders zijn, lukt het ze meestal om aan non-price competition te doen: aanbieders concurreren met alle middelen, behalve met de prijs. Een lagere prijs is nu eenmaal slecht voor je winst. De aanbieder met het grootste marktaandeel is de *marktleider*. De andere aanbieders nemen vaak de prijs van de marktleider als uitgangspunt. Het volgen van de marktleider bij het bepalen van een prijs heet *me-too pricing* of *going rate pricing*.

Toch is prijs ook bij een markt met oligopolie een belangrijk marketinginstrument. De prijs moet passen bij de kwaliteit van het product en de positie die het in de markt heeft. Kijk maar naar wasmiddelen: er zijn prijsverschillen, ook al wordt er weinig op prijs geconcurreerd. Toch lukt het oligopolisten niet altijd om een prijzenslag te vermijden.

Een aanbieder die een mooi marktaandeel heeft veroverd, wil niet graag nieuwe concurrenten op die markt. De concurrent ontmoedigen om toe te treden, is een concurrentiegerichte marketingdoelstelling. De prijsdoelstelling die daarbij hoort, is een prijs die zo laag is, dat een mogelijke concurrent in elk geval geen winst kan maken. Deze methode heet *stay-out pricing*, in gewoon Nederlands 'blijf uit mijn markt'. Een aanbieder die stay-out pricing toepast, heeft wel een goed gevulde kas nodig.

stay-out

In dit soort oorlogstactieken kan een aanbieder nog een stapje verder gaan: proberen om een concurrent, die al aanwezig is op de markt, weg te krijgen. Bij deze marketingdoelstelling past een prijs waarbij die concurrent langdurig in de rode cijfers duikt; lang genoeg om de moed op te geven. De prijs gebruiken als instrument om een concurrent te verjagen heet *put-out pricing*. Dit kan natuurlijk alleen als de onderneming zelf over ruime reserves beschikt.

put-out

In plaats van de prijs net iets lager zetten, zijn er ook genoeg ondernemingen die de prijs expres wat hoger stellen. Ze doen aan *premium* pricing. Daarbij past een goede kwaliteit en een hoog promotiebudget. Aan de andere kant vind je *discount* pricing. Dat past bij dumpzaken, maar ook bij luchtvaartmaatschappijen waarmee je voor een habbekrats kunt vliegen. Nog een stap verder gaat *dumping*, onder de kostprijs verkopen. Dat komt wel voor als een onderneming tegenslag heeft en met een grote overcapaciteit zit: dan verdient ze toch nog een deel van de vaste kosten terug.

premium

discount

dumping

Veel ondernemingen gebruiken een marketingmix waarin de andere marketinginstrumenten minstens net zo'n belangrijke rol spelen als de prijs. Als het lukt om het product heterogeen te maken, kiezen consumenten het niet alleen om de prijs. Deze ondernemingen proberen klanten aan zich binden, om een groep van trouwe afnemers te krijgen.

Opdrachten

9. Geef steeds aan welke methode van prijsstelling er wordt gebruikt.
   a. Shell maakte vanmorgen de benzine een cent goedkoper, de andere oliemaatschappijen ook.
   b. Aannemer Bouwman werkt met een winstopslag van 20%.
   c. Snackbar LekkerSnel reageert op de komst van snackbar 't Hoekje door de prijzen snel met 30% te verlagen.
   d. Airbus wil op de XX-300 een rendement van 14% op het geïnvesteerde vermogen.
   e. In Libanon mocht Coca Cola een aantal jaren geen zaken doen. Nadat

dat verbod werd opgeheven, is cola daar een tijdlang goedkoper geweest dan water, vanwege een prijzenoorlog tussen Coca en Pepsi.

f. Bij super Ronnie zijn de meeste artikelen net 2 cent goedkoper dan bij Super-1-Uit-1000, een paar straten verderop.
g. Super-1-Uit-1000 is dat zat en gaat (alleen in die vestiging) stunten met bier: € 5,90 per krat!

10. a. Waarom concurreren veel ondernemingen liever niet alleen met prijs maar ook met de andere marketinginstrumenten?
    b. Geef twee mogelijke redenen waarom je toch concurrentiegerichte prijsdoelstellingen tegenkomt.

11. a. Wat houdt de *me-too* methode in?
    b. Bij welke marktvorm kom je *me-too* pricing vooral tegen?
    c. Leg uit waarom.

12. a. Wat is het verschil tussen stay-out pricing en put-out pricing?
    b. Bij welke marktvorm is stay-out pricing en put-out pricing mogelijk?
    c. Noteer een mogelijke marketingdoelstelling en prijsdoelstelling bij stay-out pricing.
    d. Doe dat ook voor put-out pricing.

13. a. Geef een marketingdoelstelling die bij backward pricing past.
    b. Wat is de prijsdoelstelling?

14. Welke manier van prijszetting past goed bij de marketingdoelstelling?
    a. De concurrentie ontmoedigen.
    b. Meer verkopen dan de concurrent.
    c. Uit de kosten komen.
    d. 20% rendement op het geïnvesteerde vermogen.

15. a. Noteer een marketingdoelstelling die past bij een kostengericht prijsbeleid.
    b. Geef een voorbeeld van een marketingdoelstelling die past bij een concurrentiegericht prijsbeleid.

16. Prijsbeslissingen hangen ook sterk af van de marktvorm.
    a. Waarom kan zelfs een monopolist de prijs niet onbeperkt opschroeven?

b. Waarom heb je weinig ruimte voor prijsbeleid als je onderneming actief is op een markt met volledige concurrentie? (veel aanbieders, homogeen product, bijvoorbeeld stoeptegels)

17. a. Wat is het doel van *premium pricing*?
    b. Op welke marktvorm vindt veel *me-too pricing* plaats?
    c. Wat is de marketinggedachte achter *discount pricing*?
    d. Welke twee concurrentiegerichte manieren van prijsstelling passen bij een prijzenoorlog?

9.3 Vraaggerichte prijsstelling

De prijs verhogen en lekker veel winst maken! Helaas moet je bij prijsbeslissingen ook rekening houden met de prijselasticiteit van de vraag: bij een elastische vraag leidt prijsverhoging al snel tot omzetdaling. Een dalende omzet is het laatste wat je met het prijsbeleid wilt bereiken. Als aanbieder moet je dus zoveel als mogelijk zicht hebben op de vraagcurve: hoeveel kopen mensen van ons product bij verschillende prijzen?

prijsrange

De ene klant is de andere niet, dus ook het bedrag dat mensen voor iets over hebben, varieert. De *prijsrange* is het gebied tussen de maximale prijs die klanten willen betalen en de minimale prijs die de klanten nog net geloofwaardig vinden. Is de prijs hoger, dan vinden mensen het artikel te duur. Is de prijs lager, dan gelooft de consument niet dan het om een goed product kan gaan. De prijs die klanten voor een product over hebben, kan variëren per marktsegment. Met marktonderzoek kun je uitvinden wat de prijsrange voor een bepaald product is.

Sinds het internet er is, kunnen consumenten makkelijker prijzen vergelijken: ze hebben meer informatie over de P van prijs, ofwel Cost to the consumer. Vroeger kon een detaillist vaak nog wel wegkomen met een hogere prijs, omdat niet alle klanten goed geïnformeerd waren. Dat is steeds minder mogelijk. Een hogere prijs moet staan voor meerwaarde, bijvoorbeeld hogere kwaliteit, meer service tijdens het gebruik, snellere levering of meer garantie.

prijsdiscriminatie

Er zijn veel manieren om vraaggericht de prijs vast te stellen. Als je verschillende doelgroepen (segmenten) hebt met verschillende koopkracht, kan prijs*discriminatie* aantrekkelijk zijn: per groep vragen wat die groep kan betalen.

Voorbeeld

Treinreizen zijn goedkoper voor 65-plussers en studenten. Met een kortingskaart betaal je minder in de daluren. Tegen de normale prijs zouden veel minder 65-plussers en studenten de trein nemen. Ondertussen rijden die treinen in de daluren toch half leeg. Ook de klant die minder betaalt, helpt mee om de vaste kosten terug te verdienen. Zolang deze klanten de anderen (in de spits) maar niet in de weg zitten, is deze prijsdiscriminatie voordelig voor de NS.

Bij prijsdiscriminatie verdeelt de aanbieder zijn klanten in marktsegmenten die verschillend koopgedrag vertonen. Op het verschillende koopgedrag reageert de onderneming met verschillende prijzen. Doordat de aanbieder aansluit bij het gedrag van zijn klanten, is deze methode van prijszetting vraaggericht. Met prijsdiscriminatie kan een aanbieder meer klanten bereiken. Bovendien kan hij de capaciteit beter benutten. Hetzelfde zie je bij de telefoon: 's avonds bellen is goedkoper dan overdag. 's Avonds naar de film is duurder dan overdag. In beide gevallen wordt steeds precies hetzelfde product aangeboden.

Het moet wel mogelijk zijn om duidelijk onderscheid te maken tussen verschillende groepen klanten. Bij verschil tussen tijdstippen is het makkelijk. Bij verschil in leeftijd kun je om een bewijs vragen. Bij een product dat klanten makkelijk door kunnen verkopen, heeft prijsdiscriminatie geen zin.

Ook als het niet mogelijk is om verschillende marktsegmenten netjes te scheiden, zouden veel aanbieders best aan prijsdiscriminatie willen doen. Maar dat gaat niet: een autodealer die meer vraagt voor een Ferrari aan een jonge snelheidsduivel dan aan een bedaagde zakenman, krijgt beslist problemen. In zulke gevallen zoeken ondernemers het eerder in aanpassing van het product voor verschillende groepen klanten. Van die auto kun je bijvoorbeeld verschillende types maken, eentje die de snelheidsmaniak aanspreekt en eentje voor een wat rustiger publiek. Zodra de producten een beetje verschillen, kan ook het prijskaartje anders zijn.

Voorbeeld

Een vliegreis is een vliegreis. Alleen is de eerste klasse een stuk duurder dan business class. Die is weer veel duurder dan economy class. De dienst verschilt: hoe meer je betaalt, hoe ruimer je zit (of ligt) en hoe beter je bediend wordt.

prijsdifferentiatie

Het verschil tussen eerste en tweede klasse is een voorbeeld van *prijsdifferentiatie*. Dat is het vragen van verschillende prijzen voor producten die wel op elkaar lijken, maar die expres net wat verschillend zijn gemaakt. Er is ook een verschil in kostprijs tussen de producten, maar meestal is het prijsverschil groter dan het kostenverschil. Het duurdere product heeft meerwaarde en er is een marktsegment dat bereid is daar goed voor te betalen. Ook prijsdifferentiatie is dus vraaggericht.

kortingen

Om prijzen te variëren per klant, per seizoen of per locatie kunnen *kortingen* nuttig zijn. Die kun je splitsen in prestatiekortingen en promotionele kortingen. Bij een *prestatie*korting beloont de aanbieder de klant voor een bepaalde prestatie:
- veel tegelijk kopen (kwantumkorting);
- buiten het seizoen kopen (seizoenskorting);
- het product van de fabrikant veel aandacht geven (merit rating, daarbij geeft de aanbieder zijn klanten een score, en die bepaalt hoeveel korting zij krijgen);
- snel betalen (betalingskorting).

Een *promotionele* korting maakt geen onderscheid tussen verschillende klanten, die is vooral bedoeld als lokkertje en als instrument bij verkoopacties.

psychologische prijzen

Veel aanbieders spelen in op de prijsbeleving, met kortingen en psychologische prijzen. Met *psychologische* prijzen mik je meer op de emotie van de klant dan op het gezonde verstand. Hieronder enkele van de belangrijkste.
- *Oneven-eind* prijzen, zoals € 9,99 of € 9,95 in plaats van een tientje.
- Een voordelig artikel vlak naast een prijzige soortgenoot plaatsen wekt begeerte op.
- Een introductiekorting kan klanten over de streep helpen. Zo was de officiële introductieprijs van een Harry Potter boek € 23,95, maar kon je het met 50% korting krijgen voor € 11,95. Staat leuk, kost niets. Die nooit gevraagde 24 euro is in dit geval de *referentie*prijs, waar de werkelijke prijs aan afgemeten wordt. Net zo'n truc zie je bij adviesprijzen (adviesprijs € 495,–, bij ons € 300,–!).

- *Prestige pricing* is het vragen van een hoge prijs voor statusgoederen. Met een lage prijs zou de klant minder status aan het artikel ontlenen.

assortiment en prijs

Ook bij het prijzen van het assortiment zijn allerlei technieken mogelijk waar klanten emotioneel gevoelig voor zijn. De technieken hieronder horen bij *product-line pricing*, maar ze zijn net zo goed psychologisch en vraaggericht.

- *Price lining*: een beperkt aantal eenheidsprijzen hanteren per productlijn, bijvoorbeeld stropdassen alleen voor € 11,-, € 17,- en € 23,-. Dat schept duidelijkheid, het spaart kosten en kan goed zijn voor de winst.
- *Multiple-unit pricing*: meerstuksverpakking met een aantrekkelijke prijs, een vorm van korting. Dit kan ook als *bundle* pricing, dan gaat het om complementaire artikelen in één verpakking; bijvoorbeeld scheerzeep met een scheerkwast.
- *Captive pricing*: het product zelf is niet duur, maar de prijs van benodigdheden, accessoires en onderdelen valt vies tegen. Printers zijn bijvoorbeeld niet zo duur, maar de cartridges met inkt wel.
- 'Elke dag lage prijzen' is een strategie voor de detailhandel om klanten een goed gevoel te geven.
- Een aantal scherpe aanbiedingen om klanten de winkel in te krijgen (*leader pricing*, de goedkope artikelen zijn de *loss leaders*).

Daarnaast kun je bij het prijzen van een assortiment kiezen voor *trading up* (meer duurdere artikelen in het assortiment) of *trading down*.

productlevenscyclus en prijs

In de introductiefase van een echt nieuw product zit je met een probleem: Wat willen de mensen ervoor geven? Je kunt dat wel onderzoeken, maar dat is lastig omdat de meeste mensen het product nog niet goed kennen. En wat kost dat product eigenlijk? Dat hangt ook af van het succes van de introductie; hoe meer je kunt maken, hoe lager de kostprijs per stuk. Vandaar dat het vaststellen van een prijs voor een nieuw product *pioneer pricing* heet. Een belangrijke overweging daarbij is het moment waarop de onderneming bij een bepaalde prijs het break-even punt bereikt (dat is het punt waarop de aanbieder winst op het artikel begint te maken). Bij pioneer pricing heb je twee mogelijke strategieën.

pioneer pricing

- penetratieprijs

Met een *penetratie*prijs probeer je zo snel mogelijk een grote marktpenetratie te krijgen en marktaandeel te veroveren. Dat is een prijs die klanten als heel redelijk ervaren. Dat doe je als je merkt dat de concurrentie je op de hielen zit met 'me-too' producten. In latere fasen van de productlevenscyclus hoef je deze prijs niet (veel) meer te wijzigen. Vooral bij software gaat men tegenwoordig heel ver met de penetratiestrategie: gratis software om klanten te binden.

- afromen

Je kunt met een hoge prijs beginnen en die langzaam laten zakken. Dat heet het *afromen* van de markt. Deze strategie gaat ervan uit dat verschillende marktsegmenten verschillende prijzen overhebben voor het product. Afromen sluit aan bij het adoptiegedrag: eerst de innovators, daarna de early adopters, de early majority, de late majority en de laggards. Als je enkele jaren geleden één van de eersten wilde zijn met een Google glass voor je ogen, betaalde je veel meer dan nu. Nadat al die trendy innovators zo'n ding in huis hebben, gaat de prijs wat zakken om de volgende, iets minder hebberige groep binnen te halen.

Deze manier is vraaggericht, omdat je uitgaat van het bedrag dat mensen voor je product overhebben. Het is toepasbaar als je niet snel last van concurrentie hebt; of als de marktvorm oligopolie is, waarbij stilzwijgend niet op prijs wordt geconcurreerd. In de eerste fasen worden de klanten bediend die niet gevoelig zijn voor prijs en verdient de onderneming een mooi deel van de aanloopkosten terug. Aan het eind van de groeifase en in de volwassenheidsfase is er toch meer concurrentie en ligt de nadruk meer op marktaandeel: de prijs is nu al stukken lager. In de rest van de cyclus kan de prijs nog dalen.

Onthoud

Prijsstrategieën

vraaggericht:
- prijsdiscriminatie
- prijsdifferentiatie
- kortingen
- psychologische prijzen
- assortiment prijzen
- pioneer pricing
- penetratieprijs
- afromen

concurrentiegericht:
- me-too
- premium
- discount
- dumping
- stay-out
- put-out

kostengericht:
- kostprijs-plusmethode
- rendementsmethode

Opdrachten

18. a. Wat heeft prijsdiscriminatie te maken met marktsegmentatie?
    b. Zoek nog een voorbeeld van prijsdiscriminatie.
    c. Waarom is prijsdiscriminatie in veel gevallen moeilijk?
    d. Welke 'second best' oplossing kun je dan kiezen?

19. Leg uit waarom de overheid graag prijsdiscriminatie toe zou passen met het aanbod van snelwegen (al bleek dat politiek niet haalbaar).

20. Gaat het om prijsdiscriminatie, prijsdifferentiatie of om geen van beide?
    a. Om Canal+ te kunnen ontvangen, heb je een decoder nodig.
    b. Kinderkaartjes half geld.
    c. Wilt u deze wagen in DeLuxe, Grand Luxe, GL Diamond of Sportuitvoering?
    d. Bij Daan & Sjaan happy hour van 5 tot 7.
    e. Prijslijst bioscoop Doek: entree € 11,- (op maandagavond € 7,75).
    f. En daaronder: stalles € 9,-, loge € 13,-.

21. a. Noteer twee verschillen tussen prijsdiscriminatie en prijsdifferentiatie.
    b. Wat is de overeenkomst tussen die twee?

22. a. Geef nog een voorbeeld van een statusgoed.
    b. Hoe heet het prijzen van statusgoederen?

23. a. Leg uit hoe multiple-unit pricing en bundle pricing de prijsbeleving van klanten kunnen beïnvloeden.
    b. Welk nadeel kan 'captive pricing' kan hebben?
    c. Leg uit waarom *price lining* kosten kan sparen en waarom je de winstmarge ermee kunt verbeteren.

24. Wat is het gevaar van kostengericht de prijs bepalen?

25. Leg uit waarom kortingen zo handig zijn bij het prijsbeleid.

9.4 Samenvatting

Prijsdoelstellingen hangen af van de fase in de productlevenscyclus, van de marktvorm, van de vraagcurve en van de prijselasticiteit van de vraag. Er zijn drie benaderingen bij het vaststellen van de prijs, die elkaar niet uit hoeven te sluiten.

De vraaggerichte benadering gaat uit van het bedrag dat klanten willen betalen. Bij *pioneer pricing*, voor de introductiefase van de productlevenscyclus, kun je meteen kiezen voor een groot marktaandeel (*penetratieprijs*) of je kunt de markt langzaam *afromen*. Als verschillende marktsegmenten goed te onderscheiden zijn, bijvoorbeeld op leeftijd, kun je aan *prijsdiscriminatie* doen. Anders is *prijsdifferentiatie* een mogelijkheid: verschillende prijzen voor verschillende varianten van het product. Met *psychologische* prijzen spelen aanbieders in op de emotionele prijsbeleving van klanten. Daar zijn veel technieken voor. Ook bij het prijzen van een assortiment (*product-line pricing*) kun je psychologische technieken gebruiken. *Kortingen* zijn een instrument om prijzen te kunnen variëren per klant, per tijdstip of per plaats.

De concurrentiegerichte benadering neemt de prijs van concurrenten als uitgangspunt. Daar kun je net iets onder gaan zitten (*backward* pricing), precies gelijk (*me-too*), of wat erboven (*premium*). Aan de onderkant van de markt vind je *discounting* en *dumping*. Bij een prijzenoorlog kunnen grote ondernemingen met *stay-out* en *put-out* prijzen werken. De kostengerichte benadering wil de kosten goedmaken en een winstmarge zekerstellen. Met de *kostprijs-plus*methode doe je dat per apart product, met de *rendements*methode doe je dat voor een grote hoeveelheid producten tegelijk.

9.5 Begrippen

Afromen Bij een nieuw product beginnen met een hoge prijs en die heel langzaam laten zakken (vorm van pioneer pricing).

Kostprijs-plusmethode Kostengerichte prijsstelling waarbij je de kostprijs als uitgangspunt neemt en daar een marge bovenop zet.

Penetratieprijs Vorm van pioneer pricing waarbij je met een lage prijs voor een nieuw product probeert om snel een groot marktaandeel te krijgen.

Pioneer pricing De prijs vaststellen voor een nieuw product.

Prijsdifferentiatie	Verschillende prijzen vragen voor verschillende uitvoeringen of varianten van een product.
Prijsdiscriminatie	Voor hetzelfde product verschillende prijzen vragen aan verschillende, duidelijk af te bakenen marktsegmenten.
Psychologische prijszetting	Prijszetting waarmee de onderneming probeert in te spelen op de emotie van klanten.
Rendementsmethode	Manier van kostengerichte prijsstelling waarbij je eerst alle kosten van een product over het aantal jaren van de verwachte levenscyclus bij elkaar telt. Daar tel je het gewenste rendement bij op. Daarna deel je het totaalbedrag door het aantal dat je verwacht te verkopen.

10 Productbeleid

10.1 De productmix

De *productmix* bestaat uit vijf deelinstrumenten:

- kwaliteit;
- merk;
- service & garantie;
- verpakking;
- assortiment.

product

Een *product* bestaat uit een verzameling producteigenschappen die in een behoefte voorzien. Dat geldt zowel voor een goed als voor een dienst. Die producteigenschappen bestaan uit:

- *fysieke* eigenschappen (zoals materiaal, constructie, vormgeving, kleur);
- *functionele* eigenschappen (gebruiksmogelijkheden, bediening, gebruiksgemak);
- *emotionele* eigenschappen (imago, gevoelsmatige eigenschappen).

kwaliteit

De mate waarin een product (of dienst) met haar eigenschappen aansluit op de behoeften van de klant, is de *kwaliteit*. Deze kwaliteit heeft een sterke relatie met de P van personeel: goede service verhoogt de kwaliteit voor de klant.

merk

Producten hebben een *merk* nodig. Dat bestaat uit een merk*naam*, een merk*teken* (logo), en uit inschrijving in het merken*register*. De naam en het logo zijn nodig voor de herkenning. De inschrijving is nodig om naam en logo te beschermen tegen na-apers.

paraplumerk

Een onderneming die veel verschillende producten hetzelfde merk geeft, werkt met een *paraplu*merk. Het is ook mogelijk om verschillende producten

individueel merk

in de portfolio *individuele* merken te geven. Met een paraplumerk, zoals Philips of Moulinex, is er één positionering waar alle producten van mee moeten profiteren. Bij een individueel merkenbeleid kan de aanbieder elk merk apart positioneren.

Een paraplumerk dat goed bekend staat, maakt de introductie van nieuwe producten makkelijker. Het nadeel is dat een probleem met het imago en de reputatie doorstraalt naar alle producten. Daar heeft Procter & Gamble geen last van: als er een probleem is met het merk Oral-B, straalt dat niet door naar Wella, Braun, Gilette, Olay, Head & Shoulders, Duracell, Pampers of Ariel (een greep uit de portfolio). Met individuele merken is het ook mogelijk om verschillende merken op verschillende marktsegmenten te richten. De doelgroep van Becel is niet dezelfde als die van Bona (beide merken van Unilever).

brand extension

Een nieuw product in de markt zetten is duur. Als je daarvoor dan ook nog een nieuw merk moet ontwikkelen, komt daar ook nog een flink bedrag aan communicatiekosten bij. Daarom doen ondernemingen vaak aan *brand extension*: ze gebruiken een bestaand merk ook voor dat nieuwe product. Dit heet ook wel *brand stretching*. Bijvoorbeeld van het merk Bertolli (ingrediënten voor de Italiaanse keuken) kun je nu ook margarine krijgen.

endorsement

global brand

Bij individuele merken kan de aanbieder ook voor een tussenoplossing kiezen: naast het individuele merk ook het 'moedermerk' vermelden. Unilever vermeldt ook de naam 'Unilever' op de verpakking van de verschillende merkproducten, en doet dus aan endorsement. In veel landen hoor je na de reclameslogan voor een individueel merk "...by Unilever". De individuele merken worden hiermee *endorsed* brands. Bij een nog onbekend merk kan endorsement een zetje in de rug zijn. Voor Unilever is de doelstelling om een *global brand* te creëren voor het 'moedermerk'. Een global brand moet wereldwijd dezelfde uitstraling hebben.

General Motors, de moedermaatschappij van onder andere Chevrolet, Cadillac en Opel, verleende elk merk tot 2009 het "GM Mark of Excellence". Maar GM ging failliet. Nadat het met hulp van de Amerikaanse regering succesvol was doorgestart, werd deze endorsement beëindigd.

dual branding

co-branding

Endorsement is een voorbeeld van een *duale* merkenstrategie (*dual branding*): op elk product staan twee merken. De andere vorm van dual branding is *co-branding*. Daarbij brengen twee verschillende ondernemingen samen iets op de markt, waar twee merken op staan. Een voorbeeld is de Senseo koffiemachine: Philips maakt de machine en Douwe Egberts maakt de bijbehorende koffiepads. Co-branding heet ook wel 'brand partnership'. Als het gaat om een merkartikel dat *in* een product van een ander merk zit, spreek je van *ingredient* co-branding. Een voorbeeld is 'Intel inside' op bijvoorbeeld een Dell computer.

De tegenhanger van co-branding bij de communicatie zie je bij reclame en bij verkoopacties:

- *combinatie*reclame, bijvoorbeeld 'Renault adviseert Elf olie'.
- *combinatie*promotie (*joint promotion*), klanten kunnen bijvoorbeeld sparen voor een Disney-film als ze Danoontjes kopen. Op de verpakking van die Danoontjes staan dan tijdelijk twee merken.

fabrikantenmerk

huismerk

A-merk

Als de eigenaar van het merk de producent is, dan heb je te maken met een *fabrikanten*merk. Eigen merken van de tussenhandel (groothandel of detailhandel) zijn *distribuanten*merken. Meestal noemt men die *huis*merken. Fabrikanten die tegelijk fabrikanten- en distribuantenmerken maken, volgen een *gemengde* merkenstrategie. Fabrikantenmerken komen in drie niveaus: A-, B- of C-merk. Een *A-merk* is een sterk merk, met het imago van een kwaliteitsproduct. De aanbieder ondersteunt het met landelijke reclame en het is bijna overal verkrijgbaar. De prijs is relatief hoog.

B-merk

C-merk

Voor een *B-merk* wordt minder reclame gemaakt, ze hebben dus minder naamsbekendheid. De kwaliteit van B-merken is vaak iets minder dan bij A-merken en de prijs is lager. Er is minder merktrouw. B-merken zijn vaak vechtmerken, waarmee de fabrikant kan concurreren tegen de distribuantenmerken. Een *C-merk* is onbekend, het merk zegt consumenten niets. De functie is om de onderkant van de markt af te schermen: de fabrikant zou anders marktaandeel kunnen verliezen aan concurrenten die goedkopere producten leveren dan hij. De kwaliteit en de prijs van C-merken zijn een stuk lager dan bij A- en B-merken.

wit merk

fancy merk

Grossiers en grootwinkelbedrijven met huismerken laten die producten door een fabrikant maken en plakken hun eigen label er op. Met eigen huismerken kan een winkelbedrijf zich beter positioneren. Bovendien zit er vaak meer winstmarge op een huismerk dan op een A-merk. Distribuantenmerken die op een C-merk lijken, heten *witte* merken, bijvoorbeeld AH basic. Een merk voor een artikel dat maar korte tijd op de markt is, heet een *fancy merk*. Zowel fabrikanten als distribuanten kunnen een fancy merk voeren.

keurmerk

kwaliteitsmerk

Een *keur*merk is eigenlijk geen merk. Het is een bewijs van keuring door een onafhankelijke instantie, die het product keurt op een bepaalde eigenschap, bijvoorbeeld veiligheid. Komt het product door de keuring van een keurmerk, dan mag het dat keurmerk voeren. Het woord *kwaliteitsmerk* kan twee verschillende dingen betekenen. Het kan slaan op een A-merk, maar het kan ook een soort keurmerk zijn dat bijvoorbeeld door de branchevereniging wordt verstrekt. Zo kan een viswinkel het 'kwaliteitsmerk visgilde' voeren.

service

garantie

Met *service*, alle dienstverlening rond de levering van een product of dienst, ondersteunt de aanbieder het product. Vooral specialty goods en shopping goods hebben goede service nodig. Ook service raakt sterk aan de P van personeel. Met *garantie* geeft de aanbieder de zekerheid dat het product minstens een vastgestelde periode blijft functioneren. De wet legt een bodem in garantieregelingen. Een artikel dat niet aan redelijke verwachtingen voldoet, kun je binnen een half jaar terugbrengen naar de verkoper; of die nou garantie verleent of niet. Ook na dat halve jaar moet het product aan redelijke verwachtingen voldoen. Een goede garantieregeling helpt om cognitieve dissonantie tegen te gaan.

verpakking

De *verpakking* heeft twee functies:
- een *commerciële* functie (herkenning, aandacht trekken, informatie, gebruiksgemak);
- een *technische* functie (bescherming van de inhoud, houdbaarheid, vervoersgemak, duidelijke hoeveelheid, veiligheid en milieu).

assortiment

Alle artikelen uit het aanbod vormen het *assortiment*: het geheel van producten, productgroepen en merken dat een bedrijf aanbiedt. Vooral voor handelsbedrijven is een aantrekkelijk assortiment nodig om klanten over de drempel helpen.

Over het assortiment moet elke aanbieder een aantal beslissingen nemen. Samen vormen die de assortiments*mix*.
- Een *breed* assortiment bestaat uit veel verschillende soorten producten. Je vindt een breed assortiment in de supermarkt en in het warenhuis. Een *smal* assortiment bestaat uit weinig verschillende productsoorten. Dat kom je vooral tegen bij speciaalzaken, zoals een winkel in ijzerwaren of een kledingwinkel.
- Een *diep* assortiment biedt per productsoort veel keus. Een *ondiep* assortiment biedt per artikelsoort maar beperkte keus.

- In een *hoog* assortiment is het prijsniveau relatief hoog. Bij een *laag* assortiment is de gemiddelde prijs van de artikelen laag.
- Bij een *lang* assortiment heeft de aanbieder per artikel veel voorraad; bij een *kort* assortiment niet.
- Binnen een *consistent* assortiment is er een goede samenhang tussen de verschillende artikelen en productgroepen.

Opdrachten

1. Hoe kun je de kwaliteit van een product gebruiken om het te positioneren?

2. a. Waarom is een merk niet volledig zonder inschrijving in het merkenregister?
   b. Uit welke twee andere onderdelen bestaat een merk?

3. a. Geef een voordeel en een nadeel van werken met een paraplumerk.
   b. Noteer twee voordelen en een nadeel van het gebruik van individuele merken.

4. Op welk niveau van fabrikantenmerk lijkt:
   a. een huismerk?
   b. een wit merk?

5. a. Waarom zou GM na het faillissement gestopt zijn met endorsement van haar individuele merken?
   b. Wat kan het gevaar zijn van brand extension?

6. a. Welke twee duale merkenstrategieën zijn er?
   b. Wat is ingredient co-branding?

7. a. Service is mensenwerk, je zou het ook bij communicatie kunnen rekenen. Verklaar waarom het toch beter thuishoort in de productmix.
   b. Op welke manier zou een garantieregeling de cognitieve dissonantie in de praktijk juist kunnen versterken?

8. Sinds we zijn gaan webwinkelen is het aanbod van karton bij de papierbak flink toegenomen. Welke functie heeft deze verpakking?

9. a. Waar vind je een dieper assortiment, bij de supermarkt of bij de bakker?

b. Sommige supermarkten maken hun assortiment graag tegelijk laag en hoog, om verschillende marktsegmenten tegelijk te kunnen bedienen. Hoe doen ze dat?
c. Veel webwinkels werken met een heel kort assortiment. Welke voorwaarde moet je hieraan stellen om niet in de problemen te komen?
d. Zoek een voorbeeld van een verkooppunt waar het assortiment helemaal niet consistent is.

10.2 Standaardproducten of maatwerk

Je klanten in de watten leggen is goed voor de verkoop. Het kost alleen wel geld. Daarom doen veel bedrijven aan standaardisatie: standaardproducten, standaard algemene voorwaarden en standaard servicegraad. Standaardproducten maken is goedkoper dan maatwerk.

Voorbeeld

De twintigste eeuw was het tijdperk van de standaardisatie en de lopende band. Henry Ford zei een eeuw geleden dat de klant een T-Ford in elke kleur kan krijgen, 'as long as it's black'. Ford was pionier op het gebied van standaardisatie: zijn auto's waren stukken goedkoper dan die van de concurrentie. Acht jaar later werd Ford ingehaald door General Motors, die haar auto's ook in andere kleuren spoot.

Standaardisatie bespaart kosten: hoe meer je van hetzelfde maakt, hoe groter de schaalvoordelen. Je hoeft geen machines om te stellen, en je hebt minder aparte productielijnen nodig. Bedrijven moeten een goede middenweg weten te vinden tussen goedkoop produceren en goede marketing: aansluiten bij de behoeften van de klant.

Of een aanbieder met zijn producten maatwerk levert of niet, hangt af van de vraag naar dat product (omzet) en de winst die het oplevert. Met andere woorden: hoe belangrijker het product is voor de onderneming, hoe meer men bereid is om maatwerk te leveren.

20/80-regel

Hierbij let je op de *20/80-regel*: veel ondernemingen behalen rond de 80% van de omzet of winst met rond de 20% van de artikelen uit het assortiment.

Pareto

Deze regel is afgeleid van het *Pareto-principe*. Ruim honderd jaar geleden stelde Vilfredo Pareto vast dat 80% van het bezit in Italië in handen was van 20% van de bevolking. In de marketing kun je dit verschijnsel toepassen op klanten en op assortiment.

Een beperkt aantal bestsellers zorgt dus voor het leeuwendeel van de opbrengsten. De 20/80-regel is een heel grove regel, de precieze getallen verschillen sterk per bedrijf. Bij webwinkels als Amazon en Rhapsody is bijvoorbeeld vastgesteld dat 2% van de artikelen verantwoordelijk is voor 50% van de opbrengst.

Die bestsellers, die pakweg 20% van de artikelen (of diensten), zijn dus belangrijk. In de distributie noemt men ze *A-artikelen*. Het kan ook om een product gaan dat nog niet veel aan de omzet bijdraagt, maar waarvan de omzet snel groeit. Bij A-artikelen let de onderneming extra goed op de kwaliteitscontrole, op de bevoorrading en op de service. Een kink in de kabel bij zo'n artikel kan de aanbieder veel schade opleveren.

ABC-methode

De overige producten brengen relatief veel minder op. De neiging om maatwerk te leveren, is dan ook veel kleiner. *B-artikelen* worden middelmatig gevraagd, en naar *C-artikelen* is heel weinig vraag. Deze categorieën van het assortiment worden daarom zo veel mogelijk gestandaardiseerd: ze mogen niet te duur zijn. Dit is de *ABC-methode*, waarbij je het assortiment indeelt in drie categorieën artikelen.

Die B- en C-artikelen schrappen dan maar? Als ze zo slecht verkopen, zou je dat bijna gaan denken. Het probleem is alleen dat de klanten dan wegblijven. Mensen willen graag keuze. Waarom is het prettig om bij Amazon te shoppen? Omdat je uitgebreid kunt bladeren, er is een enorme keuze en een systeem waarbij je op producten wordt geattendeerd die bij jouw smaak passen. Als Amazon alleen de bestsellers zou verkopen, zou de website veel minder bezoekers trekken. Het assortiment *in zijn geheel* is aantrekkelijk. Dat kan alleen als er ook veel artikelen in zitten met een lage omzetsnelheid.

Voorbeelden

Levensmiddelenfabrikant UniVeter heeft vele merken in haar portefeuille. Een voorbeeld van een B-artikel: chocoladepasta ChocoSmeer. Matige omzet, matige winst, één uitvoering. Een A-artikel: Beng! hagelslag. Die is te koop in puur, melk, wit, gestippeld en in diverse kleurcombinaties.

De familie Doorsnee koopt een rijtjeshuis bij het Bouwfonds. Bram Doorsnee werkt in de marketing, hij merkt al snel dat zijn huis voor het Bouwfonds een B-artikel is: er valt niets te kiezen, alle kleuren en tegels zijn standaard voor het hele blok.

Een eindje verderop laat de familie Van Beuningen een luxe vrijstaande villa bouwen. Milly van Beuningen is tot het laatste moment bezig kleuren, tegeltjes en kozijnen uit te kiezen, onder de vriendelijke en geduldige begeleiding van architect Treurniet en aannemer Bouwman. Voor die twee aanbieders valt dit object in de A-categorie.

Nu er internet is, is het makkelijker geworden om klanten de mogelijkheid te geven een standaardproduct op de website enigszins aan hun wensen aan te passen: eigen kleuren invullen of modelvarianten kiezen. Dit heet aanpassing of *mass customization* (zie ook paragraaf 10.4).

standaardklanten

Net zo goed als je A-artikelen hebt, heb je ook 'A-klanten'. Milly van Beuningen in het laatste voorbeeld is zo'n topklant. Het zijn de klanten die het meest bijdragen aan de winst. Hoe meer een klant aan jullie winst bijdraagt, hoe eerder jouw bedrijf voor die klant maatwerk wil leveren. Maar waar ligt de grens precies?

Net zoals je voor het assortiment de ABC-methode kunt gebruiken, kun je klanten indelen in ABCD-categorieën (zie bladzijde 82). En de 20/80-regel gaat ook op voor klanten. Er zijn verschillende gevallen.

- Laag orderbedrag → standaardservice. Veel bedrijven brengen extra kosten in rekening voor kleine orders (zoals orderkosten, bezorgkosten, voorrijkosten).
- Normaal orderbedrag → standaardservice.
- Hoog orderbedrag → veel bedrijven zijn geneigd maatwerk te leveren.
- Veel orders van een trouwe klant → deze klanten kan men belonen met behulp van een programma voor klantenbinding: spaaractie, klantenkaart met voordeeltjes, clubprogramma met voordelen, of een combinatie hiervan.

Voorbeeld

Trouwe klanten van KLM die veel gespaard hebben bij het Flying Blue programma krijgen voordeeltjes, maar ook maatwerk: een aparte balie voor sneller inchecken, je krijgt makkelijker een van die laatste stoelen, je krijgt een beter plekje, op de luchthaven is er een speciale lounge voor je.

Maatwerk slaat niet alleen op het product of de dienst zelf. Het slaat ook op de orderbehandeling, de levering en de betaling. Veel bedrijven hanteren standaardcondities of algemene voorwaarden: die voorwaarden zijn van toepassing op alle koopovereenkomsten met klanten (als er geen andere afspraken worden gemaakt).

De voordelen van standaardvoorwaarden zijn duidelijk wanneer het gaat om verkopen aan veel kleine klanten: meer gemak, snelheid en duidelijkheid, voor beide partijen. Ook al hanteert een bedrijf standaardvoorwaarden, het kan daar best van afwijken. Hoe belangrijker een koopovereenkomst, hoe meer men bereid is maatwerk te leveren, ook met de voorwaarden.

Opdrachten

10. a. Noteer drie producten die jij koopt en die duidelijk standaardproducten zijn.
    b. Geef een voorbeeld van een product dat jij wel eens koopt dat elementen heeft van maatwerk.
    c. Geef ook een voorbeeld van een dienst met maatwerk.
    d. Geef een voorbeeld van een standaarddienst.

11. a. Zoek op amazon.co.uk een artikel dat duidelijk hoort bij die winstgevende 20%.
    b. Zoek ook een artikel dat duidelijk bij de 80% hoort.

12. a. Hoe kan een bedrijf als Albert Heijn haar A-klanten herkennen?
    b. Op welke manier zou Albert Heijn deze klanten apart kunnen behandelen?
    c. Waarom is het zo belangrijk om A-klanten tevreden te stellen?

13. Bij de ABC-methode om het assortiment in te delen kunnen veel aanbieders niet zomaar de B- en C-artikelen schrappen. Wat is dan het nut van deze methode?

10.3 Productontwikkeling

Om sterren en melkkoeien in de portefeuille te hebben, moet een onderneming wel af en toe een nieuw product introduceren. Vrijwel alle ondernemingen moeten aan innovatie doen: de technologie verandert, behoeften van klanten veranderen. Veel producten hebben een levenscyclus en als die in de neergaande fase zit, is het tijd om met een nieuwe winner te komen. Daarvoor hebben grote ondernemingen een afdeling O&O (onderzoek en ontwikkeling) of R&D in het Engels (research en development). Tegelijk moet de onderneming weten waar mensen behoefte aan hebben. Daarvoor doet zij aan marktonderzoek.

productontwikkeling

Een onderneming moet dus aan *productontwikkeling* doen. Dat woord is een beetje verwarrend: het kan op een groeistrategie slaan, met een nieuw product voor een bestaande markt. Maar bij een diversificatiestrategie (nieuw product, nieuwe markt) moet de onderneming natuurlijk net zo goed nieuwe producten ontwikkelen; en dat noemen we nou eenmaal productontwikkeling. Het ontwikkelen van nieuwe producten kan dus ook horen bij de groeistrategieën productontwikkeling en diversificatie.

Bedrijven kunnen om verschillende redenen aan productontwikkeling doen. De hoofdreden kan zijn om meer omzet te halen (groeistrategie), maar het kan er ook vooral om te doen zijn om je staande te kunnen houden in de concurrentie. Nieuwe producten kan een onderneming zelf ontwikkelen, maar ze kan die ook kopen door een andere onderneming over te nemen ('make or buy' beslissing).

Bij productontwikkeling en productintroducties denk je al gauw aan een écht nieuw product. Voorbeelden daarvan waren de videorecorder, de pc, de fax, e-mail, douchegel en de zaktelefoon. Deze producten voldeden aan een behoefte, waarin je daarvoor niet op die manier kon voorzien. Een boodschap of een plaatje in een seconde bij iemand bezorgen, was gewoon niet mogelijk voordat fax en e-mail er waren.

Als de eerste aanbieder geen octrooi op het nieuwe product heeft aangevraagd (of zodra dat is verstreken), kunnen anderen het ook maken en introduceren. Veel zogenaamde productintroducties zijn 'me-too' producten. Voor de aanbieder van een me-too product kan het gaan om de uitbreiding van een bestaande productlijn of om een heel nieuwe productlijn. HP ging bijvoorbeeld naast printers ook pc's verkopen. Voor de klanten zijn deze 'introducties' niet zo nieuw, omdat zulke artikelen al te koop waren.

Er zijn ook veel 'introducties' waarbij een bestaand product wordt vervangen door een nieuwe versie die een beetje veranderd is, of een facelift heeft gekregen. Bedrijven die met zulke productverbeteringen komen, zijn niet aan het innoveren, maar ze *re*noveren hun aanbod.

Bij een deel van de productvervangingen is het enige doel om kosten te besparen bij de productie en de logistiek; denk aan de sterk gekrompen pakken zeeppoeder, om schapruimte te sparen. Ook heb je 'introducties' van producten die helemaal niet veranderd zijn, maar die de aanbieder opnieuw positioneert. Daarbij kan het gaan om een nieuw imago, om nieuwe gebruiksmogelijkheden en om het richten op nieuwe marktsegmenten.

'nieuwheid'		voor de onderneming		
		hoog		laag
voor de klant	hoog	écht nieuw product		herpositioneren
	laag	nieuwe productlijn	productverbetering uitbreiden productlijn	kostenreductie

innovatiestrategie

Een onderneming die echt nieuwe producten ontwikkelt, heeft een *innovatie*strategie bij het productbeleid. Daarvoor is veel kennis en ervaring nodig, op technisch gebied (onderzoek en ontwikkeling), bij de marketing en bij het concurreren. In veel gevallen is een grote pot met geld daarbij onmisbaar: om een product te ontwikkelen en te introduceren moet je veel durven investeren. Het risico op mislukking is vrij groot, dus je komt al snel bij grotere ondernemingen met een grote, evenwichtige portfolio. Als de onderneming bij een deel van de producten kan oogsten, is er geld voor productontwikkeling.

volgerstrategie

Met een succesvolle innovatiestrategie kan een onderneming als eerste op de markt zijn. Lang niet alle ondernemingen zijn daartoe in staat. Daarom zijn er veel die op dit gebied een volgerstrategie hanteren. Die ontwikkelen zelf geen nieuwe producten, maar zijn wel goed in na-apen. Denk aan Samsung met de smartphones. Met goede 'me-too' producten komen, is zeker geen kunstje om je neus voor op te halen: veel succesvolle bedrijven zijn zo groot geworden. Daarbij is het heel belangrijk om snel te zijn: om mee te profiteren van de winstgroei moet het 'nieuwe' product aan het begin van de groeifase op de markt zijn. Een *volger*strategie kun je omschrijven als het verbreden van het assortiment met producten die nog niet zo lang bestaan.

assortimentsverbreding

Verbreding van het assortiment neemt vaak de vorm aan van het 'uitrekken' van een productlijn. Mercedes heeft bijvoorbeeld met de introductie van de A-klasse en de Smart haar productlijn naar beneden uitgerekt: ze heeft de bestaande productlijn aangevuld met goedkopere producten. De reden daarvoor is om je te beschermen tegen aanvallen van concurrentie vanaf de onderkant. Ook kan deze groeistrategie van productontwikkeling bedoeld zijn om meer marktsegmenten te gaan bedienen. Naar boven uitrekken is net zo goed aantrekkelijk: veel grote autofabrikanten hebben luxe wagens in de markt gezet, omdat die markt snel aan het groeien was.

Uitrekken van productlijnen kan gevaarlijk zijn voor de positionering: een kwaliteitsimago kun je kapot maken met naar beneden uitrekken. Naar boven uitrekken kan ongeloofwaardig overkomen. Een beleid van individuele merken kan hierbij uitkomst bieden. De Smart is geen Mercedes volgens Mercedes, en een Jaguar is geen Tata volgens Tata Motors.

productverbetering

Niet alle bedrijven willen of kunnen een innovatiestrategie volgen. Toch moeten ze zich staande houden in de concurrentie en zorgen dat hun aanbod blijft aansluiten bij de behoeften van klanten. Dat kan vaak met een strategie van product*verbetering*. Ook deze ondernemingen doen aan productontwikkeling, alleen veel minder diepgaand dan de echte innovators.

Voorbeeld

Inditex (het moederbedrijf van onder andere Zara) is de grootste speler onder de kledingzaken ter wereld en de man aan het roer van het conglomeraat – Amancio Ortega – is de rijkste man in Europa. Hoe flikt hij het toch om ondanks de economische teruggang bakken geld te verdienen met zijn kleding?

Het bedrijfsmodel is even simpel als succesvol: betaalbare mode die de laatste trends op de voet volgt. Wie regelmatig een bezoekje brengt aan één van de zaken van Inditex, weet dat de collectie in de rekken iedere paar weken weer helemaal anders is.

Eén van de voornaamste redenen waarom Inditex erin slaagt om kleding in een rap tempo van tekentafel naar de winkel te krijgen is dat de ontwerpers letterlijk dicht bij de fabrieken staan. De kleding die je bij de Zara in de rekken vindt, is niet in een ver oord geproduceerd, maar in meer dan de helft van de gevallen relatief dichtbij zoals in Spanje, Portugal of Marokko.

Het bedrijf leunt zwaar op IT in de gehele waardeketen en krijgt zo regelmatig feedback van de managers die de winkelvloeren bestieren. Hierdoor weet men op het hoofdkantoor in Spanje feilloos wat de klanten in alle uithoeken van de wereld wel en niet willen.

z24.nl 19 september 2012

effectiviteitstrategie

Ook zonder iets aan het fysieke product zelf te veranderen, is het mogelijk om het opnieuw te positioneren. Als het lukt om bestaand aanbod beter bij de behoeften en ideeën van klanten aan te laten sluiten dan de concurrentie, kan een aanbieder de effectiviteit van de marketing verbeteren zonder aan productontwikkeling te doen. Met zo'n *effectiviteit*strategie kun je ook nieuwe marktsegmenten werven. Bij herpositioneren verbeter je niet het product zelf, maar de marketing.

Herpositioneren is een lastig kunstje, en je kunt het maar beter niet vaak doen: een merknaam opnieuw opbouwen met communicatie en positionering is moeilijk, omdat veel mensen de oude positionering nog goed kennen. De meeste herpositioneringen mislukken.

efficiencystrategie

Een laatste mogelijkheid is om de efficiency te verbeteren, en zo met bestaand aanbod een kostenvoordeel te halen. Bij de *efficiency*strategie kun je het product zó verbeteren, dat het minder kost om het te produceren, te vervoeren of op te slaan. In feite verbeter je op die manier vooral de bedrijfsprocessen, en niet zozeer het product. De tabel laat globaal zien hoe vaak de verschillende strategieën worden toegepast en in welk deel van de gevallen ze succesvol waren.

introducties	(in % van totaal)	
	succes	**mislukt**
helemaal nieuw	12	16
nieuwe productlijn	28	34
uitrekken productlijn	32	37
productverbetering	23	8
herpositionering	2	4
kostenreductie	3	1
	100	100

productontwikkelingsproces

Productontwikkeling, ofwel innovatie, verloopt in een aantal fasen. Samen vormen ze het productontwikkelings*proces*.

1 *Productstrategie kiezen*. De onderneming kiest één van bovenstaande strategieën.

2. *Ideeën verzamelen*. Om iets nieuws te maken, voor verbetering, voor herpositionering of voor kostenbesparing, heb je goede ideeën nodig. Die kunnen onder andere komen van het eigen verkooppersoneel, van de afdeling onderzoek en ontwikkeling, van andere collega's, uit marktonderzoek en tevredenheidsonderzoek (ideeën van klanten en mogelijke klanten), van de concurrentie, van toeleveranciers en de afnemende tussenhandel. Voor een bedrijf dat aan innovatie wil doen, is het heel belangrijk om ook een innovatiecultuur te creëren, waarin medewerkers zich gestimuleerd voelen om ideeën te ontwikkelen en ermee te komen.

3 *Ideeën uitzeven*. Systematisch verzamelde ideeën moet je doorlichten en uitzeven, zodat je alleen de echt goede ideeën overhoudt. Daarbij screen je op technische haalbaarheid (is het te ontwikkelen en te produceren?), financiële haalbaarheid (kosten), en op commerciële haalbaarheid (is het verkoopbaar?).

4 *Concept ontwikkelen en testen*. Het productidee moet vertaald worden naar een productconcept, dat voor klanten duidelijk en geloofwaardig is. Dat concept test je bij een groep van afnemers (productconceptonderzoek). Dat kan in de vorm van diepte-interviews of van groepsdiscussies met een panel of focusgroep, waarin feedback op het concept gegeven wordt. Het is verstandig om vooral met veeleisende klanten te praten. Sluit het product aan bij hun behoeften, zouden zij het ook kopen en zo ja, tegen welke prijs?

   Het beste is het om van het concept een dummy te laten maken: hoe realistischer je het (nog niet ontwikkelde) product kunt laten zien, hoe meer je aan de feedback hebt. Het product alleen omschrijven kan zorgen voor vage feedback, omdat de panelleden het niet echt begrijpen. Bij een negatieve reactie bespaar je de kosten van de productontwikkeling. Bij een positieve reactie blijft het oppassen: een test van het concept van een nog niet bestaand product is weinig betrouwbaar.

5 *Marktanalyse* en *introductieplan*. Bij de marktanalyse staan de mogelijke afzet (vraag) en de kosten centraal. Hoeveel zouden we minstens kunnen verkopen, aan welke marktsegmenten? Wat zijn de mogelijke prijzen? Wanneer komen we uit de kosten (het break-even punt)? Op welke winstmarge komen we daarna? Dit heet ook wel een 'market forecast'.

Als de marktanalyse gunstig uitvalt, stel je een introductieplan op. Daarin beschrijf je hoe de volgende fasen moeten verlopen, de organisatie van de introductie (activiteiten, taken, tijdsplanning, budget) en de marketingstrategie daarbij. In de strategie omschrijf je de doelmarkt, de positionering, het prijs-, promotie- en distributiebeleid, en de plaats van het nieuwe product in de rest van de marketingstrategie en marketingmix.

6 *Productontwikkeling*. Vaak wordt eerst een prototype gemaakt. Dat ondergaat een serie functionele testen: Werkt het goed? Hoe zit het met de kwaliteit? Is het veilig? Voldoet het aan de regelgeving? Ook houdt men meestal producttests om te meten hoe proefpersonen het product ervaren. Daarbij kun je blinde producttests houden, zonder de merknaam. Daarbij gaat het alleen om de beleving van het product zelf. Vergelijk je die met een product test 'as marketed' (je vermarkt het product bijvoorbeeld in een beperkte regio, een testmarkt), dan kun je ook de marketing rond het product evalueren.

7 *Markttesten*. Zodra er geproduceerd kan worden, kan de onderneming eerst nog een keer testen hoe de introductie aanslaat bij de doelmarkt. Dat kan op een testmarkt, bijvoorbeeld uitproberen in één winkel of één regio. Het kan ook in een laboratoriumwinkel. Het verschil met de vorige testen is, dat de klanten nu kunnen kiezen en voor het artikel moeten betalen. De aanbieder kan hiermee nagaan of het product echt aanslaat en of de marketing nog bijgesteld moet worden.

8 *Introductie*: commercialiseren. Het product komt op de markt. Hierbij kan de timing heel belangrijk zijn: Welke fase van de conjunctuurcyclus? Welk seizoen? Wat doet de concurrentie? Je kunt een product in één keer in het hele land te koop zetten, maar je kunt een introductie ook geleidelijk uitrollen. Met dat laatste krijg je nog gratis markttests én kun je meer spanning en publiciteit opwekken. Dat is goed voor de promotie, zoals Bacardi wist toen het de breezer eerst alleen in trendy strandtenten te koop zette.

Onthoud

Productontwikkeling

Strategieën:
- innovatie
- volger
- assortimentsverbreding
- productverbetering
- effectiviteit
- efficiency

Fasen:
- productstrategie kiezen
- ideeën verzamelen
- ideeën uitzeven
- concept ontwikkelen en testen
- marktanalyse, introductieplan
- productontwikkeling
- markttesten
- commercialiseren

Opdrachten

14. a. Bij welke twee groeistrategieën is productontwikkeling nodig?
    b. Wat betekent de keuze 'kopen' bij een *make or buy* beslissing over productontwikkeling?

15. a. Hoeveel procent van de introducties van echt nieuwe producten mislukken volgens de laatste tabel in de tekst? (let op, je moet dit zelf uitrekenen).
    b. Welke strategie voor productontwikkeling is in de praktijk het meest succesvol? Waarom zou dat zo zijn?

16. a. Welke productontwikkelingsstrategie is ook voor klanten het meest vernieuwend?
    b. En welke het minst?

17. a. Wat zijn de risico's van een innovatiestrategie?
    b. Een volgerstrategie geeft minder risico. Wat zijn de nadelen, vergeleken met een innovatiestrategie?

18. a. Het uitrekken van een productlijn is riskant voor de positionering. Leg uit waarom.
    b. Beschrijf twee manieren waarop de aanbieder dat risico kan verkleinen.

19. a. Herpositioneren is riskant. Leg uit waarom.

b. Waarom komen aanbieders, ondanks de hoge faalkans, toch in de verleiding om het te doen?
c. Hoe heet de productontwikkelingsstrategie die op herpositioneren gebaseerd is?

20. a. Wat is een efficiencystrategie, in het kader van productontwikkeling?
b. Zoek er een voorbeeld van in de praktijk.

21. a. Geef twee voorbeelden van maatregelen waarmee het management een innovatiecultuur zou kunnen bevorderen.
b. In de praktijk zijn veel bedrijfsculturen helemaal niet op innovatie gericht, integendeel. Geef twee voorbeelden van factoren die een innovatiecultuur belemmeren.

22. a. Geef aan waarom ideeën uitzeven net zo belangrijk is als ideeën verzamelen in het productontwikkelingsproces.
b. Beschrijf kort de fase conceptontwikkeling. Waarom is deze fase belangrijk?

23. a. Een goede introductie staat of valt met een goede marktanalyse. Breng in kaart voor welke moeilijkheden en hindernissen je bij deze analyse komt te staan.
b. Wat beschrijf je in een introductieplan?

24. a. Welke soorten producttest kun je onderscheiden in de fase productontwikkeling?
b. Wat is het verschil tussen deze testen en het markttesten?
c. Voor welke keuze kom je bij de timing van het commercialiseren?

10.4 Co-creatie

Ondanks aandacht voor onderzoek en ontwikkeling en uitstekend marktonderzoek floppen veel productintroducties. Daarom zoeken sommige ondernemingen naar manieren om hun klanten nauwer bij de ontwikkeling van nieuwe producten en diensten te betrekken. Ruwweg zijn er vijf niveaus waarop mensen uit het publiek mee kunnen doen aan productinnovatie van bedrijven.

- Begrip
  Mensen helpen de onderneming aan begrip over de markt. Dat kan bij marktonderzoek (enquête, interview, klantenpanels, testwinkels), maar de onderneming kan ook via de sociale media in gesprek gaan met mensen om na te gaan waar ze precies behoefte aan hebben.
- Aanpassing (*customization*)
  Individuele klanten kunnen het product aanpassen aan hun wensen. Dat kan nu ook via het internet, zodat dit ook mogelijk is voor goedkope artikelen.
- Ideeën
  Mensen leveren creatieve ideeën voor het ontwerp van een nieuw product, maar ontwerpen het niet zelf.
- Co-creatie
  Klanten werken samen met een onderneming om een nieuw product te ontwikkelen. Ze leveren ideeën aan, geven elkaar daarover feedback en komen uiteindelijk tot een goed ontwerp.
- Creatie
  Een of meer mensen uit het publiek ontwerpen zelfstandig een nieuw of verbeterd product of een oplossing voor een technisch probleem.

Samenwerking bij innovatie bestaat al heel lang. Vooral bij grote contracten kan het de klant zijn die de aard van het product bepaalt; denk aan een gespecialiseerde industriële robot. De klant kan ook voor een groot deel bepalen hoe een bepaalde dienst precies wordt ingericht: bijvoorbeeld hoe een bedrijfswebsite ingericht wordt, wat de precieze taken en tijdstippen van een schoonmaakdienst zijn, of hoe een distributiecentrum voor de opdrachtgever te werk gaat.

Ook consumenten bepaalden al lang hoe sommige producten en diensten eruit moesten zien: bijvoorbeeld de vormgeving van een huis, maatkleding, wat de schoonmaakster wel of niet moet doen. Ook kon de klant sommige producten tegen een meerprijs aan zijn wensen aanpassen, bijvoorbeeld sommige typen auto's of luidsprekers.

co-creatie

Co-creatie wil zeggen dat een bedrijf producten, diensten of oplossingen ontwikkelt in nauwe dialoog met zakelijke klanten (B2B) of eindgebruikers (B2C en C2B). Samen iets verbeteren of nieuw aanbod ontwikkelen kan ook in samenwerking met leveranciers. Het kan gaan om nieuw aanbod, maar ook om verbetering van bestaand aanbod of om verbetering van een productieproces (milieuvriendelijker bijvoorbeeld).

Het internet en vooral de sociale media hebben co-creatie in een stroomversnelling gebracht. Het is nu veel makkelijker geworden om grote groepen mensen bij de creatie van een nieuw product of nieuwe dienst te betrekken. Dat geldt ook voor de andere niveaus van klantbetrokkenheid bij innovatie. In de praktijk wordt het etiket 'co-creatie' soms voor verschillende niveaus gebruikt.

Co-creatie kan voor een bedrijf grote voordelen hebben:

- Het maakt altijd een goede indruk om naar je klanten te luisteren: het is uitstekende pr.
- Klanten en andere mensen uit het publiek zijn een stuk goedkoper dan marktonderzoekers en technici.
- Je betrekt je klanten heel direct bij je werk, dat versterkt de community rond je merk in de sociale media. Klanten gaan zich meer betrokken voelen bij het merk. En dat is goed voor de promotie en de mond-tot-mondreclame, ook nadat een product of een proces is gecreëerd.
- De kans dat de introductie van het nieuwe product een flop wordt, is stukken kleiner.

Co-creatie kan een bepaalde periode duren, totdat het product er is, maar je kunt er ook een doorlopend proces van maken. Dell heeft bijvoorbeeld een website (ideastorm.com) waarop gebruikers continu suggesties kunnen aanleveren. Anderen kunnen daarop reageren of hun eigen suggestie of verbetering aandragen. Er is een puntensysteem voor suggesties die veel steun krijgen. Dell neemt goede suggesties over. Ideastorm.com heeft ook een forum waarop klanten elkaar kunnen helpen met problemen. Ook op andere bedrijfsforums kunnen klanten suggesties doen voor productverbetering. Zulke verbeteringen kunnen zelfs een nieuwe oppepper geven aan producten die al in de neergaande fase van hun levenscyclus zitten.

Er zijn nogal wat ondernemingen waar vooral de technische mensen de innovatie sturen. Zulke producten herken je bijvoorbeeld aan een slechte gebruiksaanwijzing of onhandige bediening. Co-creatie kan ervoor zorgen dat een onderneming grondig door elkaar geschud wordt en volgens het marketingconcept gaat werken: de behoeften van de klant zijn het startpunt van de marketingactiviteiten. De technici zijn nog steeds belangrijk, maar ze moeten wel goed luisteren naar koning klant.

Opdrachten

25.

> Bij speelgoedfabrikant Lego kunnen mensen zelf bouwwerken van Legoblokjes ontwerpen. De bouwstenen kunnen ze bestellen, zodat ze het ontwerp ook echt kunnen bouwen. Als het ontwerp voldoet aan de regels die het bedrijf ervoor hanteert, komt het op de site te staan en kan iedereen het bouwpakket kopen. Lego verkoopt zo meer blokjes, krijgt nieuwe ideeën voor ontwerpen en betrekt zijn klanten meer bij het bedrijf.
>
> Nrc.nl,17 januari 2007

Op welk niveau van samenwerking bij productinnovatie was Lego hier bezig?

26. Op welk niveau betrekt de onderneming het publiek bij de productinnovatie?
    a. Zoek op Youtube de video 'Del Monte Social Media Strategy Creates A New Pet Food'.
    b. NikeID.
    c. Volgensmama.nl is opgezet door meerdere bedrijven, waaronder Zwitsal. Na een suggestie van vrouwen op deze website introduceerde Zwitsal een productlijn voor moeders.
    d. www.bmwgroup-cocreationlab.com.
    e. Threadless.com.
    f. Op het Kroketten Testival kregen vijfhonderd geselecteerde fijnproevers de kans hun mening te geven over de nieuwe lijn kroketten van snackfabrikant Mora.

27. Bedenk een manier waarop jouw onderwijsinstelling aan co-creatie zou kunnen doen.

10.5 Crowdsourcing

crowdsourcing

Het woord 'crowdsourcing' is een samentrekking van crowd (massa mensen) en outsourcing (uitbesteding). Bij outsourcing besteedt een bedrijf bepaalde taken uit aan andere bedrijven. Bij *crowdsourcing* besteedt het taken uit aan mensen uit het publiek, meestal via het internet. Crowdsourcing is de andere kant van co-creatie (en van de andere niveaus bij samenwerking voor innovatie): hoe kom je aan de juiste mensen uit het publiek?

Voorbeeld

Pepsico verkoopt in Nederland chips en andere zoutjes onder de merknaam Lay's. Lay's had last van concurrentie van huismerken en organiseerde een campagne met als prijsvraag 'Maak de Smaak'. De hoofdprijs was € 25.000,– plus 1% van de omzet over een jaar van de nieuwe 'limited edition'-chips. Mensen konden stemmen op hun favoriete smaak.

Het resultaat: 678.000 inzendingen. Nadat daaruit drie finalisten waren gekozen, verkocht Lay's 6 miljoen zakken chips aan mensen die wilden proeven om op een van de drie finalisten te kunnen stemmen. Plus 'Patatje Joppie'-chips, met een enorme toename van de merkbekendheid. De campagne was de Nederlandse versie van 'Do Us A Flavour' in Engeland, die ook een groot succes was.

Vanwege het succes werd deze campagne hét voorbeeld van crowdsourcing. Het niveau van de samenwerking bij innovatie was: ideeën aanleveren. Het was geen co-creatie: er was geen nauwe dialoog met de onderneming. De winnaars van de eerste ronde werden gekozen door een jury. Pas bij de finale kon het grote publiek stemmen. De onderneming was voor de crowdsourcing actief in de sociale media, maar de campagne werd ook ondersteund door tv-reclame, banners, sampling, reclame op verpakkingen, bioscoopreclame en pr. De campagne van Lay's was gericht op het grote publiek: hoe meer mensen er meedoen, hoe beter.

Als het echt gaat om co-creatie, of als het probleem ingewikkelder is, is het nodig om de doelgroep gerichter vast te stellen. Toen Pickwick bijvoorbeeld op zoek was naar een nieuwe smaak thee, vroeg de fabrikant aan de volgers van zijn fanpagina om ideeën aan te dragen. Het resultaat was een grote hoeveelheid ideeën en uiteindelijk de smaak Dutch blend, een melange dat in nauwe samenwerking met deze mensen werd ontwikkeld (zowel online als offline). Hoewel er allerlei soorten mensen in de groep vertegenwoordigd waren, vormden zij geen doorsnee van de bevolking. Het waren theeliefhebbers die zich al betrokken voelden bij Pickwick.

Al lang voordat de sociale media om de hoek kwamen kijken, organiseerde

HEMA een jaarlijkse ontwerpwedstrijd die vooral gericht was op studenten mode en productvormgeving. Andere mensen kunnen wel meedoen, maar HEMA verwacht duidelijk meer van een gerichte aanpak. De gemiddelde consument kan prima ideeën aandragen en meedenken over innovatie, maar als het wat ingewikkelder wordt, heb je mensen nodig met kennis van zaken.

Bij het maken van *open source* software zie je veel crowdsourcing. Denk aan Mozilla Firefox, daar werken mensen in loondienst maar er werken ook veel mensen vrijwillig aan mee. Ook bij veel sociale media, zoals wiki's of forums leveren mensen uit het publiek vaak vrijwillige bijdragen aan de ontwikkeling.

Er zijn bedrijven die zich specialiseren in crowdsourcing. Zij vormen tussenpersonen tussen opdrachtgevers en mensen uit het publiek. Voorbeelden zijn fmt.mobbr.com en cmnty.nl. Zo'n bedrijf heeft een pool van mensen die kunnen meedenken, maar kan ook op zoek gaan naar een bepaalde doelgroep als dat nodig is voor de opdracht.

InnoCentive.com werkt als tussenpersoon voor probleemoplossers. Bedrijven en instellingen hebben ergens een oplossing voor nodig. Ze posten de vraag op InnoCentive, met het bedrag dat ze voor de oplossing overhebben. Dat bedrag kan oplopen tot $100.000,-. De mensen die deze problemen oplossen, komen uit het publiek, maar zijn meestal hoog opgeleid.

vereisten

Crowdsourcing of co-creatie kan ook verkeerd aflopen. Er zijn enkele voorwaarden waar een bedrijf aan moet voldoen:

- een duidelijke, afgebakende vraagstelling;
- een afgebakende doelgroep;
- vaststellen waar die doelgroep te vinden is;
- duidelijke spelregels, zodat er geen verkeerde verwachtingen ontstaan;
- doelgroep opzoeken en de dialoog aangaan;
- flexibel zijn en blijven luisteren, en toch het proces richting geven;
- na afloop alle betrokkenen goed informeren, aangegane verplichtingen nakomen, verdiensten erkennen.

Het moet glashelder zijn wat het bedrijf precies nodig heeft en waarom het mensen uit het publiek daarbij wil betrekken. De doelgroep moet precies weten wat het bedrijf verwacht, maar moet tegelijk ook weten wat de deelnemers zelf kunnen verwachten: is er een beloning, is er een reiskostenvergoeding, hoe komt uiteindelijk de beslissing tot stand enzovoort. Tijdens het proces zelf moet de onderneming zich sociaal opstellen. Beslissingen nemen zonder de mensen daarbij te betrekken, werkt al snel averechts: eerst vraag je ons om moeite te doen en nu passeer je ons! Mensen die uit plezier meewerken, willen op z'n minst erkenning achteraf voor hun inzet en ideeën.

Voorbeeld

Kraft had in Australië een nieuwe naam nodig voor een toastbeleg. Kraft vroeg het publiek om ideeën in te sturen. De bedrijfsleiding koos de beste ideeën eruit en stelde toen de naam vast: iSnack 2.0. De potjes hielden het maar twee dagen uit in de supermarkten, want ondertussen had iemand op Facebook een poll geopend met de vraag wat men van deze naam vond. Het liep storm voor die poll en 97% van de reacties was negatief.

Opdrachten

28. Lees het laatste voorbeeld. Hoe had Kraft het proces van naamgeving volgens jou moeten aanpakken?

29. a. Neem een kijkje op innocentive.com. Op welk niveau doen ze daar aan samenwerking bij innovatie?
    b. Doet Innocentive aan crowdsourcing?

30. Vergelijk de aanpak van Lay's bij 'Maak de Smaak' met die van Pickwick bij 'Dutch blend'.
    a. Welk voordeel heeft de aanpak van Lay's als je let op het succes van de productintroductie?
    b. Waarom was deze aanpak niet geschikt voor Pickwick?

31. Neem een kijkje bij boomerangcreate.nl.
    a. Doet Boomerang aan crowdsourcing?
    b. Op welk niveau doet Boomerang aan samenwerking bij innovatie?

32. Bedenk twee verschillende manieren waarop een bedrijf klanten erkenning kan geven en kan belonen voor deelname aan co-creatie.

10.6 Samenvatting

De *productmix* bestaat uit kwaliteit, merk, service & garantie, verpakking en assortiment. De mate waarin de fysieke, functionele en technische eigenschappen aansluiten bij de behoeften van klanten is de *kwaliteit*. Een *merk* bestaat uit een naam, een logo en inschrijving in het merkenregister. Bij een *paraplu*merk geeft de aanbieder hetzelfde merk aan veel verschillende producten. Je kunt ook per productlijn met een individueel merk werken. Bij *brand extension* gebruikt de aanbieder een bestaand merk voor een ander product. *Dual branding* kan in de vorm van *endorsement* (zowel het individuele merk als het paraplumerk vermelden) of in de vorm van *co-branding*. Daarbij bestaat het product uit aanbod van twee ondernemingen.

Fabrikantenmerken kunnen A-, B- of C-merken zijn. Distribuantenmerken kunnen huismerken zijn of witte merken. Een *fancy* merk is tijdelijk. *Service* ondersteunt het aanbod, *garantie* ook. De *verpakking* heeft een technische en een commerciële functie. De *assortiments*mix bestaat uit beslissingen over breedte, diepte, hoogte, lengte en consistentie van het assortiment.

Volgens de *20/80-regel* levert ongeveer 20% van het assortiment rond de 80% van de omzet op. Zulke bestsellers zijn de *A-artikelen*. De vraag naar *B*-artikelen is middelmatig, en naar C-artikelen klein. Met deze *ABC*-methode kun je het assortiment doorlichten. Standaardproducten zijn goedkoper dan maatwerk. Met hulp van het internet is het wel mogelijk om sommige A-artikelen aan te passen aan wensen van klanten. Hoe groter een order, hoe meer een aanbieder maatwerk wil leveren. Dat geldt ook voor verkoop aan trouwe klanten.

Bij *productontwikkeling* (innovatie) zijn verschillende strategieën mogelijk. Met een *innovatie*strategie maak je echt nieuwe producten. Dat is riskant maar kan veel opleveren. Met een *volger*strategie maak je 'me-too' producten. *Assortimentsverbreding* kan door een nieuwe productlijn in de markt te zetten of door een bestaande lijn uit te rekken. Dat kan risico geven voor de positionering. *Productverbetering* slaat meestal goed aan en is weinig riskant. Het verbeteren van de *effectiviteit* van de marketing kan men proberen met herpositionering, maar dat is heel moeilijk. Je kunt ook het product 'vernieuwen' zodat het minder kost, je volgt dan een *efficiency*strategie.

In het productontwikkelingsproces kies je eerst een *strategie*. Dan volgt de fase van *ideeën verzamelen*, gevolgd door het *uitzeven* van goede ideeën. Daarna vertaal je productidee naar *concept*, dat je laat ontwikkelen en testen. Bij een positieve uitkomst volgt de *marktanalyse*. Als die goed uitvalt, stel je het *introductieplan* op. In de fase product*ontwikkeling* wordt weer getest, op functionaliteit en op aansluiting bij klanten. Is het product gereed, dan kun je nog *markttesten* (in een testwinkel of in een laboratoriumwinkel). Daarna volgt de fase introductie, ofwel *commercialiseren*. Daarbij zijn timing en promotie belangrijk.

Bedrijven kunnen het publiek bij de innovatie betrekken. Dat maakt een goede indruk, je kunt goedkoop aan ideeën komen, je versterkt er de community rond het merk mee en je hebt meer kans dat een productintroductie succes heeft. Er zijn verschillende niveaus van zulke samenwerking, van begrip over de markt krijgen tot zelfstandige creatie door mensen uit het publiek. *Co-creatie* is de bekendste. Daarbij werkt de onderneming samen met klanten om iets nieuws te ontwikkelen.

Bij co-creatie werft de onderneming meestal mensen via de sociale media. Dat heet *crowdsourcing*, uitbesteden van werk aan de 'crowd'. Om goed aan crowdsourcing te doen, moet de vraagstelling duidelijk zijn en de doelgroep goed afgebakend zijn. Ook heb je duidelijke spelregels nodig. Vervolgens ga je in dialoog met die doelgroep. Na afloop zorg je dat alle betrokkenen goed geïnformeerd zijn. En je komt natuurlijk verplichtingen na.

10.7 Begrippen

20/80-regel	Het verschijnsel dat veel ondernemingen rond de 80% van de omzet of winst behalen met ruwweg 20% van de artikelen uit het assortiment.
ABC-methode	Methode waarbij je het assortiment indeelt in drie categorieën artikelen: veel gevraagd (A), middelmatig gevraagd (B) en weinig gevraagd (C).
Co-branding	Duale merkstrategie waarbij twee verschillende ondernemingen samen iets op de markt brengen, waar twee merken op staan.
Co-creatie	Een bedrijf ontwikkelt producten, diensten of oplossingen in nauwe samenwerking met klanten of eindgebruikers.

Crowdsourcing	Een bedrijf besteedt taken uit aan mensen uit het publiek, meestal via het internet.
Duale merkenstrategie	(Dual branding) Op elk product staan twee merken. Kan endorsement zijn of co-branding.
Effectiviteitstrategie	Productstrategie gericht op het verbeteren van de effectiviteit van de marketing door middel van herpositioneren.
Efficiencystrategie	Productstrategie waarin men productwijzigingen aanbrengt die leiden tot kostenbesparing.
Endorsed brand	Individueel merk waarop ook de naam van de moederonderneming staat.
Innovatiestrategie	Productstrategie gericht op het regelmatig ontwikkelen van echt nieuwe producten.
Productontwikkeling	Het ontwikkelen van producten en verbeteringen die voor de onderneming nieuw zijn (innovatie). (Productontwikkeling kan ook een groeistrategie zijn, zie paragraaf 8.1).
Volgerstrategie	Productstrategie gericht op het verbreden van het assortiment met producten die nog niet lang bestaan.

11 Communicatiebeleid

11.1 De marketingcommunicatiemix

Ook bij het invullen van de P van promotie, ofwel de C van communicatie, moet elke organisatie strategische keuzen maken. Op dit onderwerp ga je dieper in als je bezig bent met het boek *Pitch - Communicatie*. In dit hoofdstuk gaat het om enkele hoofdlijnen van dit marketinginstrument.

Het instrument communicatie kun je splitsen in twee terreinen: er is communicatie over de onderneming zelf, over haar missie en visie, en over haar producten of diensten. Het doel van communicatie over de onderneming zelf is een goed imago en een goede reputatie van de onderneming. Dit heet *corporate* communicatie (van 'corporation', een grote onderneming). Met corporate communicatie positioneert een organisatie zichzelf. Dit hoofdstuk gaat over *marketing*communicatie (ofwel productcommunicatie). Daarmee positioneert de onderneming haar producten of diensten.

marketingcommunicatie

Het doel van marketingcommunicatie is om de attitude van klanten en mogelijke klanten te beïnvloeden. Daarbij zijn er drie fasen: van kennis over het product (cognitief) naar een goed gevoel (affectief) naar de aankoopbeslissing (conatief). Op grond van deze fasen kun je marketingcommunicatie uitsplitsen in themacommunicatie en actiecommunicatie.

themacommunicatie

*Thema*communicatie is gericht op kennis en gevoel. Het doel is dat de doelgroep het aanbod kent en er een goed gevoel bij heeft (cognitie en affectie). Het gaat om het imago van een product of een merk. Een goed imago kan zich later vertalen in aankopen, maar dat is niet het directe doel van de themacommunicatie.

themareclame

Bij themacommunicatie kun je gebruikmaken van reclame, pr en sponsoring. *Reclame* bestaat uit betaalde communicatie via massamedia, gericht op verkoopbevordering. Reclame die gericht is op kennis en gevoel heet *thema*reclame. In zulke reclame wordt vaak eindeloos een herkenbaar thema herhaald ("echt tHema..."), zodat het in het hoofd van de mensen blijft hangen. Een jingle die lekker in het gehoor ligt, een merkteken vaak laten zien in prettige of grappige situaties: dat hoort bij themareclame.

marketing pr

Public relations (pr) bestaat uit communicatie gericht op een goede verstandhouding met de omgeving, met allerlei verschillende publieksgroepen. Ook pr kun je splitsen in *corporate* pr, voor het imago van de organisatie, en *marketing* pr, voor een goed imago van producten of een merk. Bij marketing pr kan het gaan om goede publiciteit in de media over een product. Hiervoor zijn goede relaties met de pers nodig.

Je kunt ook aan marketing pr doen door klanten te betrekken bij een productintroductie, door evenementen te organiseren of daaraan deel te nemen. Ook folders en brochures horen erbij. Het gaat over de reputatie van het merk of product op het gebied van kwaliteit, prijs-kwaliteitverhouding en service.

productsponsoring

Bij *sponsoring* betaalt een onderneming mee aan activiteiten, in ruil voor promotie voor de onderneming of haar product. Als het om het product gaat, spreek je van *product*sponsoring en ben je bezig met marketingcommunicatie. Je kunt activiteiten sponsoren op sport-, cultureel of sociaal gebied. Het grote voordeel van sponsoring is, dat je op een prettige manier aan je naamsbekendheid werkt. De associatie met de gesponsorde activiteit zorgt dat het publiek het merk of het product accepteert, sponsoring levert goodwill op. De instrumenten themareclame, marketing pr en productsponsoring vormen samen de *themamix*.

actiecommunicatie

verkoopacties

*Actie*communicatie is gericht op het conatieve deel van de attitude. Het doel is dat de doelgroep in actie komt en liefst het product gaat kopen. De instrumenten die je bij actiecommunicatie kunt inzetten vormen samen de *actiemix*. Binnen die mix zijn *verkoopacties* ofwel sales promotions een belangrijk instrument. Dat zijn acties in de vorm van tijdelijke verbetering van de prijswaardeverhouding.

actiereclame

Verkoopacties kun je ondersteunen met *actie*reclame. Denk aan de folder van de supermarkt met aanbiedingen. Ook in huis-aan-huisbladen kom je veel ac-

winkelreclame

tiereclame tegen. Reclame op het verkooppunt is meestal actiereclame, gericht op aankopen. Zulke *winkel*reclame wordt ook wel POP-reclame genoemd, naar 'point of purchase'. Winkelreclame kan de vorm hebben van affiches, posters, streamers, video, mobiles, showcards of bovenborden. Ook *displays* horen erbij, met een artikel erop voor tijdelijke aandacht. Hoe dichter bij het verkooppunt je de reclame plaatst, hoe beter die kan aansluiten op de conatieve fase, de koopbeslissing.

persoonlijke verkoop

Wanneer er persoonlijke communicatie is tussen verkoper en klant, heb je te maken met *persoonlijke verkoop*. Omdat het doel van persoonlijke verkoop een kooptransactie is, hoort dit instrument thuis in de actiemix.

direct marketing

Reclame is indirect, want je verstuurt de boodschap via een medium (zoals kranten, tv of internet). *Direct marketing* bestaat uit directe communicatie met klanten en mogelijke klanten, zonder tussenschakels. Dit kan in de vorm van:

- direct mail (geadresseerde brief met commerciële boodschap, via brievenbus of e-mail);
- direct non-mail (huis-aan-huisreclame);
- telemarketing (telefonisch benaderen van mensen met een commerciële boodschap).

Bij direct marketing hoeft de gewenste actie lang niet altijd een aankoop te zijn. Ook binnen de conatieve fase van de attitude kunnen er tussenstapjes zijn. De klant kan ook in actie komen door een coupon in te sturen, door informatie op te vragen, door op te bellen, door de website te bezoeken of door langs te komen op het verkooppunt. Omdat direct marketing mikt op zulke acties, hoort het bij de actiemix. Het percentage ontvangers dat in actie komt, vormt de *response rate*.

prospect

lead

Een belangrijk doel van direct marketing is om tweezijdige communicatie mogelijk te maken: de klant kan antwoorden. Dat kan bijvoorbeeld bij reclame of pr meestal niet. De monoloog (alleenspraak) van reclame kan bij direct marketing een dialoog worden: een tweegesprek. Direct marketing wordt ook wel 'dialoog marketing' genoemd. Op het moment dat er een dialoog ontstaat met een mogelijke klant, is deze persoon een *prospect*. Toont die persoon interesse in het aanbod, dan wordt hij een *lead*.

relatiemarketing

Het doel van *relatie*marketing is om relaties met klanten op te bouwen en te onderhouden die in het belang zijn van beide partijen. Direct marketing is hierbij een heel goed hulpmiddel, omdat je hiermee direct contact met klanten kunt hebben. Relatiemarketing ligt dus in het verlengde van direct marketing. Een ander hulpmiddel is een programma voor CRM (customer relationship management, ofwel relatiemanagement). Daarmee kun je de inhoud van alle contacten vastleggen, zodat je bij elk volgend contact met een klant de juiste informatie met een paar klikken kunt oproepen.

Goede relatiemarketing is nuttig voor de aanbieder, want het is veel goedkoper om klanten vast te houden dan om nieuwe te werven. Klanten die je behandelt als goede bekende, stappen minder makkelijk over naar een concurrent. Aan trouwe klanten kun je meer verkopen en ze zorgen ook nog eens voor mond-tot-mondreclame. Bovendien is het belangrijk om je klanten goed te kennen, zodat je steeds met het aanbod goed aansluit bij hun wensen. Marktonderzoek kan duur zijn, terwijl je met goede relatiemarketing zulke informatie bijna vanzelf verzamelt.

Voor de klant heeft een prettige relatie met een aanbieder ook voordelen. Door de directe communicatielijn krijgt die klant makkelijk de informatie die hij nodig heeft, wat tijd bespaart. Kopen is ook een kwestie van vertrouwen. Dat kan een aanbieder opbouwen met relatiemarketing, zolang hij steeds goed let op het belang van de klant. Een persoonlijke benadering past hierbij. Aan relatiemarketing kan de aanbieder ook een puntensysteem koppelen, waarmee de klant voordeel kan behalen.

Voorbeeld

Crest tandpasta organiseerde een 'niet goed, geld terug'-actie. Klanten konden gratis bellen voor een beoordelingsformulier om aan de tandarts te geven. Die controleerde op gaatjes en plaque. Als er na zes maanden Crest gebruiken en een volgend tandartsbezoek geen verbetering was, kreeg de klant het geld terug dat hij aan Crest had uitgegeven.

Crest nodigde klanten hiermee uit om het merk te vertrouwen en om er een langdurige relatie mee aan te gaan. Via het gratis telefoonnummer kreeg de aanbieder de gegevens die nodig waren voor het relatiemanagement.

event driven

Met een goed klantenbestand gekoppeld aan een CRM-programma kun je nog veel meer doen dan alleen direct marketing. Je kunt klanten een fijne verjaardag wensen. Iemand die een aankoop in de winkelwagen heeft laten zitten zonder te bestellen, kun je vriendelijk vragen wat er aan de hand is en of je iets voor deze klant kunt betekenen. De garagehouder kan klanten herinneren aan de APK of aan de volgende servicebeurt. Klanten die onlangs een duurzaam gebruiksgoed hebben aangeschaft, kun je vragen of alles naar wens is. Ook kun je ze wijzen op complementaire producten.

Een klant die gaat verhuizen, die 65 jaar wordt, die kinderen krijgt: allemaal gebeurtenissen waar een bedrijf op in kan spelen. Dit heet *event driven* marketing: de gebeurtenis bij de klant bepaalt de communicatie, niet je eigen campagne.

sociale media

Social media is een verzamelnaam voor:

- sociale netwerksites (zoals Facebook, Google+, Twitter of LinkedIn);
- blogs en vlogs (videoblogs zoals YouTube of Vimeo);
- forums, wiki's en chatrooms;
- aanbevelingssites (zoals Last.fm) en recensiesites (zoals Zoover.nl).

Wat ze gemeenschappelijk hebben, is dat mensen daar met elkaar kunnen communiceren en op elkaar kunnen reageren. Bedrijven kunnen er ook aan deelnemen, bijvoorbeeld door een pagina op Facebook aan te maken. Zo'n pagina heeft informatiewaarde, maar het doel is vooral om veel bezoekers te trekken die commentaar plaatsen of een product of onderneming 'liken'. Dus ook deze communicatie is gericht op actie (en interactie met het publiek).

beurzen

Beurzen en tentoonstellingen zijn tijdelijke, vaak regelmatig terugkerende evenementen waarop aanbieders zichzelf en hun producten presenteren aan één of meer publieksgroepen. Het zijn gelegenheden voor ondernemingen om zichzelf en hun aanbod te presenteren aan hun doelgroepen. Ook deze communicatie is gericht op actie: naar de beurs komen, informatie vragen, aankopen. Een belangrijk doel van beursdeelname is 'leads' te vinden, mogelijke klanten met interesse. Er bestaan nog meer soorten *evenementen* waar een onderneming aan kan deelnemen, of die het zelf kan organiseren. Die kom je tegen in de volgende paragraaf.

evenementen

Onthoud

Marketingcommunicatiemix

Themamix
- themareclame
- marketing pr
- productsponsoring

Actiemix
- verkoopacties
- actiereclame en winkelreclame
- persoonlijke verkoop
- direct marketing
- sociale media
- beurzen en evenementen

Opdrachten

1. a. Wat is een 'prospect'?
   b. Welke instrumenten uit de actiemix zijn gericht op het vinden van 'leads'?

2. a. Leg uit waarom marketing pr bij themacommunicatie hoort.
   b. En waarom hoort persoonlijke verkoop bij actiecommunicatie?

3. Om welk instrument uit de marketingcommunicatiemix gaat het?
   a. Jeanine krijgt een e-mail met een aanbieding van Wehkamp.
   b. Bij het schap met ontbijtspullen hangen folders met informatie over Kellogg's.
   c. Op de radio hoor je regelmatig het laatste deuntje van Samsung.
   d. Bij sportvereniging Kampong krijgen ze gratis ballen van Derbystar.
   e. Dommelsch bier organiseert een popfestival.
   f. Loodgieter Verdonk helpt mensen met technische tips op zijn Facebookpagina.
   g. Bert werft abonnees voor Voetbal International in het stadion.

4. a. Welke hulpmiddelen gebruik je bij relatiemarketing?
   b. Wat is het verschil tussen 'event driven' communicatie en overige marketingcommunicatie?
   c. Waarom kan goede relatiemarketing ook in het voordeel van klanten zijn?

5. a. Wat is de overeenkomst tussen persoonlijke verkoop en direct marketing?
   b. En wat is het verschil?

11.2 Communiceren met evenementen

eventmarketing

Wat is er mooier voor een onderneming dan grote groepen mensen aantrekken die deelnemen aan een activiteit die ze leuk vinden, en die draait om jouw merk? Een evenement organiseren of gebruiken voor de promotie van een product of merk heet *event*marketing. Het kan gaan om een evenement wat de onderneming zelf organiseert, of om 'adoptie' van een bestaand evenement. In dat laatste geval lijkt het soms meer op sponsoring van een evenement. Het verschil is dat een sponsor weinig invloed heeft op de activiteit zelf. Bij eventmarketing juist wel: de organisator bepaalt de inhoud en vormgeving.

Voorbeeld

De nieuwjaarsduik is een oude traditie: bij veel Nederlandse badplaatsen gaan mensen op 1 januari het koude water in. Sinds 1998 sponsort Unox (van Unilever) op verschillende plaatsen de nieuwjaarsduik, die sindsdien steeds massaler is geworden. Deelnemers ontvangen een oranje Unox ijsmuts, een herinneringsvaantje en een speciaal blik Unox erwtensoep.

Unilever positioneert Unox als een oer-Hollands, degelijk product. De nieuwjaarsduik is oer-Hollands, het is leuk, sportief en stoer. Precies de uitstraling die Unox wil hebben. Het evenement is dus goed gekozen. Die mutsen komen elk jaar voor niets in de krant, op tv en op Facebook. Daarnaast is er veel mond-tot-mondreclame. Dit evenement levert veel effectievere promotie op dan een fullcolourpagina in de tijdschriften. Alleen zet De Telegraaf nu aan het begin van het jaar een 'Unox babe' op de voorpagina, en daar zijn ze bij Unilever niet blij mee: dat past niet bij de positionering.

Die gratis publiciteit laat zien dat eventmarketing raakt aan pr. Het voorbeeld van De Telegraaf laat zien dat het niet altijd makkelijk is om publiciteit in goede banen te leiden.

vereisten

Het evenement moet dus goed passen bij de positionering van het product of merk. Het moet ook goed passen bij de voorkeuren van de doelgroep. Mensen moeten het leuk vinden, en er liefst een onvergetelijke ervaring aan overhouden. Aan een leuk evenement doen veel mensen met plezier mee. Vergelijk dat eens met reclame op tv: dat levert vaak juist irritatie op. Het plezier en de betrokkenheid van de deelnemers maakt deze vorm van promotie veel krachtiger.

soorten

Er zijn allerlei soorten evenementen mogelijk: bijvoorbeeld een sportief gebeuren zoals een marathon of een zeiltocht, een muziekfestival of concert, een reis of een rally, of een mooie voorstelling. Jongeren kun je nauwelijks bereiken met kranten en tijdschriften. Met een megaparty lukt dat stukken beter. Het hoeft niet altijd om klanten te gaan: je kunt ook een evenement organiseren voor een groep relaties, of voor de eigen medewerkers (dan raak je aan interne pr). Een evenement kan ook geschikt zijn voor een productintroductie.

'Evenement' klinkt heel groot, maar er zijn ook kleinschalige evenementen. Een lokale winkel in sportartikelen kan bijvoorbeeld wedstrijden in de buurt organiseren. Eventmarketing is dus ook goed mogelijk op plaatselijke of regionaal niveau.

doelstellingen

De doelstellingen van eventmarketing zijn meestal naamsbekendheid en versterken van het imago. Deze promotie mikt vooral op de gevoelswaarde (affectief) rond het merk of product. Daarnaast is de doelstelling vaak gratis publiciteit. Een belangrijke bijkomende doelstelling kan zijn om meer informatie over de doelgroep te krijgen. Je kunt bij de entree adresgegevens verzamelen, zodat je later nog aan direct marketing kunt doen als follow-up. Deze mensen zijn relaties, ze zijn betrokken bij je product of merk.

Het is voor de onderneming ook een unieke kans om in direct contact te zijn met de doelgroep: zorg dat er een groep medewerkers bij is om met de mensen te praten en ze te observeren.

Een evenement waarbij een merk centraal staat is een 'brand event', een merkevenement. Als het gaat om een show kun je je ook spreken van 'brand entertainment'. Nog een stap verder creëer je echt een belevenis, een 'brand experience'.

Voorbeeld

In Tokyo werden hoofdtelefoondragers en mensen die hoofdtelefoons wilden uitproberen eind 2012 getrakteerd op een 'Augmented Reality Music Festival', wat later uitgebreid werd tot 'Sony Headphone Music Festivals' door heel Japan. Ze konden daar video's bekijken en beluisteren van lokale rockgroepen, die gemaakt waren met Sony's SmartAR technologie.

Dit is een voorbeeld van *experience* marketing. Het doel daarvan is om mensen een indringende ervaring te laten beleven die ze mooi vinden en waardoor ze het merk niet snel zullen vergeten. Het hoeft niet om een eenmalig evenement te gaan. Volkswagen trekt bijvoorbeeld met 'Autostadt Wolfsburg' veel bezoekers. Daar koppelen ze het product auto aan het maken van een reis. Daardoor wordt een bezoek aan de autofabriek een mooie belevenis. Een ander voorbeeld is Heineken Experience, een museum over dit biermerk in de voormalige brouwerij in Amsterdam.

Er is geen duidelijke scheidslijn tussen eventmarketing en experience marketing, ze liggen in elkaars verlengde. Experience marketing gaat nog een stap verder en staat de laatste tijd meer in de belangstelling.

Dit is een behoorlijk dure vorm van communicatie, maar het kan ook heel veel opleveren. Door het opdoen van een mooie 'onvergetelijke' ervaring is de merkbeleving heel sterk. Daardoor zorgen de bezoekers ook nog eens voor veel mond-tot-mondreclame. Je kunt ook merkevenementen organiseren, bijvoorbeeld de Harley Davidson-dagen waarbij de bezoekers samen een rit maken met hun Harley.

Experience marketing kun je ook online organiseren, bijvoorbeeld door middel van online games (vooral gericht op jongeren). Als zo'n game een mooie belevenis is, ontstaat ook een goed imago van het merk. Het kan ook met interactieve vormen van online reclame.

virale marketing

Bij *virale* marketing plaatst een onderneming opvallende inhoud die op emoties speelt op het internet, met de bedoeling dat mensen het aan elkaar doorsturen en er een sterk sneeuwbaleffect ontstaat. De inhoud verspreidt zich dan net zo snel als een computervirus, vandaar de naam. Het kan gaan om een geinig filmpje, of om iets waar mensen verontwaardigd van worden. Als veel mensen het doorsturen, is het doel bereikt: ze hebben allemaal de merknaam gezien. De inhoud is meestal een video, maar het kan ook gaan om een foto of om een link.

Goede virale marketing kan een belevenis opwekken, vandaar dat sommigen vinden dat het bij experience marketing hoort. Het gaat om een kleine ervaring die veel mensen met elkaar delen en die op die manier veel merkbekendheid oplevert. Niet alle virale video's zijn grappig of indrukwekkend. Neem bijvoorbeeld al die 'onechte' (fake) virals. Op allerlei sites gaan mensen dan discussiëren of dat filmpje nou echt is of niet, en intussen hebben ze allemaal de merknaam gezien. Alleen ontbreekt hier het gevoelselement.

actiemarketing

Actiemarketing bestond oorspronkelijk uit het combineren van verkoopacties met direct marketing: klantrelaties direct benaderen met een aanbieding of korting. Dit raakt dus ook aan relatiemarketing. Tegenwoordig vat men actiemarketing wijder op: alle marketing die gericht is op beïnvloeding van het gedrag op korte termijn. Het is vooral interactieve marketing. Eventmarketing en experience marketing horen bij actiemarketing, omdat deze bijeenkomsten interactief zijn. Ook interactie met klanten op het internet hoort erbij, bijvoorbeeld in de sociale media.

Toch horen lang niet alle doelstellingen van eventmarketing en experience marketing bij actiecommunicatie. Werken aan naamsbekendheid en imago is duidelijk themacommunicatie. Tegelijk is er wel directe interactie met de doelgroep en is er ook de mogelijkheid om die mensen direct te benaderen. Vandaar dat deze instrumenten bij actiemarketing gerekend worden.

Opdrachten

6. a. Jaren geleden liet BMW korte filmpjes maken door bekende regisseurs met bekende acteurs en actrices en zette die op het web (zoek op Youtube naar 'BMW films'). Wat wilde BMW met deze filmpjes?
   b. Bij welk instrument(en) horen deze korte films?

7. a. Welke eisen moet je stellen aan goede eventmarketing?
   b. Wat is het verschil tussen eventmarketing en sponsoring?

8. a. Geef een voorbeeld van een evenement waar jij zeker naar toe zou gaan.
   b. Zoek twee voorbeelden van merken of producten die goed bij dat evenement zouden passen.
   c. Bedenk ook een voorbeeld van een evenement waar de docenten van jouw school graag aan mee zouden doen.
   d. Zoek twee voorbeelden van merken of producten die goed zouden passen bij het evenement van vraag c.

9. a. Met eventmarketing kunnen medewerkers van de onderneming in direct contact komen met mensen uit hun doelgroep. Met welke instrumenten voor marketingcommunicatie kan dat nog meer?
   b. Wat is dan het verschil tussen eventmarketing en die andere instrumenten?

10. a. Wat is het verschil tussen eventmarketing en experience marketing?
    b. In welk geval zou je virale marketing ook experience marketing kunnen noemen?

11. Welk instrument voor marketingcommunicatie wordt ingezet?
    a. Unox stuurt mensen die eerder aan de nieuwjaarsduik deelnamen het jaar daarop een persoonlijke uitnodiging.
    b. Isuzu is goed vertegenwoordigd op de wegen van armere landen. In de Filipijnen organiseert dit automerk elk jaar een 'Family Challenge': een pleziertocht gecombineerd met een wedstrijd. De families die het minste brandstof gebruiken, krijgen prijzen.
    c. Twee maanden daarna belt Isuzu deelnemers met een voorstel voor een extra goedkope servicebeurt bij de dealer.
    d. Super 1-Uit-1000 stuurt klanten die regelmatig haar huismerk wasmiddel kopen, deze week een kortingscoupon.

12. Welke communicatie-instrumenten kun je bij actiemarketing rekenen en waarom?

11.3 Media

media

Bij reclame en pr heb je *media* nodig. Dat zijn hulpmiddelen om informatie over te dragen. Je kunt ze indelen in verschillende categorieën.

- Met *massa*media bereik je veel mensen tegelijk: radio, internet, televisie, bioscoop, kranten en tijdschriften.
- Gedrukte media of *print*media maken gebruik van papier en druktechniek: dagbladen, huis-aan-huisbladen en tijdschriften.
- *Audiovisuele* media maken gebruik van geluid en/of beeld: radio, televisie, internet en bioscoop.

Bij de keuze van een bepaald medium ga je een aantal punten af:

- Hoeveel mensen bereik je met dit medium?
- Welke marktsegmenten bereik je precies met dit medium?
- Past onze boodschap goed tussen de inhoud van dit medium?
- Hoeveel kost reclame via dit medium per bereikte persoon uit onze doelgroep?
- Hoe vaak moet je een boodschap herhalen voordat die effect heeft?

tv

Vooral voor themareclame kan *televisie* een heel goed medium zijn. Een goede commercial (korte reclamefilm) kan vrij indringend zijn en dus veel impact hebben. Je kunt acteurs inzetten die lijken op mensen uit de doelgroep, of je kunt mensen op laten treden uit een referentiegroep (een topsporter bijvoorbeeld). De combinatie van beeld, geluid en kleur geeft meer mogelijkheden dan alleen geluid (radio) of beeld met tekst (kranten, tijdschriften).

In bijna elk huis staat minstens één tv. Er zijn veel kanalen zodat je ook vrij aardig op marktsegmenten kunt selecteren. Regionale en plaatselijke zenders maken het medium bereikbaar voor plaatselijke adverteerders. De prijs van een *spot* (de tijd waarin de commercial wordt uitgezonden) hangt af van de kijkdichtheid: het percentage van het publiek dat minstens een deel van die uitzending bekijkt. De kosten per bereikte persoon hoeven niet zo hoog te zijn.

Meer dan 10% van de zendtijd bestaat uit reclame. Een boodschap die niet genoeg opvalt, zinkt weg in het niet. Vaak herhalen wordt bijna noodzakelijk. Kijkers kunnen ook wegzappen, of programma's opnemen met recorders die reclameboodschappen overslaan. Een reclameblok kan ook een mooi moment zijn om even naar de koelkast te lopen.

radio

Op de *radio* kun je alleen met geluid adverteren. Dat kan effectief zijn, zeker als hetzelfde deuntje ook op tv te horen is. Veel mensen herinneren zich ook de visuele kant van een goede commercial als ze het herkenningsgeluid horen. Het medium radio is geschikt voor landelijke, regionale of plaatselijke reclame. Er zijn veel kanalen met elk hun eigen soort bereik.

Een radioboodschap is meestal minder indringend dan een commercial. Maar radio heeft ook voordelen: mensen luisteren er vaak naar terwijl ze autorijden of aan het werk zijn. Daardoor hebben ze veel minder neiging tot zappen en luisteren ze geduldig naar de reclame. Met een goed herkenbare jingle en genoeg herhaling kan radioreclame effectief zijn. Radio is geschikt voor themareclame, en is geschikter voor actiereclame dan tv. De productiekosten van een radiocommercial zijn veel lager dan die van een tv-commercial. Radioreclame kost per bereikte persoon tussen de 10 en 20% van tv-reclame.

internet

Op het *internet* bestaan veel mogelijkheden om te adverteren op andere websites dan die van jouw bedrijf. Dit heet ook wel *webvertising*. Op het internet kun je heel gericht een doelgroep bereiken, omdat er veel heel gespecialiseerde websites zijn. Een aanbieder van high-end audioapparatuur hoeft dus niet op

Yahoo te adverteren, die kan veel beter terecht op allerlei sites waar deze apparaten worden besproken.

Het internet is het enige medium waarbij de ontvanger kan 'terugpraten': je kunt het interactief maken, bijvoorbeeld met een link in de advertentie waarmee mensen naar jouw website kunnen klikken. Dit maakt het medium ook heel geschikt voor actiecommunicatie. Op het internet kun je veel sneller en makkelijker de reactie van bezoekers op de advertentie meten dan bij andere media.

banners

SEA

Op het internet kun je adverteren met *banners* die bijna altijd een link bevatten. Banners zijn een vorm van *display advertising*: reclame door middel van een afbeelding. Gebruik van *pop-ups* voor reclame is uit de tijd. Een slimme manier van adverteren is *keyword advertising* (ofwel SEA, search engine advertising). Het bekendste voorbeeld hiervan is Google AdWords, waarbij kleine advertenties verschijnen die afhangen van de zoekwoorden die de bezoeker heeft ingetikt. SEA hoort bij zoekmachinemarketing (zie ook paragraaf 11.4).

affiliate marketing

contextuele reclame

Bij *affiliate marketing* betaalt een adverteerder eigenaren van andere websites (de partners) voor links naar zijn eigen aanbod. De partnersites kunnen variëren van hobbysites tot vergelijkingssites. *Contextuele* reclame is een vorm van affiliate marketing waarbij op de website van een partner een advertentie verschijnt die past bij de voorkeuren van de bezoeker. Advertenties kunnen op een webpagina verschijnen als gevolg van bepaalde trefwoorden in de context van die pagina. In Nederland is Google met AdSense de enige aanbieder van contextuele reclame.

CPC

CPA

Bij adverteren via het internet zijn er meer betaalmodellen mogelijk dan bij andere media, zoals 'pay per click' of 'pay per action'. 'Pay per click' heet in reclameland *CPC*, cost per click. Het betekent dat de adverteerder betaalt voor elke keer dat een bezoeker op een link klikt. Dit wordt bijvoorbeeld gebruikt bij Google AdSense. 'Pay per action' is *CPA*, cost per action. De adverteerder betaalt een vast bedrag voor elke keer dat iemand een bepaalde actie onderneemt, nadat hij op de link heeft geklikt. Die actie kan bestaan uit een aankoop, maar ook uit andere respons; bijvoorbeeld inschrijven op een nieuwsbrief, of een verzoek om meer informatie. CPA kom je vooral tegen bij affiliate marketing.

bioscoop

De *bioscoop* is een kleintje tussen de reclamemedia, maar kan toch interessant zijn. Ook bioscoop is audiovisueel en vooral geschikt voor commercials, ook langere. Op het grote doek kun je de boodschap heel indringend maken, zeker omdat naar de bios gaan ook een beetje feestelijk is: het publiek is in de stemming.

Het medium is zowel landelijk als plaatselijk te gebruiken. Dat laatste zorgt ervoor dat er ook dia's vertoond worden. Een kleine aanbieder heeft immers geen budget voor een goede bioscoopcommercial. Een tussenoplossing is computeranimatie. Het bereik van het medium is niet zo groot, het bioscooppubliek is overwegend aan de jonge kant en vrij goed opgeleid.

dagbladen

Dagbladen worden door veel mensen met aandacht gelezen. Een groot deel van de lezers is abonnee en voelt een binding met het blad. Een advertentie krijgt dus al snel aandacht, vooral voorin de krant. Veel lezers vinden advertenties geloofwaardig, want ze staan in een context die voor hen geloofwaardig is. Boodschappen met veel productinformatie komen goed tot hun recht. De krant is ook geschikt voor communicatie over tijdelijke acties en om in te haken op een actuele gebeurtenis. Adverteren met afbeeldingen in kranten en tijdschriften valt ook onder *display advertising*.

Er zijn landelijke en regionale dagbladen. De doelgroepen van landelijke bladen verschillen in opleiding en inkomen. Met de gratis doordeweekse kranten die via het openbaar vervoer verspreid worden (Metro, Sp!ts), komen ook de jongeren een beetje in beeld. Die worden door de betaalde dagbladen slecht bereikt.

Het bereik van de krant is vrij hoog, maar lager dan bijvoorbeeld tv. De productiekosten van een dagbladadvertentie zijn niet zo hoog. Bij dagbladen gaat het dus om de juiste keuze van dagbladen en om de juiste plaats in het blad. Katernen hebben hun eigen onderwerp en zijn dus geschikt voor aparte doelgroepen. Als je bijvoorbeeld wilt adverteren voor financiële diensten, kom je al snel terecht in het economische katern, voor sportartikelen in een sportkatern enzovoort.

huis-aan-huis-kranten

Huis-aan-huisbladen worden gratis verspreid, bijna iedereen krijgt er minstens wekelijks eentje in de bus. Ze zijn plaatselijk. Deze kranten zijn puur opgezet als advertentiemedium. Ze zijn geschikt voor lokale aanbieders en voor actiereclame.

tijdschriften

Opvallen met een 'spread' (dubbele pagina) in een glossy tijdschrift of de kleintjes op een idee brengen in de Donald Duck: bij tijdschriftreclame zijn er veel mogelijkheden. Bijvoorbeeld een *advertorial*, die bestaat uit meerdere pagina's met artikelen. Er moet wel boven staan dat het een advertentie of ingezonden mededeling is, maar de bedoeling is dat lezers het zien als artikel en het net zo serieus nemen.

Er zijn erg veel *tijdschriften* voor allerlei doelgroepen, zodat je goed kunt segmenteren. *Vakbladen* zijn geschikt voor segmenten van de zakelijke markt, *publieks*tijdschriften voor de consumentenmarkt. Daar zijn veel soorten van: familiebladen, mannenbladen, vrouwenbladen, jongerenbladen, special interestbladen over allerlei onderwerpen, en opiniebladen over politiek en cultuur.

relatietijdschrift

*Relatie*tijdschriften worden door een onderneming verspreid naar haar relaties. Een bekend voorbeeld is Allerhande van Albert Heijn. Maar ook de Michelingids is er een voorbeeld van. In het Engels heten ze *sponsored magazine*. Een relatietijdschrift is onderdeel van het relatiemanagement. Het blad zelf is een vorm van pr voor de onderneming die het betaalt. In veel relatietijdschriften kunnen ook anderen adverteren en zich daarmee richten op de doelgroep van de onderneming die het uitgeeft.

buitenreclame

Het 'medium' *buitenreclame* bestaat eigenlijk uit een hele serie media. Mensen zien ze als ze onderweg zijn, boodschappen doen of aan het recreëren zijn:

- billboards, affiches, uithangborden, affiches in abri's of staande biljethouders, reclamemasten, lichtbakken, beeldkranten, videoschermen, vlaggen, spandoeken, bushaltebordjes;
- rijdende reclame op openbaar vervoer en andere vervoermiddelen;
- vliegende reclame (letters achter een vliegtuigje).

Goed geplaatste buitenreclame wordt door heel veel mensen gezien, vaak meerdere malen per dag per persoon. Wat is goed geplaatst? Op een plek waar veel mensen uit de doelgroep langskomen en waar veel mensen ook naar kijken. Stations en drukke winkelcentra scoren dus hoog. De bushaltes zijn er tegenwoordig speciaal voor ontworpen, inclusief verlichting. Bijna 70% van de bestedingen aan buitenreclame gaat naar de abri's (letterlijk betekent dat 'beschutting'), panels en staande biljethouders voor affiches van hetzelfde formaat.

Een grote mast langs een snelweg wordt veel gezien. Voor lokale adverteerders kunnen borden aan lantarenpalen geschikt zijn. Ook reclame op en in het openbaar vervoer wordt veel gezien: omdat de boodschap zelf door stad of land beweegt, bereikt zij op een dag veel verschillende mensen.

Opdrachten

13. a. Wat voor soort reclame vind je meer op bus, tram en trein: actiereclame of themareclame? Verklaar waarom.
    b. Wat is het grote voordeel voor de afzender van zulke rijdende reclame?

14. Noteer drie geschikte reclamemedia voor een regionale schoorsteenveger die meer bekendheid aan zijn zaak wil geven. Verklaar je antwoorden.

15. a. Geef drie kenmerken van het medium radio.
    b. Geef een voorbeeld van een aanbieder voor wie radio Rijnmond een goede keus is (of een regionale zender bij jou in de buurt).
    c. Zoek een voorbeeld van een product waarvoor je goed reclame kunt maken op nationale radiozenders. Verklaar je keuze.

16. Kies voor elk geval het beste medium (of de beste media) en verklaar je antwoorden.
    a. De HEMA onderhoudt continu de bekendheid en het imago van haar merknaam.
    b. Lidl doet deze woensdag het gehakt in de aanbieding.
    c. Toyota werkt aan de merkbekendheid, maar wil tegelijk ook meer bezoek bij de dealers uitlokken.
    d. Super 1-Uit-1000 wil de klantentrouw verbeteren.
    e. Willy's ijzerwinkel in Maastricht wil meer klanten lokken uit de stad en omgeving.

17. Noteer de voordelen en de nadelen van het reclamemedium.
    a. Tv.
    b. Radio.
    c. Internet.
    d. Bioscoop.
    e. Dagbladen.
    f. Huis-aan-huiskranten.
    g. Tijdschriften.
    h. Relatietijdschrift.
    i. Buitenreclame.

18. a. Zoek een voorbeeld van een AdWords advertentie, en verklaar waarom juist jij die advertentie tegenkwam.
    b. Zoek ook een voorbeeld van een Google AdSense advertentie, en verklaar waarom juist jij die tegenkwam.

11.4 Het internet

internet

Het *internet* is een wereldwijd computernetwerk. Daarmee kun je snel in contact komen met servers en apparaten van andere mensen. Je kunt gegevens uitwisselen, opvragen of versturen. Pas halverwege de jaren '90 gingen veel mensen het internet gebruiken. Nu vinden we webwinkels en digitale marktplaatsen heel normaal. Het internet heeft veel nieuwe manieren van marketing mogelijk gemaakt, en er komen nog steeds nieuwe mogelijkheden bij.

Eigenlijk is het internet meer dan een medium voor communicatie. Het is een transportmiddel voor allerlei verschillende media:

- 'oude' media: je kunt nu tv kijken, radio luisteren, kranten en tijdschriften lezen en telefoneren via het internet;
- 'nieuwe' media: allerlei soorten websites, webwinkels, chatrooms, videochat, e-mail en sociale media.

Met een eigen website kan een onderneming het aanbod beter toegankelijk maken, het makkelijk maken voor mensen om te winkelen, het surfgedrag van de bezoekers nagaan en met (mogelijke) klanten in contact komen. Bestaande klanten kun je benaderen met op maat gesneden voorstellen.

Klanten kunnen via het internet makkelijk informatie vinden over jouw bedrijf en het aanbod, maar op jouw beurt kun jij ook makkelijk heel veel informatie vinden die jij nodig hebt: over concurrenten, over trends, over behoeften van klanten en over het gedrag van klanten. Het internet biedt meer mogelijkheden dan alleen communicatie tussen bedrijf en consument.

Ontvanger	Afzender	
	Business	Consumer
Business	B2B	C2B
Consumer	B2C	C2C

Met een eigen website richt een bedrijf zich op B2C-communicatie. Als de consument feedback geeft of vragen stelt, is de communicatie ook C2B. Via de sociale media is veel C2B-communicatie mogelijk. Tussen bedrijven, op de zakelijke markt, wordt B2B-communicatie veel gebruikt. Bedrijven die regelmatig met elkaar zaken doen, kunnen gedeelten van hun administratie koppelen, waardoor inkoop en verkoop vlotter en goedkoper kunnen verlopen. De leverancier kan de afnemer 'just in time' bevoorraden.

Ook tussen consumenten onderling (C2C) is er veel commerciële communicatie op het internet; denk aan marktplaats.nl en andere veilingsites. Daarnaast kunnen consumenten ervaringen uitwisselen over producten, diensten en winkels, op forums, sociale mediasites (zoals Facebook, Twitter of Google+) en op beoordelingssites (zoals Kieskeurig en Zoover).

zoekmachine-marketing

Een bedrijf heeft een website om bekeken te worden. Veel mensen zoeken met een zoekmachine, zoals Google, Yahoo of Bing. Meestal krijg je daarbij tien resultaten op een pagina. De eerste drie links zijn de meest bezochte. Als je iets te koop hebt, is het dus belangrijk om zo hoog mogelijk in de zoekresultaten te staan voor zoekwoorden die op jouw aanbod slaan.

SEO

Met een goed ingerichte website kun je bereiken dat je hoog in de zoekresultaten komt. Dit heet zoekmachine-optimalisatie (in het Engels *SEO*, search engine optimization): je optimaliseert je website voor de zoekmachines. Daarbij ga je eerst na welke zoekwoorden voor jullie aanbod het belangrijkst zijn. Zulke trefwoorden (*keywords*) moeten op verschillende logische plaatsen van de site voorkomen. De zoekrobots van de zoekmachines speuren het web af naar inhoud. Die robots houden van goed opgebouwde sites, met een beperkt aantal niveaus binnen de site.

SEO kun je zien als een spel tussen websitemakers en de beheerders van zoekmachines. De zoekmachines willen het publiek zo relevant mogelijke zoekresultaten laten zien, websites waar de zoeker wat aan heeft. Als beheerder van een website moet je daarop inspringen. SEO bestaat uit een groot aantal ingrediënten, zoals goede opbouw, simpele structuur, geschikt voor tablets en smartphones.

linkbuilding

Ook helpt het om veel links te hebben die naar jouw website verwijzen. Dat kan door middel van affiliate marketing (zie bladzijde 195), maar ook door onderling links uit te wisselen met andere websites. Dit heet *linkbuilding*. Verder helpt het om veel vermeldingen, 'likes' en links te krijgen in de sociale media. Een bedrijf kan er ook meerdere sites op na houden, die naar elkaar linken.

conversiegraad

Bedrijven doen vaak veel moeite om bezoekers op hun website te krijgen. Een bezoeker met interesse is een *lead*. Het percentage bezoekers dat ook werkelijk iets koopt, is de *conversiegraad* van de website. Dat is het percentage van bezoekers dat tot actie overgaat. Conversie betekent omzetting. De winkel wil de nieuwsgierigheid van de lead omzetten in een aankoop. Conversie kan ook slaan op andere acties dan kopen, bijvoorbeeld:

- inschrijven voor een nieuwsbrief;
- aanmelden van het e-mailadres om op de hoogte te blijven van aanbiedingen;
- verzoek om informatie, verzoek om gebeld te worden.

Bij webwinkels slaat de conversiegraad meestal op conversie van bezoek naar koop. Conversiegraad bij online marketing komt op hetzelfde neer als de response rate bij direct marketing. De conversiegraad hangt sterk af van de kwaliteit van de website. Amazon scoort bijvoorbeeld ruim boven de 10%, maar webwinkels voor elektronica scoren gemiddeld maar 0,5%. Een goede zoekfunctie, goede vormgeving, reviews van gebruikers, goede invulling van de rest van de marketingmix, 'call-to-action' buttons, vertrouwen wekken, gebruikersvriendelijk koop- en betaalproces: allemaal goed voor de conversiegraad.

e-mailmarketing

E-mailreclame hoort bij direct marketing, het is de elektronische variant van direct mail. Het verschil met direct mail per post is dat bedrijven wettelijk alleen commerciële e-mail mogen sturen aan mensen en bedrijven die hiervoor bewust toestemming hebben gegeven. Dit heet de 'opt-in' regeling, die is opgenomen in de Code Reclame via E-mail. Je bent verplicht om in elke e-mail een link op te nemen waarmee de ontvanger zich weer kan afmelden.

Het aanmaken en versturen van e-mail is stukken goedkoper dan van direct mail per post. E-mail kan heel geschikt zijn bij relatiemarketing. Het voordeel boven een brief op papier is dat je links kunt aanbrengen: naar aanbiedingen, naar nieuwe productinformatie of ander nieuws.

Net als bij direct mail staat een direct e-mail niet op zichzelf. Het beste is om zo'n mail te zien als de opening van een stappenplan: van de mail naar de website op een speciaal voor deze mail gemaakte pagina. Vandaar kan een bezoeker doorklikken en naar conversie gaan. Je hebt een bestand van e-mailadressen nodig. Het best is om dat zelf op te bouwen, maar daar is tijd voor nodig. Hoe preciezer je de e-mails op een bepaalde doelgroep kunt toesnijden, hoe groter je mogelijke CTR (click through rate, het percentage ontvangers dat doorklikt naar je site), en hoe groter je conversiegraad.

De meeste bedrijven gebruiken voor dit soort mailings een *e-mailmarketingsysteem*. Dat is een programma waarmee je het adressenbestand kunt opbouwen en adressen kunt importeren en exporteren. Je kunt er berichten mee aanmaken en mailings versturen. Je kunt ermee meten hoeveel mensen het mailbericht openden en hoeveel er op een link hebben geklikt. Het is verstandig om minstens één afbeelding in het bericht te zetten. Dat is niet alleen goed voor de aandachtswaarde, het helpt ook om te meten hoe vaak je mail is gezien.

Opdrachten

19. a. Op welke C2C-sites ben jij actief?
    b. Zoek een voorbeeld van een website waarop C2B communicatie mogelijk is.
    c. Zoek ook een voorbeeld van een site met B2B communicatie.

20. a. Wat optimaliseert een eigenaar van een website precies als hij aan SEO doet?
    b. Wat is het doel van SEO?
    c. Noteer minstens vier manieren waarop je kunt optimaliseren.

21. a. Op welke manieren kun je aan links op andere websites komen?
    b. Waarom zijn die links belangrijk?

22. a. Leg uit waarom de conversiegraad van een website sterk lijkt op de response rate bij direct marketing.
    b. Hoe kun je de conversiegraad verhogen?
    c. Op welke manieren kan een webwinkel vertrouwen winnen?

23. a. Welke voordelen heeft e-mail boven direct mail per post?
    b. Welk nadeel kun je ontdekken?

11.5 Sociale media

sociale media

Het internet is een interactief medium voor communicatie, dus mensen kunnen makkelijk met elkaar in contact komen. Er is veel sociaals te doen met dit medium. Je kunt chatten, videochatten of bellen via het internet. Er zijn ook veel soorten websites die speciaal zijn ingericht voor onderlinge communicatie. In de beginfase van het web was er nog veel eenrichtingsverkeer, met veel websites waar mensen alleen maar naar konden kijken. Dat was het web versie 1.0.

web 2.0

Het *web* versie *2.0* is interactief en sociaal, en bevat allerlei technische verbeteringen. Het is niet zo dat web 1.0 nu opeens web 2.0 is: het gaat om geleidelijke veranderingen en om een andere manier van omgaan met het internet. Het idee is dat we naar *web 3.0* toe gaan, waarin allerlei toepassingen veel beter met elkaar geïntegreerd zullen zijn.

forum

wiki

Er zijn veel manieren om op het internet iets samen met anderen te doen. Je kunt deelnemen aan een *forum* over een bepaald onderwerp, om ideeën uit te wisselen en elkaar te helpen. Ook bedrijven kunnen daaraan deelnemen. Ze kunnen ook zelf een forum opzetten. Een *wiki* is een site waarop mensen met elkaar ergens aan werken, iets opbouwen. De beroemdste wiki is Wikipedia, waarop vrijwilligers met elkaar een gratis encyclopedie opbouwen en bijhouden.

blog

Een *blog* of weblog is een website waar de auteur regelmatig nieuwe inhoud aan toevoegt. Je kunt de inhoud in tijdsvolgorde lezen, van nieuw naar oud. Het woord 'blog' is een samentrekking van web + logboek. Op de meeste blogs kunnen lezers reacties plaatsen op een artikel, zo kun je een levendige discussie krijgen. Blogs vind je over allerlei onderwerpen. Ook een bedrijf kan een blog starten.

vlog

Vlogs zijn videoblogs, waarop mensen video's met elkaar kunnen delen (zoals YouTube of Vimeo). Ook vlogs zijn heel interessant voor het bedrijfsleven, want een bedrijf kan net zo goed video's delen. Er zijn sites om documenten te delen, zoals scribd; of om foto's te delen, zoals flickr. Er zijn websites waarop je niet alleen je bookmarks (bladwijzers) centraal kunt bewaren, maar ze ook kunt delen met anderen. Dat is een sociale manier om op ideeën te komen bij het browsen (Delicious, Diigo); en waar je op nieuwe ideeën bij het browsen kunt komen op grond van het browsergedrag van anderen (StumbleUpon). Er zijn sociale-nieuwssites (Reddit, Digg, NUjij).

Last.fm, een site waar kun je naar muziek luisteren, legt het luistergedrag van leden vast. Op grond van muziek waar mensen met een vergelijkbare smaak naar hebben geluisterd, kun je aanbevelingen krijgen. Dit is een voorbeeld van een *aanbevelingssite*. Op een *recensiesite* kunnen mensen hun ervaring met een product of dienst delen met anderen. Neem bijvoorbeeld tweakers.net, daar kunnen leden recensies plaatsen van elektronica. Ook zijn er veel *gaming*sites waar leden met elkaar online kunnen gamen.

sociale netwerksites

Sociale netwerksites zijn speciaal ingericht om te netwerken, om contacten te leggen, om onderling te communiceren en om dingen te delen. Andere namen daarvoor zijn profielsites, of microblogs. Deze netwerksites kun je zien als 'all-in-one' sociale media. Je kunt via de netwerksites ook foto's of video delen, er zijn forums en blogs binnen de site, er zijn nieuwspagina's waar je kunt discussiëren, je kunt met elkaar gamen binnen de site. Via deze sites kun je ook mensen berichten sturen, e-mailen en met anderen chatten of bellen.

Bekende voorbeelden zijn Facebook, Twitter, Google+ en LinkedIn. Om er gebruik van te kunnen maken, moet je een account aanmaken. Dan word je uitgenodigd om een eigen profiel aan te maken, een eigen pagina. In de instellingen (settings) kun je aangeven wie jouw informatie kunnen bekijken (iedereen, of alleen mensen die je als vrienden hebt aangemerkt), en wat andere mensen zien als je hun pagina's bekijkt. Vooral als je veel privédingen deelt met vrienden, is het verstandig om op je privacy te letten, anders kan iedereen volgen wat je gedeeld hebt; ook je werkgever, je docent en je ouders. Je kunt ook instellen of anderen jouw profiel via een zoekmachine kunnen vinden. Pesten, sarren of bedriegen komt helaas ook voor.

Voorbeeld

Ook politie en geheime diensten scannen wat er op sociale media wordt gezegd. Daar kwam een Ier achter, die in Amerika vakantie wilde vieren en op Twitter had gezegd: "before I go and destroy America". In Ierland betekent deze uitdrukking dat hij er eens stevig zou gaan feesten. Homeland Security begreep dit niet en daardoor duurde de vakantie nog geen dag.

LinkedIn is vooral gericht op netwerken in verband met je werk, en als ondersteuning voor het vinden van werk. Als profiel op LinkedIn plaats je je cv. Sites als Facebook en Google+ zijn meer gericht op alledaagse sociale interactie.

Je profiel op zulke sites heeft wel wat weg van een blogpagina: je kunt steeds nieuwe dingen toevoegen en delen met anderen als je dat wilt.

Als je iemand tegenkomt die regelmatig iets plaatst wat voor jou interessant is, kun je besluiten om die persoon (of instelling, of onderneming) te volgen. Je wordt dan steeds op de hoogte gehouden van nieuwe toevoegingen.

Leden kunnen op allerlei plaatsen op het internet aangeven of ze iets mooi vinden, of dat ze het ergens mee eens zijn. Zit je op Facebook, dan klik je op 'Vind ik leuk' ofwel 'like', bij Google+ is het '+1'. Er zijn ook 'share'-knoppen waarmee je bepaalde inhoud kunt delen, doorsturen naar vrienden of leden van andere cirkels. Dat zijn de 'retweets' via Twitter, de 'share'-knop bij LinkedIn, Facebook, YouTube of Flickr.

Ondernemingen zijn graag aanwezig op deze netwerksites, omdat veel mensen uit hun doelgroep daar actief zijn. Ook op mobiele apparaten is er veel verkeer via deze sites. Sociale netwerksites hebben een groot bereik. Een onderneming kan er deelnemen aan het sociale verkeer, dat maakt een goede indruk. Het is een extra manier om direct met (mogelijke) klanten in contact te komen. Het is een relatief goedkope manier om met de merknaam aanwezig te zijn.

Een bedrijfspagina op een netwerksite lijkt wel op een blog. Op deze pagina plaats je inhoud die interessant is voor klanten en mogelijke klanten: informatie over je bedrijf, hoe jullie werken, recensies, nieuwtjes, tips enzovoort. Het is belangrijk om regelmatig wat nieuws toe te voegen. Net als op een blogpagina kunnen anderen op elk item reageren. Als je het goed aanpakt, kun je een levendige toestand op je pagina krijgen.

RSS

Je kunt bezoekers stimuleren om jouw bedrijf te 'volgen'. Dat wil zeggen dat ze automatisch bericht krijgen, elke keer als je iets nieuws toevoegt aan de bedrijfspagina. Een andere manier om dat te bereiken, is om de mogelijkheid aan te bieden van *webfeed* of *newsfeed* (RSS). Die kunnen je volgers lezen in de browser of een speciale feedreader. Op de eigen website kun je dan bijvoorbeeld deze knoppen opnemen (de meest rechtse is voor de webfeed):

Figuur 11.1 Voorbeelden van knoppen op een website

Overal waar je als bedrijf wat te melden hebt, plaats je knoppen voor '+1', like, tweet en share; bij elk bericht op je pagina op de netwerksite, op je blog(s), op de eigen website, op elke productpagina. Zo kunnen mensen je berichten of producten direct delen op de sociale media. Dit zorgt ook voor extra verkeer en ook dat is weer goed voor je SEO.

Op de netwerksites gaat het niet alleen om click through rates of directe conversie, het gaat er vooral om netwerken en relaties tot stand te brengen. Dat meet je aan het aantal relaties dat je tot stand brengt door deelname aan de sociale media. Ook 'engagement', betrokkenheid van je klanten, is belangrijk. Hoe meer ze bij jouw bedrijf of merk betrokken zijn, hoe meer mond-tot-mondreclame er uit je netwerk zal komen. Betrokkenheid meet je af aan het aantal reacties dat je op de bedrijfspagina krijgt, en aan het aantal 'likes' per duizend bezoekers.

Mensen praten over je aanbod in de sociale media. Mensen klagen, hebben problemen met het product of spelen verkeerde informatie door. Voor een aanbieder is het heel verstandig om actief in te spelen op al het geroezemoes rond hun merk. Dat actief inspelen op online communicatie van klanten en het grotere publiek heet *webcare*.

webcare

Een webcare-team volgt dagelijks, vaak van uur tot uur, wat er over het merk of bedrijf wordt geschreven op allerlei sociale sites. Er bestaan speciale zoekmachines die grote hoeveelheden sociale sites doorzoeken. Door te reageren kan het team helpen om klantproblemen op te lossen, informatie verstrekken, onjuistheden rechtzetten en vooral het menselijke gezicht van de onderneming laten zien. Met goede webcare laat je zien dat je geeft om je klanten.

Als instrument bij de marketing heeft webcare verschillende functies. Het is een onderdeel van:

- de klantenservice;
- de pr: alert en menselijk reageren is goed voor het imago;
- marktonderzoek: feedback van klanten verzamelen;
- relatiemanagement: goede contacten onderhouden met klanten en het publiek.

Een groot voordeel van alle verschillende media op het internet is dat het gedrag van je klanten meetbaar is. Met analytische programma's (bijvoorbeeld Google analytics) kun je het surfgedrag op je eigen website nagaan en conversie meten. Google stelt je in staat om de effectiviteit van je AdWords-campagne te meten. Er zijn programma's waarmee je alle berichten over jouw bedrijf of merk in de sociale media binnenkrijgt, zodra ze op het web staan. Met een e-mailmarketingsysteem kun je de resultaten van je e-mailcampagne meten.

dashboard

Er bestaan *dashboard* programma's die al deze informatie bij elkaar brengen. Daarop kun je snel een overzicht krijgen van je communicatieprestaties op het web.

Opdrachten

24. Wat is het verschil tussen web 1.0 en web 2.0?

25. a. Waarom zijn recensiesites belangrijk voor ondernemingen?
    b. Wat kan een onderneming doen aan slechte recensies?

26. a. Wat is er zo sociaal aan Facebook?
    b. Wat is het belangrijkste verschil tussen Facebook en LinkedIn?
    c. Waarom zou men zulke sites 'netwerksites' noemen?
    d. Als jij stage loopt, wat zou je dan aan LinkedIn kunnen hebben?

27. a. Waarom krijgen ondernemingen graag 'likes' en '+1' voor hun berichten?
    b. Geef twee redenen waarom je vaak knoppen met links naar sociale media ziet op bedrijfspagina's.

28. a. Wat zijn de voordelen van netwerksites als communicatiemedium?
    b. En wat zijn de nadelen?

29. a. Wat is 'engagement' precies, als je het hebt over sociale media? En hoe meet je dat?
    b. Ondernemingen zien graag veel engagement. Doet dat denken aan thema- of aan actiecommunicatie?
    c. Verklaar waarom sociale media bij de actiemix horen.

30. a. Waarom is webcare voor veel ondernemingen een noodzaak?
    b. Wat heeft webcare te maken met pr?
    c. En wat heeft het te maken met klantenservice?

11.6 Verdiende media

Aanvankelijk waren nogal wat bedrijven huiverig voor sociale media. Op de eigen website hadden ze alle communicatie onder controle, in de sociale media niet. Inderdaad, in de sociale media moet je luisteren naar je klanten en op hen inspelen. Maar is dat niet de kern van goede marketing? Je kunt de communicatiekanalen op het internet zo indelen:

- eigen media (eigen site, blogs, bedrijfspagina's in de sociale media);
- betaalde media (adverteren);
- verdiende media (publiciteit, mond-tot-mondreclame).

De eigen media heb je als bedrijf zelf onder controle. Alleen is het moeilijk om een groot bereik op te bouwen met alleen maar eigen media. Om meer mensen te bereiken, kun je betaalde media inzetten: reclame maken. Maar ontvangers kunnen last krijgen van reclamemoeheid. Bovendien is de boodschap van reclame niet onpartijdig. Mond-tot-mondreclame is de meest effectieve reclame die er is. Mensen geloven een vriend of bekende nu eenmaal veel sneller dan een advertentie of een website van een bedrijf.

Je kunt een nog veel groter bereik krijgen als veel mensen onderling over je aanbod gaan praten op een positieve manier. Om klanten en mogelijke klanten zover te krijgen om als het ware ambassadeurs voor jouw bedrijf te worden, moet je eerst hun loyaliteit en enthousiasme verdienen. Dat kan door goede relaties op te bouwen. Dat deed je nog niet zo lang geleden alleen op het verkooppunt en af en toe eens op een beurs of evenement. Nu kun je dat elke dag doen via de sociale media. Net als bij gratis publiciteit via 'oude' media moet je wel kunnen accepteren dat je niet zelf de controle hebt over de precieze inhoud van de boodschap.

De eigen media blijven de basis, het honk waar klanten terechtkunnen voor informatie, ondersteuning en aankopen. Ook adverteren (betaalde media) blijft nuttig om mensen naar je eigen media te krijgen. De verdiende media vormen een extra kanaal dat veel extra publiciteit en goodwill op kan leveren.

Eén van de manieren om aandacht te 'verdienen' is komen met goede inhoud, content. Neem bijvoorbeeld de aannemer die op een lokaal klusjesforum goede tips geeft. In zijn 'signature', die onder elke post van hem staat, zie je zijn webadres. Deze gratis tips kunnen de aannemer relaties en klanten opleveren. Andere forumleden krijgen een goede indruk: deze man is deskundig, die

content marketing

verstaat zijn vak! Deze aannemer doet aan *content*marketing: hij gebruikt de inhoud van zijn communicatie om een goede indruk te maken.

Grote bedrijven kunnen dit ook doen, bijvoorbeeld door op het eigen bedrijfsblog te komen met interessante en goede artikelen die de doelgroep interesseren. Dat kan ook in andere sociale media. Een advocatenkantoor kan een juridisch probleem helder analyseren, een beleggingsadviseur kan verschillende belegginsstrategieën goed uitleggen. Een aanbieder van huidverzorging kan artikelen publiceren over goede huidverzorging, enzovoort.

persona's

Bij het schrijven van content maakt men vaak gebruik van *persona's*. Een persona kun je zien als een sjabloon van een bepaalde persoonlijkheid. Deze techniek is oorspronkelijk ontwikkeld voor het gebruikersvriendelijk maken van hardware en software. Het is een hulpmiddel om te weten voor wie je schrijft, op welke doelgroep je mikt. Bij het samenstellen van persona's gebruikt men psychografie (zie bladzijde 80). Dit hulpmiddel raakt dus aan marktsegmentatie, en dat is ook de bedoeling: de inhoud moet toegesneden zijn op een bepaalde doelgroep.

one-to-many

In de traditionele marketing is er één onderneming die een boodschap uitzendt aan vele mensen tegelijk. Dat zie je vooral bij reclame, pr en sponsoring. Het grote nadeel van zulke *one-to-many* communicatie is dat de boodschap niet precies op maat is gesneden voor de mensen die hem ontvangen. Dat kun je gedeeltelijk rechtzetten door goed te segmenteren, maar de boodschap blijft onpersoonlijk.

one-to-one

Daar heeft een kleine buurtwinkelier geen last van. Die praat elke dag met z'n klanten en kent ze vrijwel allemaal persoonlijk. De gesprekken gaan over het aanbod, maar ook over het persoonlijke leven: de aanbieder en de klant zijn kennissen, relaties. Zo'n buurtwinkelier doet aan *one-to-one* communicatie.

Al voordat het internet er was, probeerden ook grote ondernemingen manieren te vinden om one-to-one met hun klanten te communiceren. Zulke communicatie is veel effectiever dan one-to-many. Het antwoord was direct marketing: per post of per telefoon proberen om een tweegesprek (dialoog) met de klant op gang te brengen.

Met de komst van het internet ontdekten webwinkeliers meer mogelijkheden. Op een website kun je het surfgedrag van bezoekers volgen. Hierdoor kan de computer voorstellen of aanbevelingen laten verschijnen die bij deze bezoeker passen. Ook keyword advertising en contextuele reclame heeft kenmerken van one-to-one communicatie: verschillende bezoekers krijgen verschillende advertenties te zien, die passen bij hun zoek- en surfgedrag.

many-to-many

Deze manieren van communiceren passen bij web 1.0. Met de komst van web 2.0 en de sociale media is er veel meer interactie mogelijk. Op allerlei manieren praten nu veel mensen met veel andere mensen: *many-to-many* communicatie. Als je mee wilt doen of mee wilt praten, hoor je bij de groep. Dat geldt op alle sociale media. Wil een aanbieder hieraan meedoen, dan moet de onderneming zich opstellen als lid van de groep.

Deelnemen aan many-to-many communicatie is niet altijd makkelijk voor een onderneming. Iedereen heeft hierbij recht van spreken. Als je probeert een discussie te domineren, geef je blijk van slechte manieren. Alleen maar puur aan promotie doen kan averechts werken. Waar het om gaat, is deelnemen, participeren. Als je dat goed doet, kun je mensen bij je aanbod betrekken. En als dat lukt, heb je media 'verdiend'.

Opdrachten

31. a. Op welke manieren kan een onderneming positieve aandacht in de sociale media 'verdienen'?
    b. Wat is daarvan het beoogde effect?
    c. Op welke manier ondersteunen de eigen media de betaalde en verdiende media?

32. a. Bedenk een manier waarop jouw onderwijsinstelling aan content marketing zou kunnen doen.
    b. Zoek ook een manier waarop je met sociale media het onderwijs kunt ondersteunen.

33. a. Welke instrumenten uit de marketingcommunicatiemix zijn 'one-to-many'?
    b. En welke kunnen one-to-one communicatie zijn?
    c. Wat heeft 'many-to-many' communicatie te maken met verdiende media?

34. Zet op een rij welke instrumenten er sinds de komst van het internet bij zijn gekomen voor de marketing.

11.7 Samenvatting

Met *marketingcommunicatie* positioneert een aanbieder zijn aanbod en merken. Bij *thema*communicatie gaat het over de kennis die en het gevoel dat mensen bij dat aanbod hebben. Dit bestaat uit themareclame, marketing pr (voor het aanbod) en productsponsoring. *Actie*communicatie is gericht op een actie of reactie. Dat kan aankoop zijn, maar ook verzoek om informatie of doorgaan naar een volgend kanaal. Dit bestaat uit verkoopacties, actie- en winkelreclame, persoonlijke verkoop, direct marketing, sociale media, beurzen en evenementen.

Het doel van *direct* marketing is om een dialoog met mogelijke klanten op gang te brengen. Het bestaat uit direct mail, direct non-mail en telemarketing. Mensen waarmee je in dialoog raakt zijn *prospects*; als die interesse vertonen worden ze *leads*. Met *relatie*marketing kun je relaties met klanten onderhouden. Hulpmiddelen daarbij zijn direct marketing en een programma voor CRM.

Bij *event*marketing organiseert een onderneming een evenement, waarmee zij producten of een merk wil promoten. Het soort evenement moet goed passen bij de positionering, en bij de voorkeur van de doelgroep. Een goed evenement laat een mooie indruk achter en zorgt voor publiciteit en mond-totmondreclame. Doordat je in direct contact met de doelgroep komt, hoort dit bij actiemarketing. *Experience* marketing gaat een stapje verder: het doel is een onvergetelijke belevenis. Dat kan via een evenement, maar ook via games of film online. Als veel mensen die aan elkaar doorsturen, ben je bezig met *virale* marketing. *Actie*marketing bestaat uit alle instrumenten om gedrag op korte termijn te beïnvloeden.

Media zijn hulpmiddelen bij de communicatie. Het voordeel van *tv* bestaat uit de mogelijkheid van indringende commercials en het grote bereik. Het nadeel is reclamemoeheid. *Radio* is goedkoper en kan ook effectief zijn, maar het beeld ontbreekt. Het *internet* kent veel reclamemogelijkheden waarbij je goed kunt segmenteren, en die ook interactief te maken zijn: banners, SEA, affiliate marketing en contextuele reclame. Er zijn meer betaalmodellen dan bij andere media. De *bioscoop* is geschikt voor beperkte doelgroepen. Bij *dagbladen* is de aandacht van lezers een voordeel, plus de geloofwaardigheid van de context. *Huis-aan-huiskranten* kun je lokaal inzetten, vooral voor actiereclame. *Tijdschriften* zien er vaak mooi uit en je kunt heel goed segmenteren. Ook *buitenreclame* heeft een groot bereik.

Met de komst van het internet is de gereedschapskist van marketingmensen een stuk groter geworden. Er is vooral meer C2B- en C2C-communicatie mogelijk geworden. Met *SEO* (zoekmachine optimalisatie) kun je met je website hoger in de zoekresultaten komen. Bij een webwinkel probeer je de *conversiegraad* te verhogen: het aantal bezoekers dat tot actie overgaat. *E-mailmarketing* heeft voordelen boven direct mail per post: goedkoper, je kunt links opnemen en je kunt de reacties beter meten.

Web 2.0 is meer interactief dan voorheen, en er zijn allerlei *sociale media* waar mensen netwerken, informatie uitwisselen of spelletjes doen. Sociale *netwerksites* zijn speciaal ingericht voor netwerken: met veel anderen in contact komen en dingen uitwisselen. Ondernemingen kunnen hieraan deelnemen maar ze hebben geen controle over alle inhoud. Het bereik is groot en deelname is niet zo duur. Omdat mensen over een onderneming en haar aanbod praten, is *webcare* een verstandige reactie. Daarmee reageert de onderneming op verkeerde informatie en kan zij klanten met problemen helpen. Webcare raakt aan pr, klantenservice, marktonderzoek en relatiemanagement.

De eigen website(s) vormen de *eigen* media. Reclame, pr en sponsoring zijn *betaalde* media. Aandacht in de sociale media vormt *verdiende* media. Door daar goed mee om te gaan kun je veel publiciteit en mond-tot-mondreclame krijgen. Dit kun je onder andere 'verdienen' met goede *content*marketing: dingen publiceren die interessant zijn voor je doelgroep. Sociale media is *many-to-may* communicatie. Reclame is een vorm van *one-to-many* communicatie. Met persoonlijke verkoop en direct marketing mik je op *one-to-one* communicatie.

11.8 Begrippen

Actiemarketing Nauwe definitie: combinatie van verkoopacties met direct marketing.
Ruime definitie: alle interactieve marketing die gericht is op beïnvloeding van het gedrag op korte termijn.

Actiereclame Betaalde communicatie via massamedia, gericht de conatieve fase van de attitude: de koopbeslissing.

Affiliate marketing Vorm van reclame waarbij de eigenaar van een website links aanbrengt waarmee bezoekers naar de site van de adverteerder kunnen klikken.

Bannerreclame	Display advertising op een website, met bepaalde standaardmaten. De banner bevat meestal een link.
Beurzen en tentoonstellingen	Tijdelijke, vaak regelmatig terugkerende evenementen waarop aanbieders zichzelf en hun producten presenteren aan één of meer publieksgroepen.
Contextuele reclame	Advertenties kunnen op een webpagina verschijnen als gevolg van bepaalde trefwoorden in de context van die pagina.
Direct marketing	Bestaat uit directe communicatie met klanten en mogelijke klanten, zonder tussenschakels: direct mail, direct non-mail en telemarketing.
Event driven marketing	Communicatie tussen onderneming en klant die bepaald wordt door een gebeurtenis bij de klant.
Eventmarketing	Een evenement organiseren of gebruiken voor de promotie van een product of merk.
Experience marketing	Communicatie waarbij de aanbieder mensen een ervaring laat beleven die ze mooi vinden, waardoor ze het merk niet snel zullen vergeten.
Marketing-communicatie	(Productcommunicatie) Communicatie waarmee een aanbieder haar producten of diensten positioneert, en probeert om de attitude van klanten en mogelijke klanten te beïnvloeden.
Themacommunicatie	gericht op kennis van en gevoel bij een product of merk.
Actiecommunicatie	is erop gericht dat de klant in actie komt (conatieve fase).
Marketing-pr	Stelselmatig onderhouden van relaties met publieksgroepen, met als doel een goed imago van het productaanbod of een merk.
Persoonlijke verkoop	Promotie-instrument waarbij er persoonlijke communicatie is tussen verkoper en klant.
Productsponsoring	Een onderneming betaalt mee aan activiteiten, in ruil voor promotie voor een merk of product.
Relatiemarketing	Heeft als doel om relaties met klanten op te bouwen en te onderhouden die in het belang zijn van beide partijen. Direct marketing is daarbij een hulpmiddel.
Sociale media	Verzamelnaam voor sociale netwerksites, blogs, vlogs, forums, wiki's, chatrooms, aanbevelingssites en recensiesites.
Sociale netwerksite	Website die zo is ingericht dat leden makkelijk kunnen netwerken. Andere namen zijn profielsite of microblog.

Themareclame	Betaalde communicatie via massamedia, gericht op de fasen kennis en gevoel van de attitude.
Verkoopacties	(Sales promotions) Acties in de vorm van tijdelijke verbetering van de prijs-waardeverhouding.
Virale marketing	Een onderneming plaatst opvallende inhoud, die op emoties speelt, op het internet, met de bedoeling dat mensen het aan elkaar doorsturen en er een sterk sneeuwbaleffect ontstaat.
Webcare	Actief inspelen op online communicatie van klanten en het grotere publiek. Heeft elementen van klantenservice, pr, relatiemanagement en marktonderzoek.
Winkelreclame	(POP-reclame) Reclame op het verkooppunt.

12 Distributiebeleid

12.1 Distributiedoelstellingen

distributiedoelstelling

Met *distributiedoelstellingen* geef je aan *waar* en in welke *hoeveelheid* je aanbod te koop moet zijn, zodat de leden van je doelgroep het kunnen krijgen. Distributiedoelstellingen baseer je het liefst op distributieratio's. Deze kengetallen heb je al berekend voor de beginsituatie, bij de distributieanalyse (paragraaf 3.4). Met deze ratio's erbij heb je beter zicht op de samenhang in de beslissingen. Bovendien maak je de doelstellingen meetbaar: door de distributiekengetallen na de uitvoering van je plan nog een keer te meten kun je controleren of je doelstellingen gehaald zijn.

Een van de meest bekende marketingdoelstellingen is: meer marktaandeel. Maar hoe kom je daaraan? En hoe ga je inschatten op welke doelstelling je realistisch kunt mikken voor de komende periode?

Je kunt mogelijk het marktaandeel vergroten door meer verkooppunten in te schakelen. Je voert dan dus de distributie-intensiteit op, ofwel de marktspreiding. Dat kan alleen als het product het toestaat: bij een shopping good mag het niet ten koste gaan van de exclusiviteit en het imago.

Je kunt proberen om een beperkt aantal grotere detailhandels erbij te krijgen. Daarmee voer je het *marktbereik* op: het zorgt voor een grotere omzet van de geselecteerde verkooppunten. De *selectie-indicator* stijgt hierdoor ook.

Weer een andere manier is om per verkooppunt meer te verkopen. Daarmee vergroot je het *omzetaandeel*. Op deze manier ga je binnen een winkel de concurrentie op het schap aan. Dat kan beter niet al te direct, het beste is om te zorgen dat jouw bedrijf aantrekkelijk en betrouwbaar is voor de detaillist. Verder is dit mogelijk met verkoopacties op maat, in samenwerking met de detailhandel. Daarbij kun je ook werken met display- en reclametoelagen.

duwdistributie

Op communicatiegebied ben je dan bezig met een *push-* of *duw*distributie. Je kunt ook spreken van duwcommunicatie, die erop gericht is om bij de detailhandel binnen te komen.

marktpotentieel

Uiteindelijk hangt het succes van zulke maatregelen af van het *marktpotentieel*: Hoeveel consumenten zijn er nog die mogelijk klant zouden kunnen worden voor jullie product of merk (potentiële vraag)? Dat kan ook weer afhangen van (nieuwe) gebruikstoepassingen en productverbeteringen. Uiteindelijk moet je die klanten binnen zien te halen met communicatie (P van Promotie).

trekdistributie

Ook het soort communicatie hangt weer af van het soort product: voor gemaksgoederen, vooral A-merken, maak je veel reclame zodat de mensen in de winkel naar het merk vragen (*pull-* of *trek*distributie). Bij shopping goods werkt dat ook, maar is het ook belangrijk om via een goede selectie de juiste detaillisten te bewerken (duwdistributie). Voor specialty goods gaat de klant zelf op pad, het is vooral zaak in een beperkt aantal juiste verkooppunten te koop te zijn.

	gemaksgoederen	shopping goods	specialty goods
distributie	intensief	selectief	exclusief
lengte kanaal	lang, indirect	kort, indirect	kort, indirect of direct
marktbereik	groot	tussenin	klein
omzetaandeel	klein	tussenin	groot
invloed op detaillisten	klein	groot	heel groot
soort communicatie	pull	pull en push	push

Het schema is wat simplistisch. Je kunt bijvoorbeeld veel shopping goods ook direct distribueren. De meeste specialty goods mag je wettelijk niet echt exclusief distribueren, dus kom je ook (heel) selectieve distributie tegen. Over het marktbereik is het schema heel duidelijk: een groot aantal verkooppunten betekent een groot marktbereik. Voor gemaksgoederen geldt nu eenmaal 'sell it where they buy it'. Dat betekent dichtbij de consument, dus op zoveel mogelijk verkooppunten aanwezig zijn.

Tegelijk is bij gemaksgoederen het omzetaandeel meestal klein: er zijn meer kapers op de kust, de concurrentie om een plaatsje in het schap is vaak hevig. Dat zie je ook aan de invloed van de aanbieder op de detailhandelaren: bij gemaksgoederen is die niet zo groot. Hoe 'exclusiever' het product, hoe meer de fabrikant de tussenhandel aan zich kan binden. Dat geldt natuurlijk ook voor gemaksgoederen onderling: de aanbieder van een sterk A-merk heeft een betere machtspositie ten opzichte van de detailhandel dan de concurrent met een onbekend merk.

Hieraan merk je dat niet alleen het imago bij de eindgebruikers telt, maar net zo goed het imago bij de tussenhandel. Dat ontlenen aanbieders van gemaksgoederen met een A-merk aan een goede trekstrategie: veel effectieve reclame zorgt ervoor dat klanten vragen om hun merk. Dat zorgt ook voor een goed imago bij de handelaren. Gemaksgoederen die het meer van de prijs moeten hebben, kunnen ook wel toe met een duwstrategie gericht op de tussenhandel. Alleen maakt dat hun positie wel zwakker: ze zijn niet de enige.

distributiemix

Strategische distributiebeslissingen gaan over:
- de distributiestructuur (welke kanalen);
- de distributie-intensiteit;
- de gewenste winkelformules;
- het soort communicatie (pull en/of push).

De uitkomst van deze beslissingen samen is de distributie*mix*.

Opdrachten

1. a. Geef twee redenen waarom het belangrijk is om bij het bepalen van distributiedoelstellingen uit te gaan van distributieratio's.
   b. Geef een voorbeeld van een strategische distributiedoelstelling. Leg uit waarom die strategisch is.
   c. Geef een voorbeeld van een operationele distributiedoelstelling en leg uit waarom die operationeel is.

2. a. Leg uit waarom het marktaandeel kan stijgen door een hogere marktspreiding.
   b. Voor wat voor soort goederen is dit een mogelijke distributiedoelstelling?

3. a. Waarom kan het marktaandeel stijgen door grotere detailhandels te selecteren?
   b. Op welke distributieratio's heeft deze aanpak nog meer invloed?
   c. Waarom hoeft het marktaandeel hierdoor niet noodzakelijkerwijs te stijgen?

4. a. Welke communicatiestrategie past bij de doelstelling om de verkoop per verkooppunt te vergroten?
   b. Op welke distributieratio's heeft dit beleid invloed (als het lukt)?

5. a. Welke factoren zijn uiteindelijk doorslaggevend voor het marktaandeel, los van de distributie?
   b. Geef per genoemde factor een paar mogelijke maatregelen die een gunstige invloed kunnen hebben op het marktaandeel.

6. a. Leg uit waarom het omzetaandeel van aanbieders van specialty goods in veel gevallen groot is.
   b. Hoe is dat mogelijk als tegelijk het marktbereik klein is?

7. Jong & Fris, een B-merk conserven, noteert in het jaarverslag een marktbereik van 25%, een selectie-indicator van 0,625 en een omzetaandeel van 55%.
   a. Bereken de marktspreiding.
   b. Bereken het marktaandeel.
   c. Beoordeel de distributieprestaties van Jong & Fris en doe zinvolle suggesties om die te verbeteren.

8. Er zijn in Nederland 40.000 verkooppunten van chocoladerepen. Het A-merk Choco-K is verkrijgbaar bij 24.000 daarvan. De omzet op de Nederlandse chocolademarkt is € 2 miljard. De selectie-indicator van Choco-K is 1 en het marktaandeel is 35%.
   a. Bereken de marktspreiding.
   b. Bereken het marktbereik.
   c. Bereken de totale omzet aan chocola van de 24.000 geselecteerde verkooppunten.
   d. Bereken de omzet van Choco-K op de Nederlandse markt.
   e. Bereken het omzetaandeel.
   f. Adviseer Choco-K over distributiedoelstellingen die kunnen leiden tot vergroting van het marktaandeel.

9. In Nederland gingen het afgelopen jaar 1,4 miljoen nieuwe fietsen van de hand met een gemiddelde verkoopprijs van € 530,–. VeloCity fietsen zijn te koop in 450 van de 1.500 tweewielerspeciaalzaken, wat een omzet oplevert van € 260 miljoen. Die 450 detaillisten verkochten het afgelopen jaar voor € 290 miljoen aan fietsen.

a. Bereken de totale omzet in de productsoort fietsen.
b. Bereken de distributieratio's.
c. Wat kun je concluderen over het distributiebeleid van VeloCity?
d. Wat zou je kunnen doen om het marktaandeel te vergroten?

12.2 Distributie en het internet

De P van plaats kun je vertalen als de C van convenience, ofwel koopgemak. Op dat punt is het internet een doorbraak geweest. Als klant kun je je op het internet uitgebreid oriënteren op een aankoop. Je kunt:

- vergelijkingssites bezoeken (bijvoorbeeld vergelijk.nl, kieskeurig.nl, tweakers.net/pricewatch, google shopping);
- productrecensies zoeken;
- ervaringen van andere gebruikers zoeken, advies vragen (te vinden op forums, vergelijkingssites en sociale netwerksites);
- verkopers zoeken en vergelijken (fysieke winkels en/of webwinkels);
- een bestelling plaatsen.

Via het internet kun je het aanbod dus dichter bij je klanten brengen en hen meer koopgemak bieden. Aan het rijtje kun je zien dat de P van Plaats voor de klant helemaal niet alleen maar over distributie gaat. De C van Convenience gaat net zo goed over communicatie, vooral over informatie.

In de traditionele marketing gaat de P van plaats vooral over distributie. Echte, fysieke distributie via het internet is mogelijk voor digitale producten, zoals software, spelletjes, muziek, video en e-boeken: de klant kan die downloaden. Ook zijn er digitale diensten, denk aan websiteontwerp, een reis boeken of financiële diensten. Voor aanbieders van deze producten en diensten bestaat de P van plaats bijna geheel uit het internet.

Voor aanbieders van tastbare goederen blijven fysieke distributie en voorraadbeheer gewoon bestaan, al zien deze er voor een webwinkel wel anders uit dan voor een traditionele winkel van steen en cement.

Het is goedkoper om puur via de webwinkel te distribueren omdat je niet hoeft te investeren in verkooppunten. Een goede webwinkel kan ook op prijs concurreren met andere verkoopkanalen. Wel heb je heel goed voorraadbeheer nodig. Veel webwinkels verkopen artikelen die ze niet zelf in voorraad hebben. Daarmee besparen ze op magazijnruimte. Ze zijn dan afhankelijk van een groothandel. Elektronisch voorraadgegevens uitwisselen met de groothandel is dan een voorwaarde. In de webwinkel ziet de klant bijvoorbeeld: levertijd 2 tot 3 dagen. Als de levertijd 10 dagen wordt, raak je je klanten makkelijk weer kwijt. Ook levert het annuleringen op.

directe distributie

Producenten kunnen nu consumenten direct benaderen, door zelf een webwinkel te starten: distributie via een *direct* kanaal.

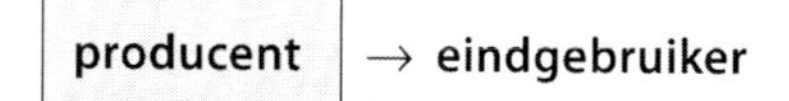

Directe distributie door producenten is een bedreiging voor groothandel en detailhandel. Een gevolg is dat de B2C-markt (business to consumer) is gegroeid ten koste van de zakelijke B2B-markt. Een *lang* kanaal, bijvoorbeeld de klassieke keten, ziet er zo uit:

lang kanaal

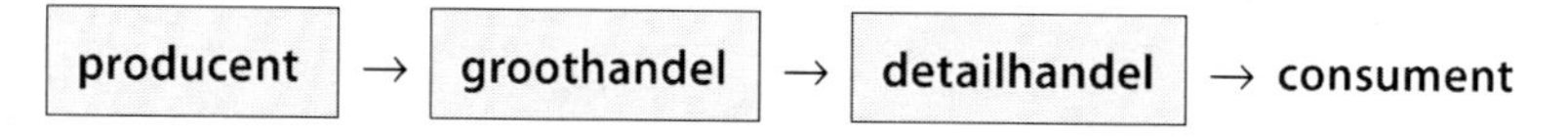

kanaalconflict

Als de producent of de importeur ook direct via het internet gaat verkopen, gaat deze een multi-kanaalstrategie volgen. Als hij daar niet goed over heeft nagedacht, is de kans groot dat er een kanaal*conflict* ontstaat met groothandel en detailhandel. Hetzelfde geldt voor een groothandel die een webwinkel wil openen. Van twee walletjes willen eten kan als gevolg hebben dat de tussenhandelaren ergens anders gaan inkopen.

Voorbeeld

Op philips.nl kun je het assortiment van Philips doorzoeken. Als je iets vindt dat je wilt kopen, kun je kiezen tussen rechtstreeks kopen of een winkel opzoeken. Rechtstreeks kopen zullen niet veel klanten doen, want je koopt dan tegen de adviesprijs. De meeste winkels zitten daaronder. De winkeliers hebben daar dus geen last van? Toch wel. Iedere verkoper wil graag hoog binnen de zoekresultaten staan. Als je met Google zoekt op 'mixer', dan krijg je blokker.nl als eerste resultaat. Als je zoekt op 'Philips mixer' dan zijn de eerste vier resultaten van philips.nl. Pas op de zevende plaats komt de eerste detaillist, megapool.nl. Blokker komt op de negende plaats. Blokker en Megapool zijn daar niet blij mee.

Philips maakt bewust geen promotie voor het directe kanaal, om de detailhandel niet tegen het hoofd te stoten. Toch laat het voorbeeld zien dat detaillisten hier last van kunnen hebben.

Het is goed mogelijk om zo'n kanaalconflict om te buigen naar een *win-win-situatie*, waar beide partijen voordeel van hebben. De producent of importeur kan met een goede website klanten winnen, maar veel klanten willen toch graag het product voelen en uitproberen voordat ze het kopen. Daarvoor heb je verkooppunten nodig. De producent heeft dus ook belang bij een distributiekanaal met dealers of winkeliers erin, want met hun medewerking kan hij meer verkopen.

multichanneling

Een mogelijke oplossing is om de detaillisten ook een percentage te geven van de winst uit het directe kanaal. Je krijgt dan twee naast elkaar bestaande distributiekanalen, waar beide partijen belang bij hebben: de detaillisten omdat ze nu meer klanten krijgen en de producent omdat die nu ook meer omzet maakt. De producent doet in dat geval aan *multichanneling*: hij gebruikt meerdere kanalen tegelijk, waarbij die kanalen los van elkaar werken.

co-delivery

Een andere mogelijkheid is dat de producent wel een webwinkel heeft, maar dat de detailhandel de uitlevering verzorgt. Dit heet *co-delivery*. Ook hier heb je een win-winsituatie: een website die extra klanten kan aantrekken, in combinatie met fysieke verkooppunten die goed samenwerken met de leverancier.

Een winkelbedrijf kan zelf ook prima een webwinkel en fysieke winkel met elkaar combineren. Een voorbeeld hiervan is MyCom.nl. In de webwinkel kun je kiezen tussen afhalen of laten bezorgen. Je ziet ook in welke filialen een artikel op voorraad is. Voor klanten kan het aantrekkelijk zijn om webwinkelen te combineren met winkelen op straat. Op het web kun je je oriënteren, in de winkel krijg je advies. Dat is vooral belangrijk bij shopping goods, waarover veel klanten onvoldoende kennis hebben.

In 2012 kwam ruim 10% van de consumentenaankopen puur online tot stand, en meer dan de helft puur offline, in een fysieke winkel. Bij 35% combineerde de consument internet en fysieke winkel. Vooral dat laatste percentage zal nog flink stijgen. Het is voor aanbieders dus belangrijk om via meerdere kanalen te distribueren. Het is daarbij ook belangrijk om distributie en communicatie niet zo strikt te scheiden, ze vullen elkaar aan. Als een klant zich op jouw website oriënteert, dan wil je natuurlijk graag dat die klant ook bij jou koopt. Dat kan best in een fysieke winkel, maar dan moet je de klant wel duidelijk wijzen op de mogelijkheid dat hij daar uitgebreid advies kan krijgen.

cross chanelling

Meerdere distributiekanalen tegelijk gebruiken die elkaar aanvullen en onderling informatie uitwisselen, heet *cross chanelling*. Online zoeken gaat steeds vaker met de telefoon, daarvoor is het belangrijk dat de aanbieder ook een website heeft die geschikt is voor mobiel gebruik. Surfen en dan opbellen voor informatie is ook een mogelijkheid.

kanaalswitch

Klanten denken niet in termen van kanalen. Ze zijn gewoon bezig informatie te verzamelen om een koopbeslissing goed af te kunnen wegen. Je ziet bijvoorbeeld een advertentie op de Facebookpagina van een bedrijf. Hé, dat is nou net wat ik zocht! Wat kan het allemaal? Wat is de kwaliteit? Even doorklikken naar de website van de aanbieder (tweede kanaal) en de productinformatie bekijken. Dan nog even met Google zoeken wat andere mensen van dit product vinden. Daarna toch maar naar de winkel om het product in het echt te zien (derde kanaal). De koop kan uiteindelijk tot stand komen in de winkel of op de website.

Cross chanelling is het antwoord op de kanaalswitchende consument. Als een aanbieder niet het kanaal heeft, waar de klant om vraagt, switcht die net zo makkelijk naar een kanaal van de concurrent. Het is daarbij nodig dat de kanalen elkaar goed aanvullen en dat de inhoud met elkaar klopt.

Voorbeeld

Mevrouw Verrips ziet in de bushalte reclame voor een wasmachine en ze raakt geïnteresseerd. Thuis zoekt ze de website van de aanbieder op. Daar ziet ze hetzelfde plaatje wat ze net in de bushalte heeft gezien. Ze bekijkt de productinformatie en ze zoekt naar ervaringen van anderen op forums en vergelijkingssites. Ze wil toch nog wat dingen weten, en belt vervolgens het nummer dat op de webpagina staat. Ze krijgt een medewerker van het callcenter aan de lijn, die haar vertelt wat ze wil weten. In dat gesprek komen ze tot de conclusie dat het toch beter zou zijn om de machine eens in het echt te bekijken. De medewerker vertelt waar de dichtstbijzijnde winkel is, en heeft intussen haar persoonsgegevens genoteerd.

Als mevrouw Verrips een paar uur later bij de winkel komt en vertelt dat ze erover gebeld heeft, zegt de verkoper: "Ah, goedemiddag mevrouw Verrips, we verwachtten u al. Loopt u even met me mee? We hebben de machine al voor u klaar gezet voor een demonstratie, zodat u alle mogelijkheden in werking kunt zien."

In het voorbeeld vullen de verschillende kanalen elkaar goed aan, en wordt er informatie uitgewisseld: de callcenter medewerker vertelt de verkopers in de betreffende winkel dat ze mevrouw Verrips kunnen verwachten, en wat zij precies nodig heeft. Als de kanalen goed op elkaar aansluiten, is de kans veel groter dat de kanaalswitchende consument inderdaad bij deze aanbieder koopt. Voorwaarden voor goede cross chanelling zijn:

- heel duidelijke verwijzing naar het andere kanaal (of kanalen);
- de kanalen zijn qua inhoud en vormgeving goed op elkaar afgestemd;
- de kanalen vullen elkaar aan. De klant hoeft niet elke keer het hele verhaal opnieuw te vertellen, of hoeft niet in het volgende kanaal op zoek te gaan naar precies dezelfde informatie;
- de klant voelt zich bij elk kanaal welkom.

De verwachting is dat de consument in de toekomst alleen nog echte omni-channel retailers bezoekt die in staat zijn om in hun fysieke winkels het beste van het web te brengen en omgekeerd. Bij het maken van keuzes eist de consument gepersonaliseerde, relevante en accurate informatie van de retailer. Daarnaast moeten slimme hulpmiddelen als instore navigatie-apps voor looproutes, draagbare apparaten, interactieve spiegels en het herkennen van klanten de shopper ondersteunen.

emerce.nl 16-1-2014

Opdrachten

10. a. Leg uit waarom directe distributie door producenten ervoor zorgt dat de B2C-markt is gegroeid ten koste van de B2B-markt.
    b. Zoek een voorbeeld van directe distributie via het internet.

11. Bij Amazon.com kun je korting krijgen als je met een 'price check app' op je smartphone prijzen in winkels scant en aan Amazon doorgeeft. Wat voor conflictsituatie zie je ontstaan?

12. a. Zeker bij shopping goods willen veel consumenten de artikelen eerst zien en voelen, voordat ze gaan kopen. Hoe kan een producent dit bereiken?

b. Wat is dan het belang van online informatie over die artikelen?

13. a. Wat is het verschil tussen multichanneling en cross chanelling?
 b. Wat is het voordeel van cross chanelling?
 c. Wat is er moeilijk aan cross channelling (de reden dat het bij veel bedrijven niet lukt)?

14. a. Geef een voorbeeld uit je eigen ervaring van een kanaalswitch die jij hebt gemaakt bij een aankoop.
 b. Beschrijf hoe de aanbieder op jouw kanaalswitch reageerde.

12.3 Samenvatting

Een distributie*doelstelling* geeft aan waar en in welke hoeveelheid een product te koop moet zijn, zodat de doelgroep het kan kopen. Door zulke doelstellingen te baseren op distributieratio's maak je ze realistischer (dus motiverend), en meetbaar (dus evalueerbaar). Het marktaandeel kun je vergroten door meer verkooppunten in te schakelen (marktspreiding opvoeren), door grotere verkooppunten in te schakelen (selectie-indicator stijgt), of door per geselecteerd verkooppunt meer te verkopen (omzetaandeel opvoeren). Uiteindelijk gaat het erom of je klanten kunt vinden. Bij de communicatie kun je kiezen voor een trek- of *pull*strategie (gericht op klanten zodat ze naar de winkel komen); of een duw- of *push*strategie (gericht op de tussenhandel zodat ze het artikel op het schap zetten).

Op het gebied van koopgemak (C van convenience, P van plaats) biedt het internet de klanten gemak bij het zoeken en selecteren van aanbod. Het internet maakt ook directe distributie makkelijker. Dat kan tot kanaal*conflicten* leiden. Het is ook mogelijk om het directe kanaal goed te laten samenwerken met een lang kanaal. De aanbieders doen dan aan *multichanelling*. Ook een bedrijf dat niet direct distribueert kan de distributie ondersteunen met de website.

Tijdens hun koopbeslissingsproces hebben klanten vaak informatie nodig, vooral bij shopping en specialty goods. Veel klanten wisselen daarbij meerdere keren van communicatie- en distributiekanaal (*kanaalswitch*). Het juiste antwoord daarop is *cross chanelling*: meerdere kanalen inzetten die elkaar goed aanvullen, en die onderling informatie uitwisselen.

12.4 Begrippen

Co-delivery	Klanten kunnen bestellen bij de webwinkel van de producent, waarna een detailhandel de uitlevering verzorgt.
Cross chanelling	Vorm van meervoudige distributie: gebruik van meerdere distributiekanalen die elkaar aanvullen en onderling informatie uitwisselen.
Duwdistributie	(Push strategie) Marketing en communicatie die erop gericht zijn om producten in het assortiment van tussenhandel of detailhandel te krijgen.
Kanaalconflict	Situatie waarin het gedrag van de ene aanbieder in een distributiekanaal in strijd is met het belang van de andere(n).
Kanaalswitch	Tijdens hun beslissingsproces switchen klanten makkelijk tussen verschillende distributie- en communicatiekanalen van een aanbieder.
Multichanneling	Vorm van meervoudige distributie waarbij een aanbieder meerdere distributiekanalen tegelijk gebruikt, die los van elkaar werken.
Trekdistributie	(Pull strategie) Marketing en communicatie gericht op de consument, zodat deze bij de detailhandel naar het product gaat vragen.

13 Marketingplan en verkoopplan

13.1 Marketingdoelstellingen

De marketingstrategie kun je zien als een verzameling van strategische keuzen, op het gebied van:

- doelmarkt;
- concurrentie;
- positionering en promotie;
- product en productontwikkeling;
- distributie;
- prijsbeleid;
- personeelsbeleid.

Op al die gebieden stelt een onderneming strategische doelstellingen op, die goed aansluiten bij de uitkomsten van de SWOT-analyse. De kunst is om te zorgen dat al die deeldoelstellingen een samenhangend geheel vormen, zodat de marketingstrategie glashelder is en een duidelijke richting heeft.

marketingdoelstelling

*Marketing*doelstellingen zijn ondergeschikt aan de ondernemingsdoelstellingen. Je kunt ze indelen in een aantal hoofddoelstellingen. Voorbeelden zijn:

- vergroten van het marktaandeel;
- vergroten van de marktpenetratie;
- een zo hoog mogelijke winstmarge;
- kostenreductie;
- betere positionering ten opzichte van de concurrenten.

Op grond van zulke doelstellingen werk je de marketingmix uit en bepaal je

instrument-doelstelling

doelstellingen voor prijs, promotie, product, distributie en personeel. Dit zijn de *instrument*doelstellingen. Per P en per belangrijke activiteit (zoals sales en customer service) heb je afgeleide doelstellingen nodig om de overkoepelende marketingdoelstellingen te kunnen halen.

Voorbeelden van instrumentdoelstellingen:
- doelgroep: segmentatie, of juist het tegenovergestelde;
- product: productontwikkeling, diversificatie, productverbetering, kostenbesparing;
- distributie (P van Plaats): goede samenwerking met distributiepartners, juiste intensiteit, goede marktspreiding en marktbereik, hoger omzetaandeel en marktaandeel;
- prijs: de klant verleiden, zoveel vragen als de klant ervoor over heeft, op prijs concurreren, de kosten terugverdienen, winst maken;
- communicatie (P van promotie): merkbekendheid, merkvoorkeur en merktrouw, herkenbaarheid van de positionering, imago en respons op de communicatie;
- personeel: verbetering van de werksfeer, betere communicatie tussen de afdelingen, bevordering van initiatief en ideeën voor innovatie;
- verkoop: het aantal mogelijke klanten dat benaderd gaat worden, het aantal verkopen per verkoper, gemiddelde kortingpercentages of ordergrootte;
- customer service: verbetering van de klanttevredenheid, verkorting van doorlooptijden, verbetering van de kwaliteit van product en levering, bereikbaarheid.

Doelstellingen moeten passen binnen een marketingstrategie. Een marketingdoelstelling als 'vergroten van de marktpenetratie' zegt niet zoveel als je niet weet wat de achterliggende strategie is. Als dit past bij een opbouwstrategie (een onderneming die aan het uitbreiden is), dan moet je deze doelstelling onder andere vertalen in grotere inspanningen in onderzoek en ontwikkeling.

Een doelstelling als kostenreductie kan afgeleid zijn van afstootdoelen (een onderneming die bepaalde onderdelen wil afstoten), maar kan net zo goed passen bij een opbouw- of handhaafstrategie. In dat laatste geval ligt de nadruk veel meer op het vergroten van de efficiency en de *productiviteit*: het verbeteren van de prestaties van het personeel per tijdseenheid. Bij nichemarketing is *flexibiliteit* vaak een belangrijke afgeleide doelstelling: het zo flexibel mogelijk inspelen op behoeften van afzonderlijke klanten.

Opdrachten

1. a. Zoek een passende marketingdoelstelling bij de ondernemingsdoelstelling 'winstgroei'.
   b. Zoek bij jouw marketingdoelstelling een bijpassende communicatiedoelstelling.

2. Wat kan flexibiliteit te maken hebben met customization?

13.2 Indeling van het marketingplan

In een marketingplan stippelt een bedrijf de marketingstrategie uit voor het komende jaar, of voor de komende jaren. Daarin beschrijf je de uitkomsten van de situatie- en SWOT-analyse, de strategische opties, de doelstellingen voor de marketing, de nieuwe marketingstrategie, het marketingbudget en tot slot de manier waarop het bedrijf de marketing in de gaten gaat houden (controle) en evalueren.

De indeling van een marketingplan kan per bedrijf verschillen. Een voorbeeld van een indeling:

0 managementsamenvatting (executive summary)
1 interne analyse } situatieanalyse (diagnose)
2 externe analyse }
3 prognose
4 SWOT-analyse
5 Strategische opties en doelstellingen
6 Marketingstrategie
7 Actieplannen (plannen per P, voor verkoop en customer service)
8 Budgetten, verwachte Verlies en Winstrekening
9 Controle en evaluatie

Een managementsamenvatting is alleen nodig bij een wat groter marketingplan (zeg meer dan tien pagina's). Het doel is dat managers snel de hoofdlijnen van het plan door kunnen nemen. Deze samenvatting moet dus kort zijn, maar op de hoofdlijnen wel volledig.

De punten 1 en 2 kun je ook in één hoofdstuk onderbrengen. Dat heet dan situatieanalyse of diagnose. Dit hoofdstuk beschrijft waar je bedrijf nu staat als onderneming, en waarom. De prognose kan een apart hoofdstuk zijn. In een klein plan vormt het een paragraaf van de situatieanalyse. De prognose geeft aan hoe de toekomst eruit ziet bij ongewijzigde strategie.

In de SWOT-analyse confronteer je externe kansen en bedreigingen met interne sterke en zwakke punten. Daaruit volgen de strategische opties. Na het afwegen daarvan kun je de doelstellingen bepalen. Met de marketingstrategie geef je aan met welke aanpak jouw bedrijf die doelstellingen denkt te kunnen bereiken.

De actieprogramma's zijn de instrumentplannen en plannen voor activiteiten die de marketing ondersteunen, zoals communicatieplan, reclameplan, sales promotions-plan, pr-plan, verkoopplan of customer service-plan. Deze actieprogramma's bevatten ook het tactische en operationele deel van het marketingplan: daarin neem je draaiboeken op waarin je per medewerker aangeeft wanneer welke taak verricht moet zijn (*wie* doet *wat* en *wanneer*).

Figuur 13.1 Het marketingplan en de actieplannen

Opdracht

3. a. Waar is een managementsamenvatting voor nodig?
   b. Waarom staat die aan het begin en niet aan het eind, zoals normaal bij samenvattingen?
   c. Waarom zouden grotere ondernemingen de situatieanalyse splitsen in twee hoofdstukken?

13.3 Voorbeeldcase marketingplan

Neem de voorbeeldcase van het marketingplan van SmartFood Queen er weer bij (op practicX.nl bij dit boek, onder hoofdstuk 7).

Opdrachten

Bij hoofdstuk 3 van de voorbeeldcase

4. Voor welke manier van vergelijken van strategische opties heeft men bij SmartFood Queen gekozen?

5. Goed aan personeel kunnen komen is een sterk punt. Wat zou daarvan de oorzaak zijn bij SmartFood Queen?

6. a. Waarom heeft SmartFood Queen geen doelstellingen voor marktspreiding, marktbereik en omzetaandeel?
   b. Wat is een stagnerende markt?
   c. Reken de doelstelling voor het marktaandeel voor het komende jaar na.
   d. Hoe kun je de doelstellingen voor marktaandeel typeren als je let op de concurrentie?

7. a. Wat kun je concluderen over SmartFood Queens relatieve marktaandeel?
   b. De markt voor fastfood groeit niet veel. Waar moet je SmartFood Queen plaatsen in de marktgroei-marktaandeelmatrix van BCG?
   c. Welk gevolg zou dat volgens de theorie moeten hebben voor de marketingstrategie?
   d. Wat klopt er niet hier? De matrix, de marktindeling of allebei?

8. a. Welke bedreigingen blijven bestaan als men optie 4 niet doorvoert?
   b. Welk zwakke punt moet de nieuwe strategie van marktontwikkeling verhelpen?

Bij hoofdstuk 4 van de voorbeeldcase

9. a. Wat wordt bedoeld met geografische marktpenetratie?
   b. Leg uit waarom het rendement op het geïnvesteerde vermogen kan stijgen door een strategie van marktontwikkeling in de situatie van SmartFood Queen.

10. a. Leg uit waarom men de gekozen strategie omschrijft als aanvalsstrategie.
    b. Welke bedreiging zou hierdoor kunnen ontstaan?
    c. Waarom neemt SmartFood Queen dat gevaar voor lief?

11. a. Welke voordelen biedt SmartFood Queen haar klanten met de huidige positionering?
    b. Hoe probeert de onderneming, bij ongewijzigde positionering, het aanbod nog overtuigender te maken?

12. Voor welke groeistrategie heeft SmartFood Queen gekozen? (zie ook paragraaf 8.1).

Groepsopdracht

13. In opdracht 13 van hoofdstuk 7 hebben jullie voor een bedrijf dat tenminste één van jullie goed kent een situatieanalyse opgesteld.
    a. Stel op basis daarvan een SWOT-matrix op.
    b. Breng voor het gekozen bedrijf minstens twee strategische opties in kaart (op basis van de SWOT-analyse).
    c. Weeg de opties tegen elkaar af en kies de beste optie.
    d. Stel op basis daarvan marketingdoelstellingen vast.
    e. Stel een marketingstrategie samen. Formuleer ook afgeleide doelstellingen voor prijs, product en positionering, promotie, distributie, personeel en verkoop.

13.4 Van marketing naar verkoop

Het verkoopplan is één van de actieplannen die uit het marketingplan voortvloeien. Op de afdeling verkoop heb je er veel mee te maken, maar op de afdeling marketing net zo goed. Als de verkoop niet goed gepland is, loop je kans dat je bedrijf de marketingdoelstellingen niet haalt.

Om marketingdoelstellingen te halen is in de meeste gevallen inspanning nodig bij het verkopen. Meer afzet, meer omzet, meer marktaandeel? Meer verkopen dus. Er is dus ook een verkoopstrategie nodig. Net als de marketingstrategie baseer je die op de situatieanalyse. Als het goed is, heb je bij het opstellen daarvan ook al rekening gehouden met de informatie die nodig is voor het verkoopbeleid. De verkoopstrategie bestaat uit:

- een precieze omschrijving van de doelgroep(en);
- de te gebruiken verkoopmethoden;
- verkoopdoelstellingen.

doelgroepen

Bij het verkopen wil je zo precies mogelijk zicht op je doelgroepen hebben. Eigenlijk zou je het liefst al die klanten en mogelijke klanten op een lijst hebben, met naam, adres en telefoonnummer. Je kunt ze dan direct benaderen, in de vorm van direct mail, telemarketing of een persoonlijk gesprek. Bij winkelverkoop op de consumentenmarkt is dit vooral belangrijk als je aan direct marketing wilt doen. Op de zakelijke markt is een bestand met bedrijven en hun omvang heel belangrijk, want de vertegenwoordigers moeten selecteren welke bedrijven prioriteit hebben. Persoonlijke verkoop hoort niet voor niets bij de P van Promotie (communicatie).

Door registratie van elke verkooptransactie (wat bijna vanzelf gaat als je de klanten punten laat sparen) krijg je zicht op de verschillende categorieën klanten en hun achtergrond. Daarmee kun je een aantal belangrijke doelen bereiken:

- verbetering van de merk- of winkeltrouw;
- verlenging van de periode dat iemand klant is;
- verhoging van de klanttevredenheid;
- verhoging van het bedrag per transactie per klant.

Dit alles leidt tot een verbetering van het rendement per klant.

Dit wil niet zeggen dat het werven van nieuwe klanten niet belangrijk is. Als die werving maar niet ten koste gaat van de aandacht voor bestaande klanten. Activiteiten op het gebied van klantenwerving kunnen bijvoorbeeld zijn:

- mogelijke klanten in kaart brengen;
- zoveel mogelijk daarvan werven als klant;
- door middel van relatiemanagement deze klanten vasthouden;
- de gemiddelde waarde per klant proberen op te voeren.

verkoopmethoden

Bij de *verkoopmethoden* heb je keus uit winkelverkoop, showroomverkoop, verkoop via tussenhandelaren, persoonlijke verkoop, deelname aan beurzen, markten, enzovoort. De keuze voor verkoopmethoden is voor een belangrijk deel al bepaald door de strategische distributiekeuzen.

deep-selling

Er bestaan verschillende methoden om meer aan bestaande klanten te verkopen. Je kunt proberen om ze meer van hetzelfde te verkopen, dat heet *deep-*

selling. Meer potjes pindakaas aan dezelfde klant verkopen? Een goed recept erop voor een heerlijke pindasaus kan zeker helpen. Er zijn ook producten die goedkoper worden naarmate de klant meer afneemt. Neem bijvoorbeeld drukwerk: de machine is toch al ingesteld, dus de drukker kan klanten een aantrekkelijke meerprijs aanbieden voor een grotere oplage. Hiermee brengt hij klanten in de verleiding om meer te kopen dan ze van plan waren en dat is goed voor de omzet.

cross-selling

Je kunt aan bestaande klanten andere artikelen verkopen, bijvoorbeeld nuttige accessoires of bijpassende artikelen. Dit heet *cross- selling*. Je merkt het vaak in de schoenenwinkel: Nog schoensmeer nodig? Extra veters? Inlegzooltjes? Bij autoverkoop is cross-selling van extra opties heel gebruikelijk: Sportieve velgen? Zonnedak? Speciaal kleurtje? Airco? Je kunt ook aan een klant die kort geleden een bankstel kocht, een aanbieding sturen voor een leuke bijpassende boekenkast of koffietafel.

up-selling

Een derde manier om meer omzet van een bestaande klant te krijgen is *up-selling*: de verkoper verleidt de klant om een duurdere variant te kopen dan hij van plan was. De pomphouder kan klanten een duurdere variant van diesel aanraden (bijvoorbeeld V-power), een autodealer kan de klant het verschil laten merken tussen een 1.6 liter motor of een 2.0. Deze techniek past goed bij productdifferentiatie, waarbij de producent het product in meerdere varianten aanbiedt met bijpassende prijzen. Het tegenovergestelde is *down-selling*: als het budget van de klant te klein is voor het artikel dat hij eigenlijk wilde kopen, kun je toch nog aan deze klant verdienen met een goedkopere variant.

down-selling

Deze verkoopmethoden passen goed bij relatiemanagement en relatiemarketing.

verkoop doelstellingen

Bij verkoopdoelstellingen denken de meesten meteen aan *kwantitatieve* doelstellingen, bijvoorbeeld: zoveel nieuwe klanten, zoveel omzet per klant, zoveel totale omzet, zoveel omzetaandeel en zoveel verkooptijd per klant. Dat zijn inderdaad belangrijke verkoopdoelstellingen. Toch kunnen ook bij de verkoop *kwalitatieve* doelstellingen belangrijk zijn: de presentatie van het personeel, de training van het personeel, vriendelijkheid, tevredenheid van klanten over de service, enzovoort. Vooral voor dienstverlenende bedrijven en handelsbedrijven is de P van Personeel heel belangrijk. Uiteindelijk moeten ook die kwalitatieve doelstellingen bijdragen aan het hoofddoel: meer geld in het laatje.

verkoopprognose

Kwantitatieve verkoopdoelstellingen op het gebied van afzet en omzet baseer je op een verkoop*prognose* ofwel sales forecast. Die bestaat uit verschillende elementen:

- voorspelling van de afzet bij ongewijzigd beleid;
- invloed van beleidswijzigingen;
- bijdrage van nieuwe klanten.

Bij het opstellen van een prognose bij ongewijzigd beleid is tijdreeksanalyse nuttig (zie het boek *Pitch – Marktonderzoek*). Daarbij heb je de cijfers over een reeks van jaren nodig. Daarmee kun je de trend in de cijfers ontdekken en nagaan of er een seizoenspatroon is. Als je dan ook nog rekening houdt met de toestand van de conjunctuur, kun je een heel aardige voorspelling doen.

Als er dingen veranderen, wordt de prognose lastiger. Het aantal te verwachten nieuwe klanten kun je uit eerder gehouden marktonderzoek halen. Maar hoeveel gaan die klanten gemiddeld besteden? Misschien staan daarvoor ook aanwijzingen in het marktonderzoek. Als jouw bedrijf al langer aan klantenwerving doet, kun je waarschijnlijk ook afgaan op ervaringscijfers.

De afzet hangt ook af van het communicatiebudget en de kwaliteit van de communicatie. Verder heb je te maken met het product: komen er wijzigingen in het assortiment? Staan er productverbeteringen of stapel? Of productintroducties? Doorslaggevend hierbij is de smaak van de klanten. Zeker als je op een markt werkt waarop modes en rages snel kunnen veranderen, is het nuttig om ook expertonderzoek te doen. Daarbij ondervraagt men een aantal mensen met veel kennis van de markt naar hun verwachtingen.

De verkoopprognose vormt de basis voor de meeste kwantitatieve verkoopdoelstellingen. Het beste kun je die prognose al opstellen voordat je de marketingdoelstellingen vaststelt. Het zou wel raar zijn om het hele planningsproces te doorlopen, om er dan bij de verkoopplanning achter te komen dat een marketingdoelstelling onhaalbaar is. Uiteindelijk mondt dit proces uit in verkoopdoelstellingen op het gebied van:

- totale afzet en omzet;
- marktspreiding, marktbereik en omzetaandeel;
- afzet en omzet per tussenhandelaar;
- afzet en omzet per eindafnemer;
- afzet en omzet per verkoper.

Het is noodzakelijk om de verkoopplanning goed af te stemmen op:

- het inkoopplan;
- het productieplan;
- het logistieke plan;
- het financiële plan.

Als je meer gaat verkopen, heeft dat gevolgen voor het niveau van de inkoop en de productie. Het kan ook gevolgen hebben voor de fysieke distributie, het proces van uitlevering: ook daar kunnen meer personeel en middelen nodig zijn bij een flinke stijging van de afzet. Als er meer personeel en middelen nodig zijn, heeft dat gevolgen voor het financiële plan.

Opdrachten

14. a. Uit welke elementen bestaat een verkoopstrategie?
    b. Waar is de verkoopstrategie aan ondergeschikt?

15. a. Welk instrument is geschikt voor het vasthouden van klanten?
    b. Wat voor communicatie- en verkoopdoelstellingen kun je daarmee bereiken?

16. Gaat het om een kwalitatieve of om een kwantitatieve verkoopdoelstelling? Geef steeds aan waarom.
    a. Eind volgend jaar moeten twee medewerkers hun NIMA-Sales A diploma halen.
    b. We verbeteren het komende halfjaar de verkooptechnieken van de winkelverkopers door middel van interne training.
    c. De afdeling verkoop buitendienst moet er dit jaar voor zorgen dat de merktrouw met vijf procentpunten verbetert.
    d. Het imago van de verkopers moet omhoog. Dat meten we met behulp van tevredenheidsonderzoek.

17. Wat kun je zeggen over de relatie tussen kwantitatieve en kwalitatieve verkoopdoelstellingen?

18. a. Geef een ander woord voor verkoopprognose.
    b. Uit welke elementen bestaat zo'n prognose?

19. a. Welke statistische techniek is een goed hulpmiddel bij het opstellen van een verkoopprognose?
    b. Hoe kun je aan informatie komen om de verkopen aan nieuwe klanten te schatten?

20. Wat kan er misgaan als je het verkoopplan niet onderling afstemt met:
    a. het inkoopplan en het productieplan?
    b. het logistieke plan?
    c. het financiële plan?
    d. Welke eisen stelt dit aan de organisatie van het bedrijf?

21. a. Bedenk een manier om aan bestaande klanten meer auto's te verkopen.
    b. Met welke verkoopmethode ben je dan bezig?

22. a. Bedenk een manier waarop een meubelzaak accessoires en onderhoudsmiddelen kan verkopen.
    b. Met welke verkoopmethode ben je dan bezig?
    c. Met welke andere verkoopmethode kun je de omzet stimuleren?

13.5 Voorbeeldcase verkoopplan

Eén van de actieplannen van het marketingplan is het verkoopplan. Daarin beschrijf je de gevolgen die het marketingplan heeft voor de verkopen, vooral op tactisch en operationeel niveau. Vaak zie je verkoopplannen die alleen maar bedragen bevatten. Eigenlijk stelt men dan de verkoopprognose gelijk aan het verkoopplan. Maar omzet komt niet uit de lucht vallen. Een goed verkoopplan laat zien

- *wat* er verkocht wordt,
- *aan wie* (doelgroep, aansluiting aanbod op behoeften),
- *door wie*,
- *wanneer* en
- *hoe* (strategie, tactiek en operationele uitwerking).

Een verkoopplan hoeft helemaal niet zo lang te zijn. De inhoud van een verkoopplan kan er bijvoorbeeld zo uitzien:

1. situatieanalyse en SWOT-analyse (van de verkooporganisatie)
2. verkoopstrategie (doelgroepen, methoden en doelstellingen)
3. verkoopprognose (sales forecast)
4. inzet van personeel en middelen
5. draaiboek: verkoopactiviteiten per doelgroep (of per klant) en per verkoper, inclusief tijdstippen
6. budget
7. controle en evaluatie

Als de sterke en zwakke punten plus de kansen en bedreigingen van de verkooporganisatie al aangeleverd zijn als onderdeel van het marketingplan, dan hoef je dat stuk niet nog een keertje te herhalen in het verkoopplan. In feite is het beter om dit onderdeel al bij het marketingplan mee te nemen, daarmee kom je minder snel voor verrassingen te staan.

Wie schrijft het verkoopplan? Bij de meeste ondernemingen is dat een klus voor het hoofd van de afdeling verkoop (de sales manager). Die kan op zijn beurt input vragen van de medewerkers. Bij verkoop op de zakelijke markt is het heel gebruikelijk dat elke vertegenwoordiger een eigen verkoopplan maakt, uitgaande van de verkoopdoelstellingen. Die plannen bespreken ze dan, stellen ze bij, en de sales manager smeedt ze samen tot één verkoopplan. Daarbij hoort ook een planning per vertegenwoordiger. Als de onderneming werkt met account management, stelt men ook vaak een plan per *account* (grote klant) op. Met zo'n manier van werken kun je tot realistische doelstellingen komen en kun je de motivatie van de verkopers verbeteren: ze zijn immers direct betrokken bij de planning en hebben er belang bij om die waar te maken.

Als bijlage bij zo'n plan maak je een draaiboek, zeg maar een soort agenda, waarin je per dag aangeeft wie wat moet doen.

Opdrachten

Bij hoofdstuk 5 van de voorbeeldcase (op practicX.nl onder hoofdstuk 7)

23. Waarom staat er in het verkoopplan van SmartFood Queen geen situatie- en SWOT-analyse?

24. a. Welke functionaris is meestal verantwoordelijk voor het samenstellen van het verkoopplan?
    b. Wat is het doel van individuele verkoopplannen? Bij welke functie horen die?
    c. Wat is een accountplan en wat is het doel daarvan?

25. a. Het verkoopplan van SmartFood Queen bevat geen apart hoofdstuk voor de verkoopprognose. Waarom zouden ze voor deze inrichting gekozen hebben?
    b. Waarom is het effect van nieuwe jonge klanten op de afzet groter dan op de omzet?

26. a. Waarom is training een belangrijk element in het operationaliseren van nieuwe verkoopdoelstellingen?
    b. Waar zijn de zes tablets voor nodig?

13.6 Operationele verkoopplanning

Met de doelgroep, de verkoopmethode en de verkoopdoelstellingen heb je de verkoopstrategie in beeld. Daarna kom je toe aan de verkooptactiek en het operationele werk. Daarbij horen:

- planning van de bezetting van het verkooppersoneel;
- planning van inzet van overige middelen;
- tijdsplanning en toekennen van taken;
- budgettering.

middelen

Na het vaststellen van de verkoopdoelstellingen vraag je je af: Is er wel genoeg verkooppersoneel? Is de bezetting van de binnendienst voldoende? Is er genoeg oppervlakte op de verkooppunten? Is er voldoende IT-ondersteuning? Zijn er voldoende transportmiddelen voor de vertegenwoordigers? Kan de fysieke distributie de gestelde doelstellingen aan? Als er onvoldoende middelen zijn, is coördinatie met het financiële plan nodig. Inzet van middelen plannen zonder budgetruimte is verspilde moeite. Als er echt onvoldoende geld beschikbaar is, moet je de verkoopstrategie en de doelstellingen herzien.

verkoopmethoden

Hoe je het werk van de verkoopstaf moet organiseren en plannen hangt sterk af van het soort bedrijf en de manier van verkopen. Afhankelijk van het aanbod en van de markt zijn er veel *verkoopmethoden*:

- persoonlijke verkoop in winkel of showroom;
- persoonlijke verkoop op beurzen of markten;
- persoonlijke verkoop via vertegenwoordigers;
- postorderverkoop via direct mail en/of direct response advertising;
- postorderverkoop via internet;
- telefonische verkoop.

Je kunt natuurlijk ook verschillende van deze verkoopmethoden combineren.

Bij persoonlijke verkoop op de zakelijke markt bestaan er een paar vuistregels om te bepalen hoeveel vertegenwoordigers er nodig zijn. Daarvoor moet je eerst de bezoekcapaciteit per vertegenwoordiger kennen.

Voorbeeld

Bij PolarLow werken alle vertegenwoordiger in voltijd: 5 dagen per week, 8 uur per dag. Elk heeft gemiddeld per week 3 dagen beschikbaar om klanten te bezoeken, de andere 2 dagen gaan zitten in bellen en bureauwerk. Zonder vakantie en ziekteverzuim gaan er 45 werkweken in een jaar. Elk klantenbezoek kost gemiddeld 45 minuten gesprekstijd en 45 minuten reistijd. De bezoekcapaciteit per vertegenwoordiger is

$$45 \text{ weken} \times 3 \text{ dagen} \times 8 \text{ uur} = \frac{1.080 \text{ uur}}{1,5 \text{ uur}} = 720 \text{ klanten per jaar}$$

Met de personeelskosten per vertegenwoordiger erbij kun je gelijk de kosten per klantenbezoek uitrekenen. Het aantal benodigde medewerkers van de buitendienst kun je zo uitrekenen:

$$\frac{\text{aantal te bezoeken klanten} \times \text{gewenste bezoekfrequentie}}{\text{gemiddelde bezoekcapaciteit per vertegenwoordiger}}$$

PolarLow wil komend jaar 2.400 klanten laten bezoeken met een frequentie van gemiddeld 3 keer per jaar.

$$\frac{2.400 \times 3}{720} = 10 \text{ vertegenwoordigers nodig}$$

In het strategische deel van het verkoopplan is de doelgroep al geselecteerd. In het operationele deel selecteer je de leden daarvan die bezocht moeten worden, en bepaal je de gewenste bezoekfrequentie (op grond van ervaring, informatie van de buitendienst en eventueel marktonderzoek). Met behulp van de bezoekcapaciteit kun je de benodigde omvang van de buitendienst bepalen. Dat is nodig voor de planning en voor het budgetteren. Met deze informatie kun je gelijk voor een groot deel de overige benodigde middelen bepalen, zoals de capaciteit van de binnendienst, transportmiddelen en IT-ondersteuning.

P van Personeel

Bij de persoonlijke verkoop zijn vaardigheid en motivatie heel belangrijk. De verkopers zijn onderdeel van de communicatiemix en hebben dus veel invloed op het 'gezicht' dat de onderneming aan haar klanten laat zien. Bij winkel- of showroomverkoop werken de verkopers in de eigen verkoopruimte. Een goede verkoopleider heeft dus alle mogelijkheid om de verkopers waar nodig bij te sturen en om ze te motiveren. Vertegenwoordigers gaan zelfstandig op pad, supervisie is alleen mogelijk op basis van resultaten en tijdsbesteding.

verkoop-
vaardigheden

Voor het verkopen zijn een aantal vaardigheden nodig; hieronder de belangrijkste op een rijtje.

- *In kaart brengen* van veelbelovende nieuwe klanten en van kansen bij bestaande klanten. Daarbij is ook kennis van (en feeling voor) markttrends en marktontwikkelingen belangrijk.
- *Communiceren*: vaardigheid in verkoopgesprekken, in het presenteren van het aanbod en in het opstellen van offertes. Naast een goed uitdrukkingsvermogen is hiervoor kennis en begrip van de klanten en hun gedrag heel belangrijk.
- *Organiseren*: verkopers bij de buitendienst moeten in staat zijn om zelf een verkoopplan en bezoekenagenda op te stellen. Daarbij moeten ze de bezoekfrequentie af weten te stemmen op het soort klant (A-, B-, C- of D-categorie, waarbij A-categorie klanten de meeste winst in het laatje brengen), op de fase van die klant in het koopbeslissingsproces en op het benodigde relatiemanagement.
- *Inzicht* in de marketing, logistiek en customer service van het eigen bedrijf. Dat is nodig om te zorgen dat klanten ook na het afsluiten van een order tevreden blijven. De verkoper moet de klant op de hoogte kunnen houden van de levertijd, een eventuele afwijking daarin, enzovoort.

Zulke vaardigheden doen verkopers op door middel van training en ervaring. Een belangrijke vaardigheid voor ervaren verkopers is het kunnen inwerken van nieuwe collega's.

honorering

Verkopers leveren heel direct een bijdrage aan de omzet. Natuurlijk leveren alle medewerkers van het bedrijf een bijdrage aan de omzet, maar voor verkopers is de link tussen hun inspanningen en de omzet heel direct voelbaar. Daarom zie je bij een flink deel van het bedrijfsleven dat er bij hun beloning ook een link gelegd wordt tussen het totale salaris en de omzet die de verkoper behaalde.

Daarbij zijn er twee uitersten: een vast salaris, of de hele beloning afhankelijk maken van het behaalde resultaat. In dat laatste geval behandel je de vertegenwoordiger als een zelfstandige handelsagent, niet in dienst van het verkopende bedrijf. Meestal kiezen bedrijven voor een tussenoplossing: een vast basissalaris, plus een provisie of bonus die afhangt van de behaalde omzet. Daarnaast zijn onkostenvergoedingen belangrijk voor het personeel van de buitendienst.

De manier van belonen kan belangrijk zijn voor de motivatie van het verkooppersoneel, maar geld alleen maakt niet gelukkig. Net als andere medewerkers zijn verkopers gevoelig voor dingen als een prettige werksfeer, eigen verantwoordelijkheid en inbreng, en carrièremogelijkheden. De organisatiecultuur kan veel verschil maken. Uiteindelijk is management met menselijkheid, respect en wat flexibiliteit nog het belangrijkst.

De persoonlijke verkoop zelf hoort bij het marketinginstrument Promotie, maar bij de uitvoering van de verkoop zijn er veel raakvlakken met andere marketinginstrumenten. Als jouw bedrijf niet direct aan de eindafnemers verkoopt, heb je te maken met de tussenhandel. Dat raakt aan de distributie, de P van Plaats. Hoeveel verkooppunten of dealers worden er ingeschakeld? De distributie-intensiteit heeft veel gevolgen voor het werk van de afdeling verkoop buitendienst. Het is dan ook verstandig om ook de afdeling verkoop bij zo'n strategische beslissing te betrekken.

P van Plaats

P van Prijs

Hoeveel onderhandelingsruimte heeft een verkoper? Hier raakt het verkoopwerk aan de P van Prijs. Niet alleen de prijsstelling zelf is belangrijk, maar ook de speelruimte daarbij. Die kan bestaan uit

- promotionele kortingen (verkoopacties);
- prestatiekortingen (zoals kwantumkorting, staffelkorting, merit rating);
- handelsvergoedingen (zoals een reclametoelage of een displaytoelage).

Daarbij is er meestal een spanningsveld tussen de belangen van de onderneming, van de verkoper en van de klant. Voor een verkoper is het makkelijk om wat van de prijs af te kunnen halen met een korting of toelage. Voor zijn werkgever is het belangrijk om het kortingspercentage binnen de perken te houden. Bij het vaststellen van doelstellingen hiervoor is de concurrentieanalyse heel belangrijk: hoe intenser de prijsconcurrentie, hoe meer speelruimte de verkopers nodig hebben.

P van Product

De invulling van de P van Product kan de verkopers belangrijke verkoopargumenten in handen geven (of juist niet). Hoe is de kwaliteit van de aangeboden producten of diensten? Is de prijs-kwaliteitverhouding gunstig? Is de service rond het aanbod voldoende? Zijn de garantie en de garantieperiode royaal genoeg? Sluit de samenstelling van het assortiment aan bij de behoeften van de klanten? Loopt het bedrijf niet achter met het innovatiebeleid (voldoende productverbeteringen en introductie)?

P van Promotie

Persoonlijke verkoop zelf hoort bij de P van Promotie. Maar in de praktijk moet de verkoop ondersteund worden door reclame en eventueel verkoopacties (sales promotions). Als dat niet gebeurt, werkt de aanbieder met een pure *duw*strategie. Dat is meestal een zwaktebod. Als de klanten het aanbod niet kennen en er geen prettig idee bij hebben, kun je pushen wat je wilt, maar de verkoop zal achterblijven. Verkoop heeft dus de *pull* van reclame nodig. Dat geldt op de zakelijke markt net zo goed: een vertegenwoordiger is veel effectiever als de zakelijke klant al van het product (of dienst) gehoord heeft en er een goed idee bij heeft.

De afdeling verkoop heeft dus veel belang bij de invulling van het reclameplan en het sales promotion-plan, en bij hoogte van de bijbehorende budgetten. Aan de andere kant vullen de verkopers de reclame aan: als de *pull* de klanten eenmaal over de drempel krijgt, nemen de verkopers het stokje van de communicatie over. Zij moeten dus de eigen reclame en verkoopacties goed kennen en begrijpen om er goed bij aan te kunnen sluiten.

Motivatie, training en beloning horen bij de P van Personeel. De afdeling verkoop is dus nauw betrokken bij de invulling van alle vijf de P's, dus van de hele marketingstrategie. Bovendien vormen de verkopers een waardevolle bron van informatie: zijn hebben immers het meeste contact met de klanten. Ze kunnen de afdeling marketing informeren over het klantengedrag, over klantwensen, klanttevredenheid en eventuele knelpunten. Voor het goed functioneren van marketing en verkoop is een naadloze samenwerking tussen de afdelingen marketing en verkoop dan ook hard nodig. Dat geldt ook voor het marketingplanningsproces: al voor het opstellen van de situatieanalyse heeft de marketingmedewerker contact nodig met de verkopers of de verkoopleider.

Opdrachten

27. Gaat het om tactische of om operationele planning? Verklaar je antwoorden.
    a. Planning van het aantal benodigde verkopers.
    b. Een draaiboek opstellen op basis van individuele verkoopplannen.

28. Bij Verdonk bv werken vertegenwoordigers 36 uur per week. Elk klantbezoek kost 4 uur aan voorbereiding plus reis- en bezoektijd. Per jaar gaan 9 werkweken op aan vakantie, training en verzuim. Verdonk heeft voor komend jaar 6.450 klantbezoeken gepland met een gemiddelde bezoekfrequentie van 3.

a. Bereken de gemiddelde bezoekcapaciteit per vertegenwoordiger.
b. Bereken de benodigde bezetting van de afdeling verkoop buitendienst.
c. Voor wat voor middeleninzet heeft je antwoord van b. nog meer gevolgen?
d. Met welke andere deelplannen van de onderneming kun je dan te maken krijgen?

29. Bij AutoMo werken de accountmanagers 40 uur per week. Ze hebben 3 werkdagen voor klantbezoek. Het aantal effectieve werkweken is 42 per jaar. Er zijn in totaal 1.512 accounts en men streeft naar een gemiddelde bezoekfrequentie van 4. De reis- en bezoektijd is 2 uur per account.
a. Bereken de gemiddelde bezoekcapaciteit per vertegenwoordiger.
b. Bereken de benodigde bezetting van de Verkoop buitendienst.

30. a. Verklaar waarom het prijsbeleid zoveel invloed heeft op het werk van de afdeling verkoop.
b. Op welke manieren kan een bedrijf wat doen aan de onderhandelingsruimte van verkopers?

31. Wat is het raakvlak tussen verkoop en het productbeleid?

32. Op de zakelijke markt ligt het accent meestal sterker op persoonlijke verkoop dan op reclame. Verklaar waarom de vertegenwoordigers toch ook onpersoonlijke communicatie nodig hebben.

13.7 Samenvatting

Marketingdoelstellingen baseer je op de strategische opties en leid je af van de gekozen marketingstrategie. Je werkt ze verder uit in instrumentdoelstellingen. Er zijn verschillende manieren om een marketingplan in te delen. Een wat groter plan leid je in met een managementsamenvatting, die op hoofdpunten volledig is. Na situatie- en SWOT-analyse volgen de strategische opties. Daarna komt de kern: de marketingstrategie. Die wordt weer uitgewerkt in deelplannen ofwel actieplannen (per P en per belangrijke activiteit). Deze hebben ook een operationeel gedeelte inclusief draaiboek. Als laatste volgen budget en de manier van controle en evaluatie.

Om marketingdoelstellingen te halen is een *verkoopstrategie* nodig. Die bestaat uit verkoopdoelstellingen en een omschrijving van doelgroep en verkoopmethode. De doelstellingen zijn gebaseerd op een verkoopprognose. Die kan weer gebaseerd zijn op ervaring (tijdreeksanalyse) en voorspellingen over mode en trends. De verkoopplanning hangt nauw samen met de planning van inkoop, productie, logistiek en financiën.

Het *verkoopplan* beschrijft de verkoopstrategie en werkt die uit op tactisch en operationeel niveau: wat wordt verkocht aan wie, door wie, wanneer en hoe. Het beschrijft de verkoopstrategie, -prognose en de inzet van middelen. Het bevat een draaiboek met een tijdsplanning plus een budget, en geeft aan hoe de verkoop gecontroleerd en geëvalueerd gaat worden. Het plan kan samengesteld worden op grond van de plannen van individuele verkopers.

Uit een verkoopprognose voor de zakelijke markt moet blijken hoeveel klantbezoeken er nodig zijn. Het benodigde aantal medewerkers van de buitendienst kun je dan berekenen met behulp van de gemiddelde bezoekcapaciteit. Uit dat aantal kun je ook inzet van andere middelen afleiden, zoals transportmiddelen, IT-ondersteuning en de capaciteit van de binnendienst. De benodigde capaciteit van de fysieke distributie blijkt uit de verkoopprognose.

Het verkoopplan heeft te maken met alle marketinginstrumenten. Bij Personeel zijn vaardigheid en motivatie belangrijk. Instrumenten daarbij zijn training, honorering en goed management. De gekozen distributie-intensiteit (Plaats) heeft gevolgen voor de verkoopplanning. Het prijsbeleid kan met kortingen en handelsvergoedingen de onderhandelingsruimte van verkopers vergroten of verkleinen. Het productbeleid kan zorgen voor verkoopargumenten. Het promotiebeleid is een belangrijke ondersteuning van de verkoop.

13.8 Begrippen

Cross-selling Aan bestaande klanten meer artikelen verkopen die horen bij het product dat ze kochten.

Deep-selling Aan bestaande klanten meer van hetzelfde product verkopen.

Up-selling Aan een klant een duurdere variant verkopen dan deze van plan was. Het tegenovergestelde is down-selling.

Verkoopplan Actieplan waarin de gevolgen worden uitgewerkt die het marketingplan heeft voor de verkopen, vooral op tactisch en operationeel niveau.

Verkoopprognose (Sales forecast) Voorspelling van de afzet voor een bepaalde periode, op basis van tijdreeksanalyse en/of marktonderzoek.

Verkoopstrategie Geeft de verkoopdoelstellingen voor de lange termijn aan, inclusief doelgroepen en verkoopmethoden.

14 Controle en evaluatie

14.1 Marketingcontrole

Nadat het marketingplan en de actieplannen goedgekeurd zijn, kan de uitvoering (ofwel de *implementatie*) van start gaan. Zonder goede uitvoering kan een goed plan toch nog de mist in gaan. Goede implementatie hangt niet alleen af van de kwaliteit van de strategie en de planning, maar ook van de bedrijfscultuur, de doorstroom van informatie, het aanpassingsvermogen van de organisatie en de vaardigheid en samenwerking van het personeel.

controle

Zodra de uitvoering van een plan begint, start ook de controle ervan. Als je niet controleert of de uitvoering volgens de planning verloopt, had je net zo goed niet kunnen plannen. Het woord *controle* kent iedereen: kaartjescontrole, veiligheidscontrole, even controleren of ik de sleutel bij me heb. In het Engels noemt men het *monitoring*, dat betekent 'in de gaten houden'. Controleren staat gelijk aan informatie verzamelen: je meet of de uitvoering volgens plan verloopt.

evaluatie

Het woord evaluatie komt van het Engelse 'value' ofwel waarde. *Evalueren* is beoordelen wat iets waard is. Je beoordeelt iets of iemand op z'n verdiensten. Evaluatie van een plan is het beoordelen van de informatie (meetresultaten) die de controle oplevert.

terugkoppeling

Het is nodig om te controleren en te beoordelen of het plan verloopt zoals gepland en of doelstellingen gehaald worden. De doelen daarvan zijn:

1. voorkomen dat er dingen misgaan;
2. bijsturen waar nodig;
3. leren van de ervaringen met de uitvoering van dit plan.

Het tweede en derde doel vormen de terugkoppeling, in het Engels *feedback*.

Zelf leer je meestal wel van eigen ervaringen en fouten. Voor een organisatie is dat lastiger: daarvoor is een goede doorstroom van informatie nodig tussen medewerkers en afdelingen. Maar een organisatie die niet leert van het eigen werk laat kansen liggen en loopt veel gevaar om achter te blijven bij de concurrentie.

Controle en evaluatie is de laatste fase van de planningscyclus en ook de laatste paragraaf van het marketingplan en de deelplannen. In het plan hoor je al aan te geven waarop je gaat controleren:

- tijdsplanning;
- gebudgetteerde kosten en opbrengsten (of op standaardkosten en standaardopbrengsten);
- prestaties (het halen van doelstellingen).

Met een duidelijke omschrijving van deze punten bereik je dat het marketingplan en haar deelplannen als controledocument dienst kunnen doen: de controle en evaluatie van de uitvoering is ook gepland.

controlemomenten

Voor de tijdsplanning geef je controle*momenten* aan. Hoeveel en hoe vaak je controleert, hangt van de aard van het werk af. Je kunt de hele planning en het draaiboek in de computer zetten. Daar bestaan programma's voor, zodat je niet op een planbord hoeft te priegelen.

Medewerkers kunnen ook dagelijks rapporteren: een vertegenwoordiger vinkt zijn bezoeken af en voert zijn offertes en transacties in, uitleveringen worden gescand en rollen de computer in, de kassatransacties ook, enzovoort. Op die manier kun je vrijwel dagelijks de voortgang controleren. Je kunt zo'n programma ook automatisch laten waarschuwen als een taak niet op tijd is uitgevoerd.

budgetcontrole

Het budget is ook een goede ingang om te controleren: blijven de uitgaven binnen het budget? Zijn de in- en verkoopprijzen zoals begroot? Ook inkomsten, kosten en uitgaven kun je invoeren in een programma (zoals een administratieprogramma of gewoon in een spreadsheet) en laten vergelijken met de budgetplanning.

Om te kunnen meten of doelstellingen gehaald worden, is het heel belangrijk dat je vanaf het begin die doelstellingen *meetbaar* hebt gemaakt. Dat geldt ook voor kwalitatieve doelstellingen. Die moet je vaak via een omweg meetbaar maken, bijvoorbeeld door klanten naar meningen en ervaringen te vragen. Als

prestatie-indicatoren

je niet kunt nagaan of een doelstelling gehaald is, heeft die hele doelstelling weinig zin. Bij een meetbare doelstelling kun je nagaan of de bedrijfsprestaties voldoen aan het doel. Daarvoor gebruik je kengetallen of *indicatoren*, cijfers of verhoudingsgetallen waarmee je een prestatieniveau kunt laten zien.

Bij distributiedoelstellingen gebruik je bijvoorbeeld distributiekengetallen, zoals omzetaandeel en marktaandeel. Je kunt ook het aantal orders meten, de orderomvang, aantal nieuwe klanten, herhalingsaankopen, klanttevredenheid, aantal verzoeken om informatie, enzovoort. Bij de customer service werkt men vaak met zulke indicatoren. Maar ook bij de evaluatie van bijvoorbeeld reclame kun je prestaties meten met effectonderzoek; denk aan imago, merkvoorkeur of merktrouw.

marktonderzoek

Voor een deel van zulke indicatoren kun je de informatie intern verzamelen. Registratie van transacties in de database is een krachtig instrument bij de marketingcontrole. Ook productiviteit, efficiency en effectiviteit kun je intern meten. Maar voor een groot deel heb je marktonderzoek nodig. Voor effectonderzoek moet je mensen (laten) ondervragen. Dat geldt ook voor het effect van de hele marketingstrategie.

Heb je de benodigde indicatoren eenmaal boven water, dan bestaat een groot deel van de evaluatie weer uit analyses:

- resultatenanalyse (afzet, omzet, winstmarge);
- klantenanalyse;
- concurrentieanalyse;
- marktanalyse;
- omgevingsanalyse.

Je vergelijkt de uitkomsten natuurlijk met de situatieanalyse die je maakte voordat het marketingplanningsproces van start ging.

De resultatenanalyse kun je vrijwel continu uitvoeren, met bijvoorbeeld een wekelijks rapport voor het management. De indicatoren zijn intern beschikbaar.

Voor de klantenanalyse heb je een deel van de gegevens bij de hand, als jouw onderneming transacties registreert en kan koppelen aan afzonderlijke klanten (bijvoorbeeld met een klantenpas). Meer informatie kun je inwinnen bij verkopers en medewerkers van de customer service, die regelmatig contact hebben met klanten. Voor de rest van de informatie moet je op onderzoek uit.

De informatie voor de concurrentieanalyse volgt een goede marketingafdeling regelmatig: via het nieuws, via verslagen en persberichten, via informanten en door zelf polshoogte te nemen. Informatie die nodig is voor de stand van de distributiekengetallen komt voor een deel uit de eigen administratie (afzet, omzet, aantal wederverkopers, afzet en omzet per wederverkoper). Voor de marktomvang, eventueel per regio, kun je terecht bij brancheorganisaties en onderzoeksbureaus.

Over marktomvang en marktgroei blijf je op de hoogte door het nieuws te volgen, vooral via vakbladen en via werkgeversorganisaties. Ook bij het CBS kun je terecht voor informatie. De marktvorm verandert meestal niet snel, wel is het zaak om op de hoogte te zijn van mogelijke nieuwe toetreders.

Met de omgevingsanalyse onderzoek je factoren op macroniveau die invloed kunnen hebben op de marketing- en verkoopomgeving. Dat zijn de *DESTEP* factoren (zie bladzijde 113). Een doorbraak in technieken bij productie, distributie of verkoop kan bijvoorbeeld betekenen dat het plan snel moet worden bijgestuurd. Dat kan ook als gevolg van een onverwachte teruggang in de economische conjunctuur, een nieuwe wet, een staking, een schandaal over een product, enzovoort. Om steeds te kunnen beoordelen of de uitvoering van de marketingstrategie goed aansluit bij de marketingomgeving, moet je op de hoogte zijn en blijven.

operationele controle

De dagelijkse, wekelijkse en maandelijkse controle, evaluatie en analyse is de *operationele* controle op de uitvoering van de planning. Alles bij elkaar kan de informatie die dat alles oplevert, de basis vormen voor een *strategische* analyse, waarin men de strategie weer scherp tegen het licht van de opgedane ervaringen houdt. Deze analyse kun je onmogelijk continu maken, want het gaat over ontwikkelingen op de lange termijn. De strategische analyse is het sluitstuk van de evaluatie, die bijvoorbeeld jaarlijks uitgevoerd kan worden. Het is tegelijk de situatieanalyse (diagnose) aan het begin van de volgende planningsronde.

marketingcontrole

Het proces van meten en beoordelen van de resultaten van een marketingstrategie heet marketingcontrole. In de planningscyclus (zie bladzijde 4) verwijst de controle en terugkoppeling terug naar de voorafgaande fasen van het proces. Ook de marketingcontrole zelf is een cyclisch proces.

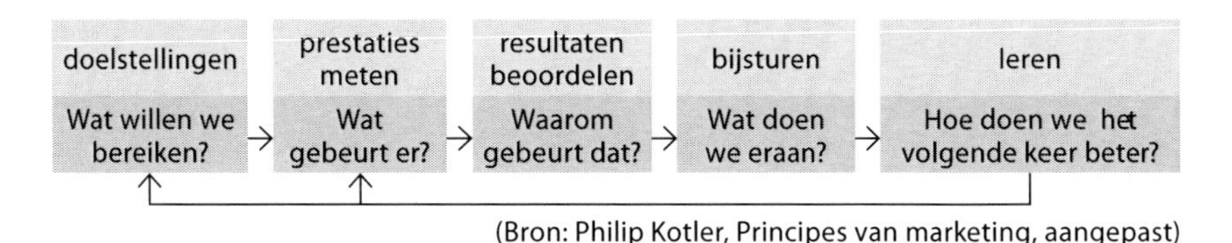

(Bron: Philip Kotler, Principes van marketing, aangepast)

Figuur 14.1 Marketingcontrole

Als duidelijk is dat er iets niet volgens plan verloopt (controle), kan bijsturen nodig zijn. Bij het beslissen daarover moet je eerst weten waarom de uitvoering niet volgens plan verloopt (evaluatie). Daarna kunnen de volgende vragen belangrijk zijn.

- Zijn de doelstellingen nog realistisch, of moeten we ze aanpassen aan veranderingen?
- Zijn de deadlines (momenten dat een taak af moet zijn) nog realistisch?
- Zijn er voldoende middelen beschikbaar voor de uitvoering?
- Werken de medewerkers wel volgens het plan?

Het is belangrijk dat de informatie, die beschikbaar komt uit de marketingcontrole, gedeeld wordt tussen alle afdelingen en medewerkers die erbij betrokken zijn. Dat kan door deze informatie op het intranet beschikbaar te maken voor die medewerkers. Daarnaast is er regelmatig overleg tussen de betrokken afdelingen over de uitvoering van het plan.

Opdrachten

1. a. Wat is het Engelse woord voor controle van de implementatie van een plan?
   b. Op welke manier voert men die controle uit?
   c. Geef een ander woord voor evaluatiegesprek.

2. a. Wat zijn de doelen van controle en evaluatie?
   b. Welke daarvan vallen onder terugkoppeling of feedback?
   c. Naar welke fasen in de cyclus kan teruggekoppeld worden (zie ook bladzijde 4)? Geef voor elke fase kort aan wat deze terugkoppeling kan betekenen.

3. a. Geef een ander woord voor het proces van controle, evaluatie en terugkoppeling.
   b. Op welke manier vullen de activiteiten controle en evaluatie elkaar aan?

4. a. Op welke drie hoofdpunten controleer je de uitvoering van een plan?
   b. Wat heeft software te maken met controle? Geef daar ook twee voorbeelden van.

5. a. Geef een voorbeeld van een prestatie-indicator voor medewerkers van de verkoop buitendienst.
   b. Geef ook een voorbeeld van een prestatie-indicator voor de winkelverkoop.
   c. Noteer een voorbeeld van een prestatie-indicator voor productiemedewerkers.

6. a. Wat is het verband tussen marktonderzoek en de evaluatie van de marketingplanning?
   b. Bij de evaluatie van een plan kom je alle analyses weer tegen die je ook bij de situatie- en SWOT-analyse al uitvoerde. Is dat niet dubbelop? Leg uit wat de functie hiervan is.

7. a. Geef twee voorbeelden van informatie voor de resultatenanalyse die intern beschikbaar is.
   b. Geef ook een voorbeeld van zulke informatie die je extern moet inwinnen.

8. a. Is informatie voor de omgevingsanalyse vooral intern of extern beschikbaar?
   b. Geef drie voorbeelden van manieren om op de hoogte te blijven van ontwikkelingen in de marketing- en verkoopomgeving.

9. a. Noteer twee verschillen tussen de strategische analyse en de operationele marketingcontrole.
   b. Welke organisatorische eisen kun je stellen aan een goede uitvoering van de marketingcontrole?

14.2 Voorbeeldcase

In de laatste paragraaf van het marketingplan (en meestal ook van de deelplannen) plan je de controle en evaluatie. Per doelstelling geef je aan *wanneer* (controlemomenten) en *hoe* jullie gaan controleren (via budgetcontrole en/of via indicatoren).

Opdracht 10 gaat over het marketingplan van SmartFood Queen. Paragraaf 6 daarvan is de paragraaf Controle en evaluatie. Je vindt deze voorbeeldcase op practicX.nl, onder hoofdstuk 7 van dit boek.

Groepsopdrachten

10. a. Kies nog twee doelstellingen uit het marketingplan van SmartFood Queen en stel daarvoor het plan voor controle en evaluatie op.
    b. Doe hetzelfde voor twee doelstellingen uit het verkoopplan.

11. Stel de paragraaf Controle en evaluatie samen voor het marketingplan van jullie gekozen onderneming (zie groepsopdracht 13 van hoofdstuk 13).

12. Maak een presentatie van het marketingplan dat jullie opgesteld hebben. Het doel van zo'n presentatie is niet alleen informatievoorziening naar andere afdelingen en het management, maar vooral ook om hen te overtuigen van de noodzaak van de gekozen strategie en de operationele planning. Als hulpmiddel kun je PowerPoint gebruiken. Andere werkgroepen kunnen vragen stellen en kritiek leveren op deelpunten. Sta hen zo goed mogelijk te woord.

14.3 Kwaliteit

Een onderneming volgt het marketingconcept, kent de behoefte van haar klanten en wil die klanten kwaliteit bieden, waar voor hun geld met aanbod dat naadloos op de behoeften aansluit. Als de onderneming daar goed in is, waarom dan niet een diploma halen zodat iedereen kan zien dat bij deze onderneming kwaliteit en kwaliteitsverbetering centraal staat?

ISO 9001

Een internationale norm voor kwaliteit bij bedrijfsprocessen is de *ISO 9000* serie. De meest bekende daarvan is ISO 9001. ISO staat voor International Organization for Standardization. Het gaat dus om een internationale norm die vergelijkbaar is over de hele wereld. In Nederland houdt ook het Nederlands Normalisatie Instituut zich bezig met deze normen. Je kunt daarom ook bijvoorbeeld NEN-ISO 9001 tegenkomen. Deze normen leggen de nadruk op klanttevredenheid, kwaliteitszorg en continue verbetering.

ISO 9001 is een keurmerk. Een bedrijf met goed kwaliteitsmanagement kan daarvoor een certificaat halen, als het voldoet aan de normen. Per bedrijfstak zijn er organisaties die ISO-certificaten mogen verlenen. Is het ISO 9001-certificaat behaald, dan kan de onderneming zich presenteren als kwaliteitsonderneming.

Voor het halen van een kwaliteitscertificaat is een serie audits nodig, zoals een pre-audit om de kwaliteit op dit moment te beoordelen, een documentatie-audit van het kwaliteitshandboek, een implementatie-audit waarbij ook de procedures, de uitvoering daarvan en interne audits onder de loep worden genomen. Ook na certificering is er nog halfjaarlijkse controle.

Een bedrijf dat aan deze norm wil voldoen, moet een kwaliteitssysteem ontwerpen en een kwaliteitshandboek. Voor elke functie moet bijvoorbeeld een goede functieomschrijving bestaan. Verder bevat het handboek een flinke hoeveelheid procedures. Een *procedure* is werkroutine, een vaste manier om het werk aan te pakken. Voorbeelden zijn een klachtenprocedure, de inkoopprocedure, de garantieprocedure. Zo'n procedure bestaat uit een aantal vaste stappen die medewerkers moeten volgen, bijvoorbeeld bij het plaatsen van een bestelling. Daarbij worden vaste formulieren gebruikt en is voor iedereen duidelijk welke functionaris welke verantwoordelijkheden heeft.

procedures

Ook via procedures communiceer je met de buitenwereld en met de klant. De manier van werken laat voor een deel zien hoe de zaken binnen het bedrijf geregeld zijn; procedures zijn onderdeel van het visitekaartje. Neem de orderbehandeling: is die klantvriendelijk en gericht op een korte orderdoorlooptijd? Of is de procedure onnodig ingewikkeld en tijdrovend?

De gevolgde procedures bepalen voor een groot deel de efficiency, kwaliteit en klantvriendelijkheid van een onderneming. Met effectieve, op het bedrijf toegesneden procedures kun je de prestaties verbeteren. Goede procedures dragen bij aan een vlot verloop van werkzaamheden. Ze scheppen duidelijkheid voor personeel, klanten en leveranciers. Het volgen van een vaste werkprocedure kan ook een constante kwaliteit van het aanbod garanderen. Het ontwerpen en volgen van goede procedures heeft dus veel te maken met kwaliteitsmanagement.

Procedures moeten klantvriendelijk zijn. Formulieren moeten bijvoorbeeld eenvoudig in te vullen zijn. Intern moet het duidelijk zijn wie welke follow-up aan dat formulier geeft en binnen welke termijn, anders is het bedrijf naar buiten toe niet duidelijk.

planmatig werken

Een organisatie die planmatig werkt, levert meer kwaliteit. *Planmatig werken* kun je samenvatten met:

- Plan
- Do
- Check
- Act.

Je *plant* een activiteit. Die voer je uit (*do*). Tegelijk controleer je (*check*) of de uitvoering volgens plan verloopt. Naar aanleiding van die controle stuur je bij (*act*). Door planmatig werken en door dit steeds vast te leggen kan een organisatie leren en de kwaliteit van het werk verbeteren.

Als onderdeel van het kwaliteitsmanagement kan er een kwaliteitsteam gevormd worden, dat zich bezighoudt met interne controle en evaluatie. Zo'n team is bezig met kwaliteits*borging*, zekerstellen van de kwaliteit van het werk.

De interne organisatie kan veel te maken hebben met de afgeleverde kwaliteit. Een bekend probleem met het uitvoeren van procedures is 'afschuiven': laat dat klusje maar liggen voor een ander. De oorzaak is dat medewerkers zich niet verantwoordelijk voelen en dat verantwoordelijkheden te veel versnipperd zijn over verschillende functies. De oplossing daarvoor kan zijn het werk anders te organiseren.

Voorbeeld

In autofabrieken zijn de werkzaamheden sinds de introductie van de lopende band sterk versnipperd: elke medewerker is verantwoordelijk voor één deelhandeling van de productie. Wie is verantwoordelijk voor een defecte auto die van de band rolt? Niemand dus. Een deel van de fabrikanten werkt tegenwoordig met teams, die met elkaar van A tot Z verantwoordelijk zijn voor een serie auto's. De teamleden zijn daardoor gemotiveerd om een goed product af te leveren.

Hetzelfde idee zit bijvoorbeeld achter de werkwijze om orderpickers niet van A tot Z de magazijnlocaties af te laten lopen om een serie orders te verzamelen, maar om hen aparte orders te laten verzamelen. Zij voelen zich er dan verantwoordelijk voor dat die order compleet wordt verzameld en uitgeleverd, en kunnen daar ook beter op aangesproken worden.

Een andere manier om de kwaliteit van het werk te verbeteren is om collega's ook als 'klant' te zien. Een collega heeft iets van jou nodig, bijvoorbeeld informatie of een formulier. Als daar wat mee mis is, wordt die collega in zijn werk belemmerd. Het is dan beter dat die collega zijn mond opendoet, dan kun je er wat van leren.

interne klanten

Een klagende klant is beter dan een klant die wegloopt, want een klacht is een kans om de kwaliteit te verbeteren, een kans op een tevreden klant. Dat geldt net zo goed voor interne klanten.

Omdat bij veel procedures medewerkers van verschillende afdelingen betrokken zijn, is het nuttig om die te zien als elkaars interne klant: verleent de ene afdeling voldoende service aan de andere, zodat ieder zijn werk vlot kan doen? Of hapert er iets aan de procedure, waardoor bijvoorbeeld informatie over een order te lang blijft 'hangen' op de binnendienst? Of, erger nog, zijn er machtsspelletjes waarbij expres informatie wordt achtergehouden? Met een interne klachtenprocedure kun je knelpunten op het spoor komen.

In een goede klachtenprocedure herken je deze fasen:

stimuleren →
luisteren →
registreren →
oplossen →
analyseren →
verbeteren.

Door 'klagen' te stimuleren krijg je meer informatie op tafel over dingen die misgaan. De andere partij moet dan wel goed luisteren. Registratie van klachten is nodig, anders kan die ene medewerker er misschien wel van leren maar de organisatie niet. Natuurlijk zoek je samen met de 'klagende' collega naar een oplossing. Dat kan bijstellen van een procedure zijn, of gewoon beter de procedure volgen. Doordat je interne klachten registreert, kan het management ze analyseren en nagaan welke verbeteringen er mogelijk zijn.

interne communicatie

Kwaliteitsverbetering is ook mogelijk door het verbeteren van de *interne communicatie*. Voor goede marketing is het nodig dat interne communicatielijnen helder zijn en dat iedereen op dezelfde lijn zit. De werkprocedures moeten gericht zijn op een soepele doorstroming van informatie tussen medewerkers en afdelingen. Computerprogramma's, databanken en formulieren zijn daarbij de informatiedragers. Voor de interne communicatie is van belang dat:

- elke medewerker de interne 'route' kent van formulieren waar hij mee te maken heeft;
- formulieren en invulvelden op de computer helder zijn, voor geen twijfel vatbaar (dat voorkomt tijdverlies en fouten);
- de toegang tot (delen van) computerprogramma's zo geregeld is dat de juiste medewerkers makkelijk informatie kunnen invoeren, wijzigen en raadplegen.

Bij de interne communicatie horen verder handleidingen, training en opleiding van personeel, werkoverleg en andere vergaderingen. In de opleiding van het personeel moet aandacht aan de dienstverlening worden besteed. Dat verdient zichzelf terug doordat medewerkers oog krijgen voor de procedures. Ze gaan verbeteringen voorstellen.

Het is mogelijk dat een bedrijf goede procedures heeft, maar dat die niet of niet goed worden uitgevoerd: een implementatiekwestie. Hoe zorg je ervoor dat er wordt gewerkt volgens de procedures?

- Zorg dat de medewerkers op de hoogte zijn van de procedures en weten waar ze voor dienen: interne communicatie, opleiding en training.
- Zorg dat de medewerkers de procedures begrijpen: handleidingen.
- Zorg dat medewerkers hun problemen en vragen kunnen communiceren: werkoverleg, procedure voor interne suggesties en klachten.
- Zorg dat de randvoorwaarden aanwezig zijn voor de bestaande procedures: opleiding, training, apparatuur, software, beschikbare werktijd, enzovoort.

Naast de ISO 9000 serie zijn er nog andere ISO normen voor kwaliteit, bijvoorbeeld ISO 20252 voor marktonderzoeksbureaus en ISO 14001 voor milieuzorg.

Het is de taak van het management om de planningscyclus aan te sturen en te controleren of alle fasen goed verlopen. Als het bedrijf aan kwaliteitsmanagement doet, wil zij elke volgende planningscyclus de kwaliteit van het proces iets opvoeren. Daarvoor is het nodig dat de organisatie leert van elke cyclus. Naar aanleiding van de terugkoppeling worden procedures bijgesteld en zo nodig taken en functies anders verdeeld. Daarmee wordt de kwaliteit *geborgd*: het bereikte niveau van kwaliteit wordt veiliggesteld.

kwaliteitsborging

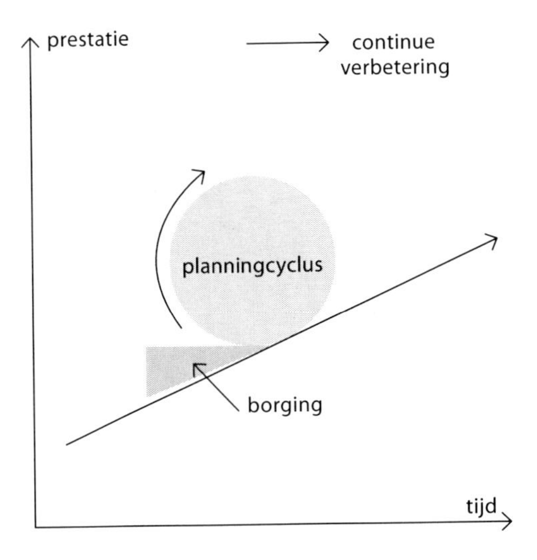

Figuur 14.2 Kwaliteitsmanagement en kwaliteitsborging

Opdrachten

13. a. Geef een voorbeeld van een procedure waar jij in je opleiding mee te maken hebt.
    b. Wat is jouw oordeel over die procedure: is die efficiënt en klantvriendelijk?

14. Winkelketen voor huishoudelijke apparatuur Wit & Goed! heeft de afdelingen verkoop (winkelpersoneel), administratie, inkoop, management, magazijn, klantenservice en technische dienst.
    a. Geef aan van welke afdelingen de afdeling verkoop (het winkelpersoneel) een 'klant' is.
    b. Van welke afdelingen is klantenservice 'klant'?
    c. Waarom is ook een interne klachtenprocedure nuttig en nodig?
    d. Noteer drie manieren waarop een bedrijf kan stimuleren dat medewerkers met klachten en suggesties komen.

15. a. Leg uit waarom het nuttig is om de klachtenprocedure toe te passen op andere procedures.

b. Waarom is het zo belangrijk om die klachten ook te registreren?

16. a. Wat heeft kwaliteit te maken met interne organisatie? Welk knelpunt kan daarbij optreden?
    b. In welke richting moet je de oplossing dan zoeken?

14.4 Samenvatting

Om een goede uitvoering (implementatie) van de planning te waarborgen is *marketingcontrole* nodig. Die bestaat uit *controle* (resultaten en voortgang meten), *evaluatie* (resultaten beoordelen) en *terugkoppeling* (waar nodig bijsturen en leren van het proces). Uitwisseling van informatie, samenwerking en aanpassingsvermogen zijn hierbij belangrijk. Je controleert op tijdsplanning (controlemomenten), op budget (budgetcontrole) en op resultaten. De metingen van die laatste laat je zien met behulp van *prestatie-indicatoren*, cijfers of kengetallen.

De informatie die je nodig hebt om de resultaten van de marketing te meten is voor een deel intern beschikbaar. Voor een ander deel moet je die verzamelen met behulp van marktonderzoek (bureau- of veldonderzoek). Het proces mondt weer uit in dezelfde analyses als aan het begin van het marketingplanningsproces: analyse van resultaten, van de klanten, van markt en marktaandeel, van de concurrentie en van de marketing- en verkoopomgeving. Uiteindelijk vormen deze de basis voor een *strategische* analyse, een doorlichting van de marketingstrategie. Die vormt gelijk de situatieanalyse aan het begin van de volgende planningscyclus.

Al voordat de uitvoering van een plan van start gaat, beschrijf je de manier van controle en evaluatie, inclusief controlemomenten, budgetcontrole en prestatie-indicatoren. Het vormt de laatste paragraaf van een (marketing)plan.

Veel bedrijven die het marketingconcept volgen en kwaliteit leveren hebben een ISO 9001 certificering. Dat is een keurmerk dat laat zien dat deze bedrijven aan kwaliteitsmanagement en -verbetering doen. Daarvoor moet het bedrijf een kwaliteitssysteem opzetten en een kwaliteitshandboek opstellen.

Kwaliteit in een organisatie kun je onder andere bereiken door:

- goede en duidelijke *procedures*, vaste werkroutines. Alle medewerkers weten daardoor waar ze aan toe zijn en volgen steeds vaste stappen;
- *planmatig* werken: voor alle belangrijke activiteiten een plan opstellen, dat uitvoeren, controleren en waar mogelijk bijsturen;
- collega's als interne klanten te zien. Je stimuleert die om te 'klagen' als iets niet goed gaat. Daardoor kun je samen het werk verbeteren. Door de klachten te registreren kan de organisatie ervan leren;
- goede interne *communicatie*.

14.5 Begrippen

Controle (van planning)	Meten of de uitvoering volgens plan verloopt.
Evaluatie	Beoordelen van de informatie die de controle oplevert.
Kwaliteit	De mate waarin een product of dienst met zijn eigenschappen aansluit op de behoeften van de klant.
Marketingcontrole	Het proces van meten, beoordelen en terugkoppelen van de resultaten van een marketingstrategie.
Prestatie-indicatoren	Cijfers of kengetallen waaraan je een prestatieniveau kunt afmeten en kunt vergelijken met een doelstelling of norm.
Procedure	Werkroutine, een vaste manier om werk aan te pakken. Bestaat uit een aantal vaste stappen die medewerkers moeten volgen.

Register

C

D

N

O

W

Z